hänssler

Werner Gitt

Am Anfang war die Information

Der Autor: Prof. Dr.-Ing. Werner Gitt, 1937 in Raineck/Ostpreußen geboren. Von 1963 bis 1968 absolvierte er ein Ingenieurstudium an der Technischen Hochschule Hannover, das er als Dipl.-Ing. abschloß. Von 1968 bis 1971 war er Assistent am Institut für Regelungstechnik der Technischen Hochschule Aachen. Nach zweijähriger Forschungsarbeit promovierte er zum Dr.-Ing. Seit 1971 leitet er den Bereich Datenverarbeitung bei der Physikalisch-Technischen Bundesanstalt (PTB) in Braunschweig. 1978 wurde er zum Direktor und Professor bei der PTB ernannt. Er hat sich mit wissenschaftlichen Fragestellungen aus den Bereichen Informatik, numerische Mathematik und Regelungstechnik beschäftigt und die Ergebnisse in zahlreichen wissenschaftlichen Originalarbeiten publiziert. Seit 1966 ist er mit seiner Frau Marion verheiratet. Im September 1967 wurden Carsten und im April 1969 Rona geboren.

Die Deutsche Bibliothek – CIP-Einheitsaufnahme

Gitt, Werner:
Am Anfang war die Information / Werner Gitt. – 2., überarb. Aufl. –
Neuhausen-Stuttgart : Hänssler 1994
(Edition C : C ; 373 : Paperback)
1. Aufl. u.d.T.: Gitt, Werner: Energie – optimal durch Information
ISBN 3-7751-1931-0
NE. Edition C / C

EDITION C-Paperback, C 373
Bestell-Nr. 58.073

Dieses Buch ist eine Neukonzeption zu dem grundlegenden Thema des Informationsbegriffes, dennoch wurden wichtige Passagen aus dem Vorgängerbuch »Energie – optimal durch Information«, ISBN 3-7751-1101-8 verarbeitet.

Titelbild: Dale o'Dell, ZEFA Frankfurt
Umschlaggestaltung: Daniel Dolmetsch
Satz: AbSatz Ewert-Mohr, Klein Nordende
Printed in Germany

Inhalt

Vorwort 9

1 Vorbetrachtungen zum Informationsbegriff 12

Teil I: Naturgesetze

2 Grundlegendes über Naturgesetze 25
2.1 Aussageformen in der Naturwissenschaft 25
2.2 Grenzen der Naturerkenntnis und Langlebigkeit von Paradigmen 28
2.3 Das Wesen der Naturgesetze 31
2.4 Die Bedeutung der Naturgesetze 40
2.5 Die Gliederung der Naturgesetze 43
2.6 Mögliche und unmögliche Vorgänge 47

Teil II: Information

3 Information ist etwas Grundlegendes 52
3.1 Information: eine fundamentale Größe 52
3.2 Information: eine materielle oder geistige Größe? . . 53
3.3 Information: keine Eigenschaft der Materie! 55

4 Die fünf Ebenen des Informationsbegriffes 59
4.1 Die erste Ebene der Information: Statistik 63
4.2 Die zweite Ebene der Information: Syntax 67
4.3 Die dritte Ebene der Information: Semantik 81
4.4 Die vierte Ebene der Information: Pragmatik 85
4.5 Die fünfte Ebene der Information: Apobetik 88

5 Abgrenzung des Informationsbegriffes 97

6 Information in Lebewesen 102
6.1 Notwendige Bedingungen des Lebens 102
6.2 Der genetische Code 108
6.3 Herkunft der biologischen Information 110
6.4 Materialistische Vorstellungen und Modelle zur Herkunft der biologischen Information 113
6.5 Naturwissenschaftler gegen Evolution 120

7 Die drei Erscheinungsformen von Information 124

8 Drei Arten gesendeter Information 128

9 Qualität und Nutzbarkeit von Information 133

10 Einige Größen zur quantitativen Bewertung von Semantik 137

11 Häufig gestellte Fragen zum Informationsbegriff 142

Teil III: Anwendung des Informationsbegriffes auf die Bibel

12 Das Leben bedarf eines Senders 151

13 Qualität und Nutzbarkeit biblischer Information 154

14 Die Informationsaspekte in der Bibel 158
14.1 Gott als Sender – der Mensch als Empfänger . . . 158
14.2 Der Mensch als Sender – Gott als Empfänger . . . 169
14.3 Superlative von Informationsdichten 174

15 Die Einflußgrößen zur Bewertung von Information und ihre Anwendung auf die Bibel 178

16 Die vier Grundgrößen Masse, Energie, Information und Wille in biblischer Analogie 183

ANHANG

A1 Statistische Betrachtung von Information 192
A1.1 Shannonsche Informationstheorie 192
A1.2 Mathematische Erfassung statistischer Information 200
A1.2.1 Das Bit: Maßeinheit für statistische Information 200
A1.2.2 Die Informationsspirale 205
A1.2.3 Die höchste statistische Informationsdichte . . . 215
A1.3 Beurteilung von Nachrichtensystemen 219
A1.4 Statistische Sprachanalyse 221
A1.5 Statistische Sprachsynthese 226

A2 Sprache: das Mittel zur Darstellung, Übertragung und Speicherung von Information 232
A2.1 Natürliche Sprachen 232
A2.1.1 Allgemeines zur Struktur der menschlichen Sprachen 233
A2.1.2 Komplexität und Eigenheiten der Sprachen . . . 235
A2.1.3 Ursprung der Sprachen 239
A2.1.4 Sprache in Schriftform 241
A2.2 Spezialsprachen im Tierreich 242
A2.3 Gibt es »Künstliche Intelligenz?« 245

A3 Energie 251
A3.1 Energie, eine fundamentale Größe 251
A3.2 Energiegewinnung: Strategie zum Maximum . . . 255
A3.2.1 Energiegewinnung bei technischen Systemen . . 257
A3.2.2 Energiegewinnung bei biologischen Systemen (Photosynthese) 259
A3.3 Energieverbrauch in biologischen Systemen: Strategie zum Minimum 263
A3.4 Energiesparen in biologischen Systemen 266
A3.4.1 »Blattgrün« bei Tieren 267
A3.4.2 »Lampen« leuchtender Tiere 268
A3.4.3 Die Lunge, eine optimale Konstruktion 270
A3.4.4 Der Flug der Zugvögel 271
A3.4.4.1 Der Flug der Zugvögel: eine präzise Energiekalkulation (gezeigt am Beispiel des Goldregenpfeifers) . 272
A3.4.4.2 Der Flug der Zugvögel: eine navigatorische Meisterleistung 275

Literaturverzeichnis 279

Namensverzeichnis: 286

Erklärung der verwendeten Abkürzungen für die biblischen Bücher 288

Rona und Jörn gewidmet

Vorwort

Thematik des Buches: In diesem Buch geht es im wesentlichen um einen einzigen Begriff, nämlich um **Information.** Hierbei haben wir es mit einer Grundgröße zu tun, die gleichgewichtig neben Materie und Energie steht. Eine Fülle von Fragen gilt es zu beantworten: Was ist Information? Wie entsteht Information? Was leistet Information? Wie wird Information dargestellt (codiert)? Wie wird Information übertragen? Woher stammt die Information in den Lebewesen? Information begegnet uns auf Schritt und Tritt. Im Alltagsleben versorgen uns Zeitung, Radio und Fernsehen täglich mit neuer Information.

Informationsverarbeitende Systeme begegnen uns überall in der modernen Technik, z. B. Computer, NC-Werkzeugmaschinen (engl. *Numerical Control* = numerisch gesteuert), automatische Fertigungsstraßen, Autowaschstraßen. Besonders ist darauf hinzuweisen, daß auch alle Lebewesen bis in ihre Details programmgesteuert, d. h. durch Information funktionieren. Nichts Lebendiges ist ohne Information, so daß wir diese ohne Übertreibung geradezu als ein wesentliches Kennzeichen allen Lebens bezeichnen können. Alle Bemühungen, Lebensprozesse allein auf der Grundlage von Physik und Chemie zu erklären, sind darum erfolglos geblieben. Dies stellt das Grundproblem dar, vor dem die (sich auf Evolution gründende) Biologie bis heute steht.

Struktur und Ziel des Buches: Das Buch ist in drei Hauptteile und einen Anhang gegliedert, wobei sich der erste Teil mit dem Wesen von Naturgesetzen befaßt. Dieser allgemein gefaßte Vorspann ist unverzichtbar, um die später genannten Sätze über Information angemessen einordnen und bewerten zu können.

Im zweiten und zentralen Teil des Buches wird der Informationsbegriff an Hand zahlreicher Beispiele eingehend erläutert. Grundlegende Erkenntnisse werden dann in Form von allgemeinen Sätzen, die fachübergreifend gültig sind, festgehalten. Erklärtes Ziel ist es, Naturgesetze für die Grundgröße Information zu finden. Ausgerüstet mit derartigem Werkzeug können dann mit naturgesetzlicher Verbindlichkeit Aussagen auch für unbekannte Fälle getroffen werden. Im Gegensatz zu manchen anderen Kenngrößen in der Natur (wie z. B. Entropie) sind die Sätze über Information anschaulich erklärbar und die Aussagen leicht nachvollziehbar.

Ziel des Buches ist es, das Wesen des Informationsbegriffes so allgemein wie möglich und so tiefgründig wie nötig herauszuarbeiten. Bei diesem Hintergrund wird der Leser schließlich auch in die Lage versetzt, die uns alle bewegende Frage nach der Herkunft des Lebens soweit zu beantworten, wie es naturwissenschaftlich möglich ist. Wenn es gelingt, Naturgesetze für Information zu formulieren, dann haben wir hiermit einen neuartigen Schlüssel zur Beurteilung des Evolutionsgedankens gefunden. Außerdem wird es dadurch möglich, ein alternatives Modell zur Evolutionslehre zu entwickeln.

Im letzten und dritten Teil finden die erarbeiteten Themen und Sätze ihre Anwendung auf die Bibel, wodurch ein ganz neuer Zugang zu dieser Botschaft erschlossen werden soll.

Leserkreis: Das Buch ist insbesondere für naturwissenschaftlich interessierte Leser gedacht, darüber hinaus richtet es sich an Informatiker, Kommunikationswissenschaftler, Linguisten und auch Theologen, für die der Informationsbegriff aus fachlichen Gründen besonders relevant ist. Die behandelten Beispiele umfassen ein weites Spektrum an Fachgebieten. Das Buch ist insgesamt auf leichte Verständlichkeit angelegt. Kapitel, die thematisch hierher gehören, aber viele Formeln enthalten, wurden in den Anhang verlegt, um den Lesefluß nicht zu stören. Insgesamt wurden zahlreiche Graphiken aufgenommen, um auf diese Weise auch kompliziertere Zusammenhänge leicht zugänglich zu machen.

Anhang: Nach dem Hauptteil des Buches ist ein recht umfangreicher Anhang angefügt. Dort werden im wesentlichen jene Fragestellungen behandelt, die mit dem Informationsbegriff zwar eng zusammenhängen (z. B. *Shannonsche* Informationstheorie, Sprache, Künstliche Intelligenz), aber von den Gedankengängen des Hauptteils unnötig ablenken würden. Einen recht weiten Raum im Anhang nimmt der Energiebegriff ein. Die Ausführlichkeit dazu erscheint deswegen gerechtfertigt, weil Energie eine ähnlich grundlegende Rolle in der Technik und in den Lebewesen spielt wie die Information.

Zum Buchtitel: Der Titel dieses Buches erinnert an den Anfang des Johannesevangeliums: »Im Anfang war das Wort ...« Im Laufe des Buches wird immer wieder darauf hingewiesen, daß Information am Anfang eines jeden gesteuerten Prozesses steht. Korrekterweise muß gesagt werden, daß der Urheber der Information selbst noch davor ist. In Johannes 1,1 finden wir insofern eine sehr präzise Formulierung, da mit »Wort« bereits die Person des Urhebers gemeint ist.

Sonstiges: Literaturangaben bestehen aus einem Buchstaben, der dem Anfangsbuchstaben des Autors entlehnt ist, gefolgt von einer laufenden Nummer. Sie sind dadurch im Text zu erkennen, daß sie in eckigen Klammern eingeschlossen sind. Befindet sich, von einem Komma abgetrennt, noch eine weitere Zahl in der Literaturklammer, dann weist die Nummer auf die Seitenzahl der Quelle hin, wo z. B. das Zitat oder die Angabe steht.

Dank: Das Manuskript wurde von Dr. *Martin Ester* (München), Dipl.-Inform. *Daniel Keim* (München), Dr. *Volker Kessler* (Vierkirchen), Dipl.-Inform. *Thomas Seidl* und von *Andreas Wolff* durchgesehen, nachdem ich mit meiner Frau alles durchgesprochen habe. Für alle mir gegebenen Hinweise und Ergänzungen bin ich sehr dankbar.

Werner Gitt

1 Vorbetrachtungen zum Informationsbegriff

Einleitend wollen wir einige Systeme betrachten und dabei immer wieder neu die Frage stellen: Was ist die Ursache dafür, daß solche Systeme funktionieren?

1. Das Radnetz einer Spinne: *Bild 1* zeigt einen Ausschnitt aus dem Radnetz einer Spinne, hier speziell dasjenige einer *Cyrtophora.* Die Maschengröße beträgt etwa 0,8 x 1,2 Millimeter. Der Kreis im oberen Bildteil markiert den Ausschnitt, der im unteren Teil elektronenmikroskopisch nochmals stark vergrößert ist. Diese Netze sind äußerst genial gebaut. Die Spinnen gehen mit dem Baumaterial extrem sparsam um. Die erforderliche Festigkeit wird mit einem Minimum an Material erreicht. Die Spiralfäden kreuzen nicht einfach die Radialfäden. Beide Fäden sind aus Stabilitätsgründen nicht nur punktförmig zusammengeheftet, sondern eine minimale Strecke verlaufen sie parallel und sind mit feinsten Spinnfäden verlötet. Jede ganz gewöhnliche Webspinne ist ein unvergleichliches Universalgenie: Sie ist zugleich planender Architekt und ausführender Weber, Seide synthetisierender Chemiker und diese geschickt verarbeitender Spinner, sie betreibt ein Computersystem zur Steuerung des Fertigungsprozesses. Die Spinne tut ihre Arbeit so geschickt, als hätte sie einige Semester Festigkeitslehre, weitere Semester in Chemie, Architektur und Informationstechnik studiert. Nichts dergleichen ist aus dem Leben der Spinne zu berichten. Wer aber hat sie das alles gelehrt? Woher hat sie diese spezielle Fachkenntnis? Wer ist ihr Ratgeber? Bei den meisten Spinnen ist das *Recycling* längst erfunden. Morgens fressen sie ihre Netze. Dann geht das Material durch die eigene chemische Fabrik. Es wird ein neuer Seidenfaden gesponnen und ein neues Netz gebaut.

Fragen wir danach, warum das alles so funktioniert, dann gibt es darauf eine Antwort: Diesem System ist **Information** eingeprägt.

2. Die Spinnspulen der Uroctea: In starker Vergrößerung zeigt *Bild 2* die Spinnspulen der Spinnenart *Uroctea.* Das Weibchen

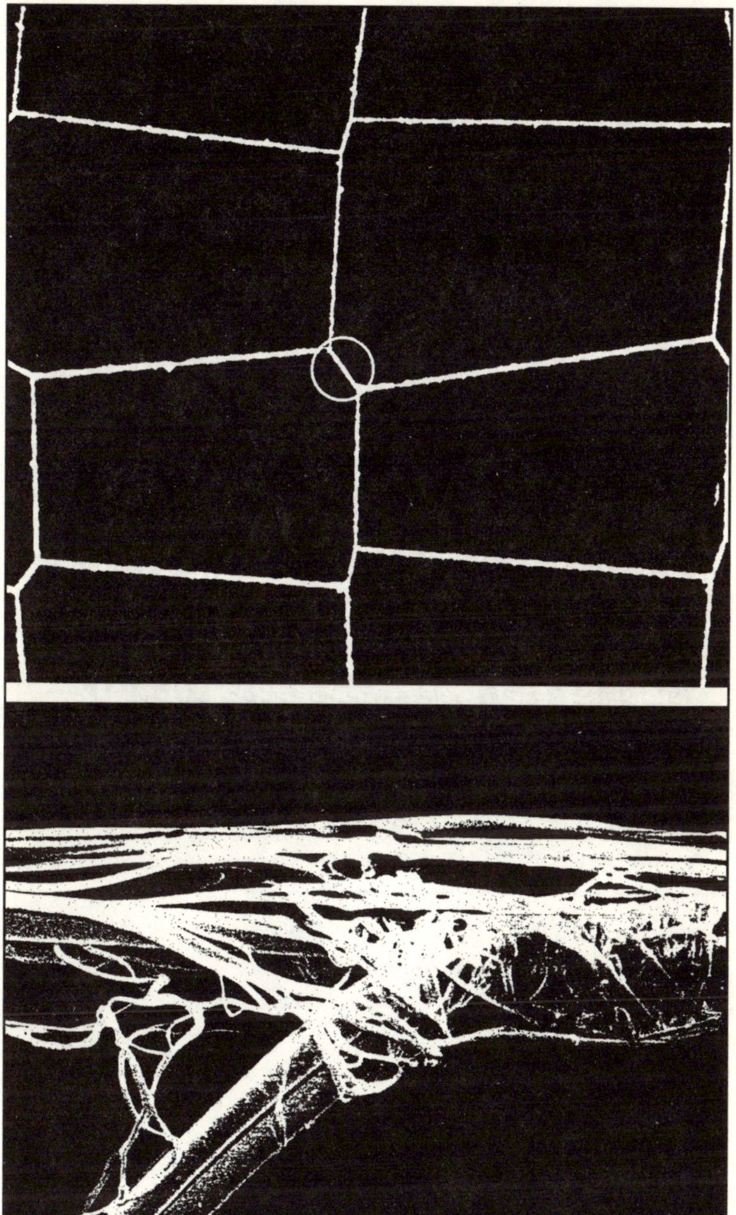

Bild 1: *Das Radnetz einer Spinne (hier: Cyrtophora).*

Bild 2: *Die Spinnspulen der Uroctea.*

hat 1500 Spinnspulen am Leib. Das Foto zeigt nur einige wenige dieser Spulen, und man sieht aus zweien von ihnen einen Seidenfaden austreten. Die Seide wird in der erforderlichen Fadenstärke gesponnen. Die dazugehörigen Fabriken liegen unmittelbar darunter. Ein Computersystem steuert alle diese komplexen Vorgänge. Die gesamte Technologie ist auf denkbar kleinstem Raum untergebracht. Wie kommt es, daß ein solch komplexer Fertigungsprozeß minutiös und störungsfrei abläuft? Das System enthält ein Steuerprogramm (»Betriebsinformation«; vgl. Kap. 7), das sämtliche Informationen für den Ablauf enthält.

3. Der Schmetterling Morpho rhetenor: *Bild 3* zeigt den südamerikanischen Schmetterling *Morpho rhetenor* sowie Vergrößerungen, aus denen die Feinstruktur der Schuppen deutlich erkennbar ist (Scientific American, Band 245, Heft Nov. 1981, S. 106). Auf seinen Flügeln finden wir wunderbare farbige Ornamente. Im linken Bildteil ist die Oberseite, die metallisch blau gefärbt ist, und im rechten die Unterseite, die braun getönt ist, dargestellt. Als die Flügel auf Farbpigmente untersucht wurden, fand man keine. Wie aber kommt es zu dieser Farbenpracht?

In abgestuften Vergrößerungen von 40fach, 280fach bis 16 000fach sind die Details der Flügelstruktur erkennbar. Unter dem Rasterelektronen-Mikroskop erinnert der Flügel an das Dach eines Hauses, das mit Dachpfannen gedeckt ist. In stärkerer Vergrößerung sieht man die einzelnen Lamellen, wie sie überlappend angeordnet sind. Erst in 16 000facher Vergrößerung wird das Geheimnis gelüftet. Wir sehen dann eine ausgefallene Konstruktion. In gleichem Abstand sind keilförmige Gitter angeordnet, auf denen sich ein paralleles Raster befindet. Die einzelnen Rippen sind hochpräzise angefertigt. Sie haben einen Abstand von sage und schreibe nur 0,000 22 Millimeter. Diese Distanz wird so genau eingehalten, daß die maximale Abweichung von diesem Sollmaß nur 0,000 02 Millimeter beträgt. Keine feinmechanische Werkstatt auf dieser Welt wäre in der Lage, auch nur eine einzige Schuppe des Flügels in dieser Präzision herzustellen. Wozu aber dient dieser große konstruktive Aufwand?

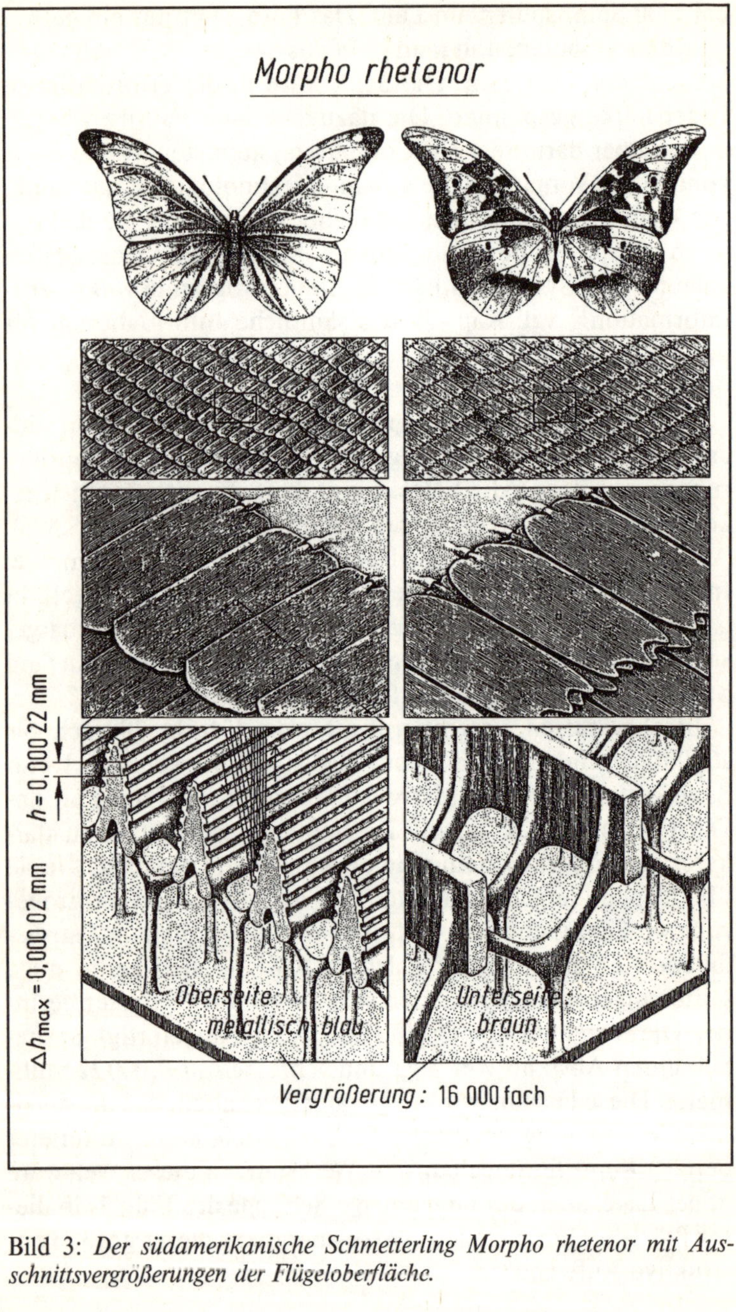

Bild 3: *Der südamerikanische Schmetterling Morpho rhetenor mit Ausschnittsvergrößerungen der Flügeloberfläche.*

Hier wird in genialer Weise ein physikalischer Effekt ausgenutzt. An einem alltäglichen Beispiel sei dieser erläutert: Wenn wir zwei Steine gleichzeitig ins Wasser werfen, dann gehen von jeder Einschlagstelle Wasserwellen in Form konzentrischer Kreise aus. In manchen Bereichen löschen sich die Wellen aus, und an anderen verstärken sie sich. In der Physik nennt man dieses Phänomen den Interferenz-Effekt. Genau dieser spielt nun bei der Farbgebung auf dem Flügel eine Rolle. Das einfallende Sonnenlicht trifft auf das Stufengitter. Aufgrund des Interferenz-Effektes werden nun einige Farben ausgelöscht, und eine ganz bestimmte Farbe wird verstärkt. Die Gitterabstände und die Wellenlänge des sichtbaren Lichtes sind hier genau aufeinander abgestimmt.

Wie kommt es zu dieser genialen Konstruktion, bei der alles auf einen speziellen physikalischen Effekt abgestimmt ist? Auch hier lautet die Antwort: **Information!**

4. **Die Embryonalentwicklung des Menschen:** Was sich in den neun Monaten der Embryonalentwicklung abspielt, sind Wunder ohnegleichen. Millionen von Zellen entstehen in den ersten vier Wochen dieses Lebens. Nach einem faszinierenden Plan setzen sie sich zusammen und bilden den menschlichen Organismus. Um den 15. Tag startet diese dramatische Entwicklung, bei der sich die ersten Blutgefäße zeigen. Wenige Tage darauf geschieht ein unermeßliches Wunder: In der winzigen Brust des nur 1,7 Millimeter großen Embryos verbinden sich zwei solcher Adern zu einem Herzen, das noch vor dem 21. Tag seine Arbeit aufnimmt. Es pumpt Blut durch diesen Minikörper. Das kleine Herz versorgt vor allem das sich in den ersten Wochen entwickelnde Gehirn mit Blut und Sauerstoff. Im vierten Monat pumpt das Herz des Fetus[1] 30 Liter Blut pro Tag; bei der Geburt werden es schon 350 Liter sein.

[1] **Fetus:** Als Fetus bezeichnet man die Frucht im Mutterleib nach Abschluß der Organogenese (= das Wachstum und die Differenzierung der Zellen zu embryonalen Organanlagen in den ersten 12 Lebenswochen) bis zum Ende der Schwangerschaft. Die Embryogenese dauert bis zur 12. Schwangerschaftswoche; daran schließt sich dann die Fetalentwicklung an.

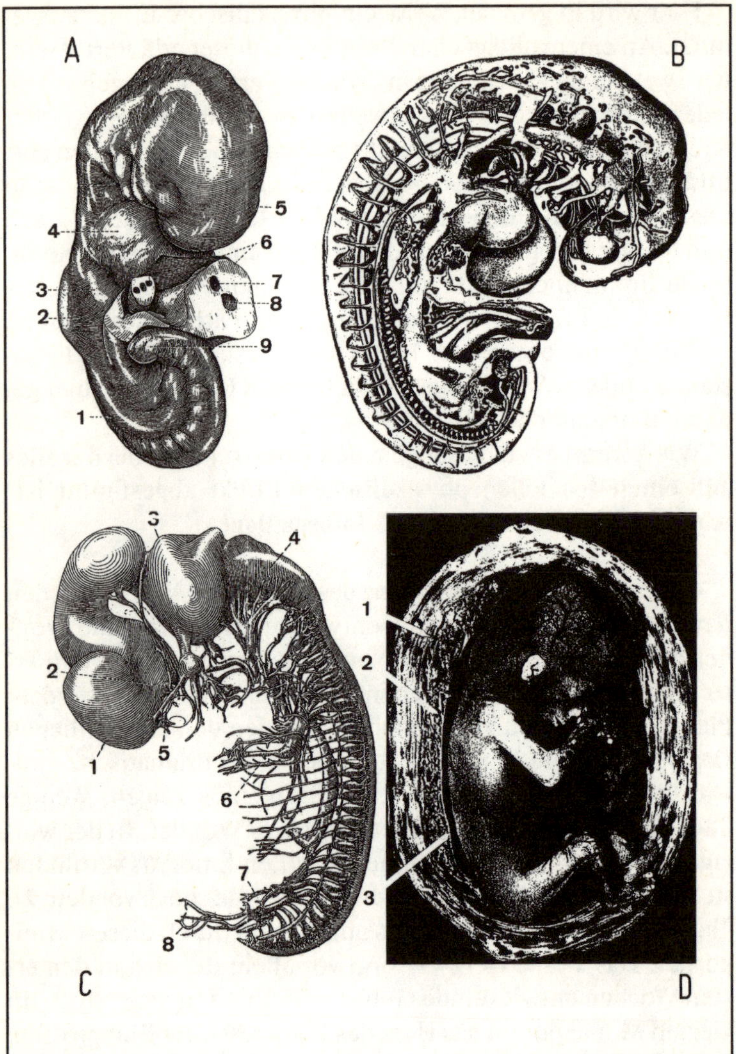

Bild 4: *Verschiedene Stadien der menschlichen Embryonalentwicklung.*

Eine Lunge und Augen und Ohren entstehen, obwohl sie noch gar nicht gebraucht werden. Zwei Monate nach der Befruchtung ist das Kind nur drei bis vier Zentimeter groß. Der Platz einer Nußschale würde ausreichen, und doch sind schon alle Organe vorhanden. Sie müssen nur noch weiter wachsen und sich ausformen.

Bild 4 zeigt verschiedene Phasen, wie sich der Mensch im Mutterleib entwickelt [B3]:

Teilbild A: Schnittserienkonstruktion eines 4,2 mm großen und 28 Tage alten Embryos mit folgenden Details: 1 Grenze zwischen Rücken- und Bauchanlage, 2 vorläufige Achselgrube, 3 Leberwulst, 4 Herzwulst, 5 Auge, 6 dünner und dicker Teil des Nabeltrichters, 7 Anulis umbilicalis, 8 Anulis umbilicalis impar, 9 Coccyx (Steißbein).

Teilbild B: 4,2 mm großer und ca. 28 Tage alter Embryo.

Teilbild C: Isolierte Darstellung des Nervensystems eines 17,7 mm großen und acht Wochen alten Embryos: 1 Telencephalon (= der vordere Abschnitt des ersten Hirnbläschens beim Embryo), 2 Nervus opticus (Sehnerv), 3 Cerebellum (Kleinhirn), 4 Medulla oblongata (verlängertes Rückenmark), 5 Lobus olfactorius (Riechhirn), 6 Nervus ulnaris (Ellennerv), 7 Nervus obturatorius (Hüftlochnerv), 8 Nervus plantaris lateralis (äußerer Fußsohlennerv) und Nervus suralis (Wadennerv).

Teilbild D: 75 mm großer Fetus (in utero). 1 Plazenta (lat. *placenta* = Kuchen; Mutterkuchen), 2 Myometrium (= Muskelschicht der Gebärmutterwand), 3 Amnion (griech. *amnion* = Schafshaut; Haut um die Leibesfrucht). Die Flüssigkeit in der Chorionhöhle ist entfernt.

Wie kommt es, daß es bei der Embryonalentwicklung nicht zu einem ungeordneten Zellwachstum, sondern zu einem systematischen, zeitlich abgestimmten und zielorientierten Vorgang kommt? Allem liegt eine diffizile Bauanweisung zugrunde, in der alle Phasen bis in letzte Details programmiert sind. Auch hier ist also die Information der alles entscheidende Faktor.

5. Der orgelspielende Roboter: Ist es möglich, daß ein Roboter Orgel spielen kann? *Bild 5* zeigt eine solche Anordnung. Der japanische Roboter Wasubot kann selbst Musikfreunde begeistern. Er verfügt über zwei Hände und zwei Füße, die in der Lage sind, Tastaturen einer Orgel zu betätigen. Eine Fernsehkamera liest die Noten von einem Notenblatt. Ein Programm sorgt dafür, daß der Musikcode umgesetzt wird in Finger- und Fußbewegungen, die wiederum eine Tastatur betätigen. Dieser Roboter ist in der Lage, verschiedene Stücke zu spielen, ohne daß er diese einüben müßte. Was ist der Grund für diese Fähigkeit? Neben allen konstruktiven Voraussetzungen ist die dem Roboter mitgegebene Information in Form eines Programmes das Grundlegende für seine Funktion. Würde man dem System das Programm nehmen, dann liefe nichts mehr. Wir erkennen auch hier: Information ist die alles entscheidende Größe.

Konsequenzen: Wir haben hier einige sehr unterschiedliche Systeme betrachtet und dabei festgestellt, daß ihnen allen die darin enthaltene Information gemeinsam ist. Keines der Systeme würde funktionieren, wenn die gespeicherte Information entfernt würde. Wollen wir uns also ein tieferes Verständnis der Abläufe in lebenden und nichtlebenden Konstrukten verschaffen, so müssen wir uns eingehend mit dem Informationsbegriff beschäftigen. Ein Dortmunder Professor für Informatik stellte kürzlich einen grundlegenden Satz auf, dem man zustimmen kann[2]:

[2] Diese Zustimmung möchte ich mit einer Einschränkung versehen. Ich weiß nicht, ob die Intention dieses Satzes Gott mit ein- oder ausgeschlossen hat. Die Frage der Herkunft der Information ist zwar als grundlegend erkannt worden; ohne den Geist Gottes aber kann niemand die Welt richtig verstehen, auch wenn er die Frage nach der Herkunft der Information logisch korrekt beantworten kann. Wenn es stimmt, daß die Bibel das Buch der Wahrheit ist – und das bezeugt sie in vielfacher Weise (z. B. Joh 17,17) –, dann ist sie der eigentliche Schlüssel, um die Welt deuten zu können.

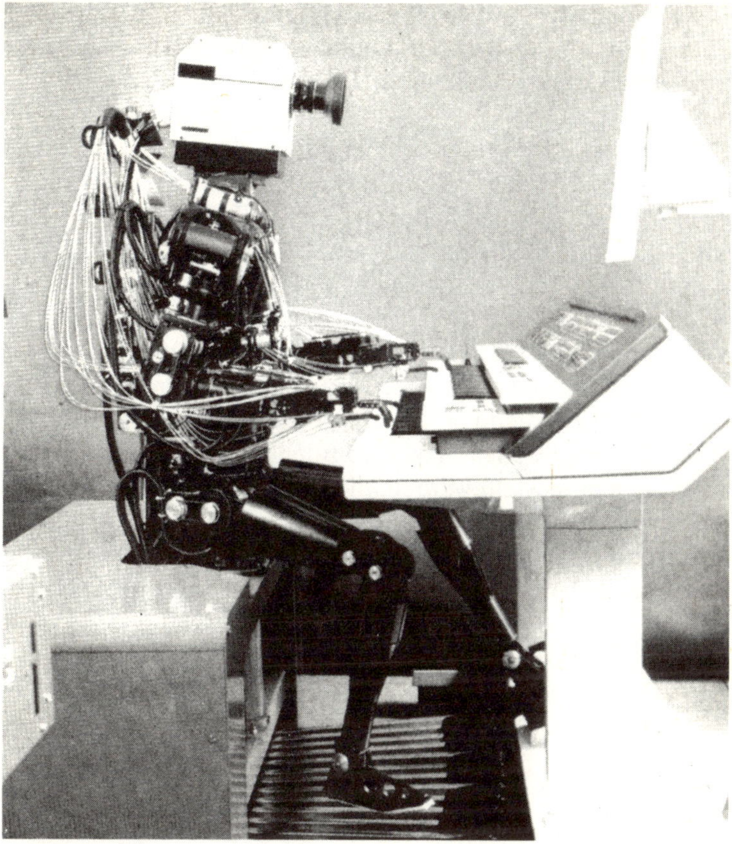

Bild 5: *Orgelspielender Roboter.*

Auf der EXPO '85 in Japan wurde der orgelspielende Roboter ausgestellt. Das System wurde von Prof. Ichiro Kato von der Wasedo Universität entwickelt und von Sumitomo Electronic Industries gebaut. Der Roboter ist jetzt im japanischen Regierungsgebäude der EXPO '85 (tsukuba) zu sehen. Dieses Beispiel zeigt, wie weit die Robotertechnik gehen kann, dennoch leistet das System nicht mehr, als ihm an vorgedachter Information per Programm mitgegeben wurde.

»Wer Auskunft geben kann über die Herkunft der Information, der hat den Schlüssel in der Hand, um diese Welt deuten zu können.«

In dem Geleitwort zu dem geradezu klassischen Buch von *Richard P. Feynman* »Vom Wesen physikalischer Gesetze« heißt es [F1, 2]: »Unsere Epoche ist das Zeitalter der Entdekkung der fundamentalen Naturgesetze – eine aufregende, eine wunderbare Zeit, die aber nicht wiederkehren wird.« Im Bereich der Physik sind wohl die meisten Gesetze inzwischen erkannt und formuliert. Was jedoch die Grundgröße *Information* betrifft, so sind wir noch weitgehend mitten im Prozeß des Entdeckens. Aufbauend auf vorangegangenen Arbeiten [G5], [G7], [G8], [G9] sollen in diesem Buch mehrere Sätze über Information aufgestellt werden, die den Charakter von Naturgesetzen haben. Um die erarbeiteten Sätze hinsichtlich der Tragweite und Bedeutung richtig einschätzen zu können, wird im anschließenden Kapitel zunächst Grundsätzliches über Naturgesetze gesagt.

Teil I: Naturgesetze

2 Grundlegendes über Naturgesetze

2.1 Aussageformen in der Naturwissenschaft

Die Naturwissenschaften haben sich die Aufgabe gestellt, die uns umgebende Welt zu beobachten und ihre Gesetzmäßigkeiten herauszufinden. Experimentieren und Beobachten (z. B. durch Messen und Wägen) sind darum die grundlegenden Arbeitsprinzipien. Der Naturphilosoph und Chemiker *Hans Sachsse* bezeichnet die Naturwissenschaft »als eine Bestandsaufnahme von Beobachtungszusammenhängen, die keine Auskunft über letzte Ursachen oder über die Notwendigkeit Soseins gibt, sondern allein die Regelmäßigkeiten der Beziehungen ergründet.« Das Beobachtungsmaterial wird systematisch geordnet und die daraus gewonnenen Prinzipien in Form möglichst allgemeiner Sätze ausgesprochen. Weder Herkunftsfragen dieser Welt und des Lebens noch ethische Fragen gehören zum Problemkreis der Naturwissenschaft und können darum von ihr prinzipiell nicht beantwortet werden. Was die Naturwissenschaft auf ihrem zugewiesenen und eingeschränkten Gebiet jedoch aussagen kann, ist in Formen unterschiedlichen Vertrauens formulierbar. Die Gewißheit oder auch Ungewißheit der Erkenntnisse drückt sich in den folgenden Kategorien unterschiedlich aus:

Naturgesetz: Läßt sich die *allgemeine Gültigkeit* von Sätzen in reproduzierbarer Weise immer wieder bestätigen, so spricht man von einem Naturgesetz. Durch Naturgesetze können wesentliche Strukturen und Phänomene der Wirklichkeit in Form allgemeingültiger Prinzipien beschrieben werden, und zwar sowohl hinsichtlich ihrer zeitlichen Entwicklung als auch hinsichtlich innerer struktureller Zusammenhänge. Die Naturgesetze beschreiben solche Phänomene, Ereignisse und Abläufe, die sich in Wechselwirkung mit der Materie abspielen. Aus diesem Grunde gehören z. B. psychische Empfindungen (Liebe,

Trauer, Freude) oder philosophische Fragestellungen nicht zum Bereich der naturgesetzlichen Beschreibung.

Abstufungen zu den Naturgesetzen hinsichtlich des Vertrauensgrades der Wirklichkeitserfassung sind Modell, Theorie, Hypothese, Paradigma, Spekulation, Fiktion, die wir im folgenden kurz skizzieren wollen:

Modell: Modelle sind ihrem Wesen nach ein eingeschränktes Abbild der Realität. Nur die für wesentlich erachteten Eigenschaften werden herausgestellt; als nebensächlich angesehene oder nicht erkannte Aspekte bleiben unberücksichtigt. Modelle sind insbesondere durch ihre Anschaulichkeit ausgezeichnet. Ein Modell ist somit ein zweckbestimmtes Abbild der Wirklichkeit, das im Verhältnis zum realen Untersuchungsobjekt selbst vereinfachende, besser überschaubare und leichter beschreibbare Strukturen aufweist. Somit kann es für ein und denselben Sachverhalt verschiedene Modelle geben, die wegen des vereinfachenden und vorläufigen Charakters prinzipiell verbesserbar sind.

Theorie (griech. *theoría* = Anschauen, Betrachtung, Untersuchung): Mit Hilfe einer Theorie wird versucht, Tatsachen zu erklären, wobei Modellvorstellungen und Hypothesen zu einem Ganzen verarbeitet sind. Eine Theorie ist somit eine wissenschaftliche Aussage, die wegen lückenhafter empirischer Erkenntnisse vorläufig ist. Das ihr anhaftende hypothetische Element bringt unausweichlich Unsicherheit mit hinein – bestenfalls können die Aussagen mit einer gewissen Wahrscheinlichkeit angegeben werden. Theorien sind also ein Mittel, mit denen beobachtete Tatsachen verknüpft werden, und die besten Theorien sind jene, die dieses Ziel mit den wenigsten Unstimmigkeiten erreichen.

Hypothese (griech. *hypóthesis* = Annahme, Vermutung, Unterstellung): Die Hypothese ist eine wissenschaftlich noch unbestätigte Annahme mit spekulativer Komponente, die eine lückenhafte empirische Erkenntnis ergänzt oder als Vermutung die vorläufige Erklärung einer Tatsache darstellt. Eine neue Hypothese soll auf Tatsachen beruhen und darf nicht den bekannten Naturgesetzen widersprechen. Dient die Hypothese in der Startphase einer Untersuchung als methodischer Leitfaden, so spricht man von einer Arbeitshypothese. Eine Hypothese erhält einen zunehmenden Wahrscheinlichkeitsgrad durch Erfahrungstatsachen, die ihr entsprechen; **eine** ihr entgegenstehende Tatsache genügt jedoch, um sie zu verwerfen (Falsifikation). Schon *Blaise Pascal* (1623-1662) sagte: »Von der Falschheit einer Hypothese sind wir hinreichend überzeugt, wenn sich **ein einziger** Sachverhalt aus ihr ergibt, der einem der Phänomene eindeutig widerspricht.«

Paradigma (griech. *parádeigma* = Beispiel, Muster): Prägt ein theoretisches Muster (Theorie, Hypothesensystem, weltanschaulicher Ansatz) ganze Forschungsrichtungen oder eine Ära der Wissenschaft, so spricht man von einem Paradigma. Solche Lehrmuster stecken als übergeordnete Leitidee den Rahmen ab, innerhalb dessen sich Einzelforschung bewegt und unter welchen Voraussetzungen Einzelphänomene zu deuten sind. Die aus ihren weltanschaulichen Voraussetzungen abgeleiteten Hypothesensysteme sind nicht mit dem Faktenmaterial harmonisierbar. Typische Beispiele sind die geozentrische Astronomie (widerlegt durch *Kopernikus*), die Phlogistonchemie (widerlegt 1774 durch *Lavoisier*). Dieses Buch möchte dazu beitragen, über einen naturgesetzlichen Ansatz das Evolutionsparadigma zu erschüttern.

Spekulation: Die Spekulation ist eine Aussage, die aus Überlegung, Meditation, Erfindung und Phantasie hervorgegangen ist und mit der Wirklichkeit keine Übereinstimmung zu haben braucht. Sie ist also ein bloßes Gedankenspiel. Hier können leicht Fehler gemacht werden, die mangels einer Prüfung durch ein wirkliches Experiment unbemerkt bleiben. Im Gedankenexperiment können Schwierigkeiten leicht umgangen, unerwünschte Punkte verschwiegen und Widersprüche geschickt verborgen werden. Ein Gedankenexperiment kann vielleicht eine Frage aufwerfen, aber es kann sie nicht beantworten. Das kann nur das wirkliche Experiment. In diesem

Sinne ist der von *Manfred Eigen* entworfene Hyperzyklus ein reines Gedankenexperiment [G10, 153-155].

Bloße Spekulation ohne Experiment und Beobachtung, bloße Deduktion aus willkürlichen Voraussetzungen oder einseitige Auswahl von Beobachtungen ist nicht Naturwissenschaft. Auch die abstrakteste Theorie darf die Beziehung zur Realität und zum Experiment nicht verlieren; sie muß experimentell verifizierbar[3] sein. Gedankenexperimente sind nur Spekulation, ebenso Ableitungen aus philosophischen Postulaten, die nicht in der Erfahrung wurzeln.

Fiktion (lat. *fictio* = Gestaltung, Erdichtung): Eine Fiktion ist die absichtliche oder unabsichtliche Erfindung eines nicht der Wirklichkeit entsprechenden Sachverhaltes. In den Naturwissenschaften versteht man hierunter die absichtliche Einführung einer falschen Annahme zur methodischen Erklärung eines Problems.

2.2 Grenzen der Naturerkenntnis und Langlebigkeit von Paradigmen

Wir haben verschiedene Abstufungen zu den Naturgesetzen betrachtet und daran erkannt, daß viele Aussagen gar nicht so absolut zu setzen sind, wie das häufig geschieht. Der Nobelpreisträger *Max Born* (1882-1970) hat auf diesen Tatbestand in den Naturwissenschaften deutlich hingewiesen [B4]:

[3] **Verifikation** (mlat. *verificare,* zu lat. *verus* = wahr und *facere* = machen): Als Verifikation bezeichnet man die experimentelle Überprüfung einer Aussage. Das Ergebnis solcher Verifikation ist jedoch nicht allgemeingültig, sondern es ist streng genommen nur für die durch Kontrolle bestätigten Fälle nachgewiesen. Es ist nicht auszuschließen, daß es bisher noch nicht bekannte Gegenbeispiele gibt. Wird ein solches gefunden, dann wäre die Aussage zu Fall gebracht (falsifiziert!). Wir können es auch so formulieren: Eine Theorie ist nicht verifizierbar, sondern nur falsifizierbar. Eine gute Theorie ist demnach so angelegt, daß sie möglichst leicht verletzbar ist. Wenn sie bei solch offener Formulierung dem Kreuzfeuer aller Kritik stets standhalten kann, hat sie sich bewahrt.

»Ideen wie absolute Richtigkeit, absolute Genauigkeit, endgültige Wahrheit usw. sind Hirngespinste, die in keiner Wissenschaft zugelassen werden sollten. Man kann aus einem immer beschränkten Wissen von der gegenwärtigen Lage Vermutungen und Erwartungen bezüglich der künftigen Lage erschließen, und diese werden durch Wahrscheinlichkeiten ausgedrückt. Jede Wahrscheinlichkeitsbehauptung ist vom Standpunkt der zugrunde liegenden Theorie entweder richtig oder falsch. Diese Lockerung des Denkens scheint mir als der größte Segen, den die heutige Wissenschaft uns gebracht hat.«

Der Nobelpreisträger *Max Planck* (1858-1947) beklagt in den Wissenschaften, daß an längst unhaltbar gewordenen Theorien beharrlich festgehalten wird [P3, 13]:

»Eine neue wissenschaftliche Wahrheit pflegt sich nicht in der Weise durchzusetzen, daß ihre Gegner überzeugt werden und sich als belehrt erklären, sondern vielmehr dadurch, daß die Gegner allmählich aussterben und daß die heranwachsende Generation von vornherein mit der Wahrheit vertraut gemacht wird.«

Dieses ungerechtfertigte Festhalten am Überkommenen hat der Wissenschaftstheoretiker Prof. *W. Wieland* sogar bei den viel unsichereren Hypothesen markiert [W4, 631]:

»Den **Hypothesen,** von denen man ausgeht, kommt insofern ein eigentümliches Beharrungsvermögen zu. Von ähnlicher Art ist die Stabilität, die nach der *Kuhn*schen Konzeption etablierten Theorien zukommt. Nur scheinbar werden solche Theorien an der Erfahrung geprüft. In Wirklichkeit wird die Erfahrung zunächst immer so gedeutet und notfalls umgedeutet, daß sie mit den Theorien verträglich ist, deren Gültigkeit man vorausgesetzt hat.«

Noch größer ist die Standfestigkeit eines Paradigmas, das

noch lange Zeit dem Ansturm der Wirklichkeit trotzt [W4, 632]:

> »Kommt es zu Kollisionen zwischen Paradigma und Erfahrung, so hat – gemäß dem nicht wissenschaftstheoretisch, sondern wissenschaftshistorisch erhobenen Befund *Kuhns* – die Erfahrung in der Regel das Nachsehen. Trotzdem ist die Macht des Paradigmas nicht unbegrenzt ... Es gibt Phasen in der Entwicklung einer Wissenschaft, in denen nicht mehr nur die Erfahrung dem jeweils leitenden Paradigma angepaßt wird; in diesen Phasen machen verschiedene Paradigmen als solche einander Konkurrenz. Das sind Phasen, die *Kuhn* als wissenschaftliche Revolutionen bezeichnet ... Nach *Kuhns* Konzeption ist es eine bloße Legende, daß sich die erfolgreichen Theorien durch größere Leistungsfähigkeit in der Deutung und Erklärung von Phänomenen gegenüber den von ihnen verdrängten alten Theorien auszeichnen. Von der Leistungsfähigkeit einer Theorie kann dann aber nur noch in einem ganz anderen Sinne die Rede sein. Es ist eine Leistungsfähigkeit, die sich im historischen Befund nur danach bemessen läßt, wieviele Anhänger sie hat gewinnen und auf sich einschwören können.«

Bei der Diktatur eines falschen Paradigmas gehen der Wissenschaft viele relevante Daten verloren, weil von der Erwartung abweichende Ergebnisse als »Meßfehler« unberücksichtigt bleiben.

Eine Mindestvoraussetzung, ob eine Theorie beibehalten werden kann, ob eine Hypothese noch nicht zu verwerfen ist, oder ob ein gedachter Prozeß ablaufen kann, ist, daß dabei die gültigen Naturgesetze nicht verletzt werden.

2.3 Das Wesen der Naturgesetze

Das aller Naturwissenschaft zugrundeliegende metaphysische Gesetz ist das **Kausalgesetz** in der Form, daß jedes Ereignis eine Ursache hat und daß unter gleichen Umständen dieselbe Ursache immer dieselbe Wirkung hat. Zum tieferen Verständnis der Naturgesetze wollen wir einige grundlegende Aspekte zusammentragen, die für die Beurteilung von Vorgängen und für die Anwendung wichtig sind:

N1: Naturgesetze sind Erfahrungssätze. Bei den Naturgesetzen wird häufig unterstellt, daß es sich um bewiesene Sätze handelt. Hier muß gleich richtiggestellt werden: **Kein Naturgesetz kann bewiesen werden!** Naturgesetze sind einzig aus der Beobachtung erkannt und formuliert worden. Häufig gelingt es, das Erkannte mit Hilfe des mathematischen Formelapparates präziser, kürzer und allgemeiner auszudrücken. Wiewohl zahlreiche Sätze der Mathematik (außer den an den Anfang gestellten Axiomen) beweisbar[4] sind, gilt dies für die Naturgesetze nicht. Die mathematische Formulierung einer Beobachtung darf nicht mit einem Beweis verwechselt werden. Es bleibt dabei: **Naturgesetze sind einzig und allein Erfahrungssätze.** Sie sind nicht beweisbar, dennoch sind sie gültig.

Hierzu gehört auch der so grundlegende *Energiesatz* der Physik, auch er ist niemals bewiesen worden, denn er ist ebenso unbeweisbar wie alle anderen Naturgesetze. Warum aber ist er dennoch so universell gültig? Antwort: Weil er sich durch

[4] **Beweisbarkeit:** Der deutsche Mathematiker *David Hilbert* (1862 - 1943) vertrat noch die optimistische Auffassung, daß jedes mathematische Problem in dem Sinne entscheidbar ist, daß entweder eine Lösung angegeben oder die Unmöglichkeit einer solchen Lösung bewiesen werden kann, wie etwa bei der Quadratur des Kreises. In seinem berühmten Königsberger Vortrag (1930) behauptete er darum, daß es gar keine unlösbaren Probleme gibt: »Wir müssen wissen, wir werden wissen.« Diese Auffassung widerlegte der bekannte österreichische Mathematiker *Kurt Gödel* (1906-1978). Er hat nachgewiesen, daß selbst in einem formalen System nicht alle wahren Sätze bewiesen werden können. Diese Aussage des sogenannten 1. *Gödelschen* Unvollständigkeitssatzes war eine geradezu revolutionierende Erkenntnis. Wegen der weitreichenden Folgen für die Mathematik und die Erkenntnistheorie nannte *Heinrich Scholz* die Arbeit *Gödels* »Die Kritik der reinen Vernunft aus dem Jahre 1931«.

millionenfache Erfahrung in der Wirklichkeit als richtig erwiesen hat. Er hat also die Bewährungsprobe in der Wirklichkeit bestanden. Die vielen Perpetuum-Mobilisten haben unter Einsatz von viel Zeit, Geld und Ideen immer wieder versucht, eine Maschine zu erfinden, die ohne Energiezufuhr beständig laufen sollte. Das aber ist *nie* gelungen! Diese Leute haben der Wissenschaft dennoch einen wichtigen Dienst erwiesen. Sie haben gezeigt, daß durch alle ihre Ideen der Energiesatz nicht zu überlisten ist. Er hat sich als ein grundlegendes physikalisches Gesetz erwiesen, von dem bisher keine Ausnahme bekannt ist. Auch die heutige Sicherheit im Umgang mit diesem Satz schließt nicht aus, daß vielleicht doch einmal ein Gegenbeispiel gefunden wird. Gäbe es einen Beweis im mathematischen Sinne, dann könnte jede auch nur irgendwann einmal auftretende Abweichung von diesem Naturgesetz ausgeschlossen werden.

Der englische Physiker *R. E. Peierls* hat den Charakter des Unbewiesenen aller Naturgesetze wie folgt herausgestellt [P1, 536]:

»Auch die allerschönste Ableitung eines Naturgesetzes ... bricht plötzlich zusammen, wenn sich herausstellt, daß dieses Naturgesetz den Ergebnissen späterer Forschung nicht standhält ... Für den Wissenschaftler werden die Gesetze das bleiben, was sie sind: Aus unseren Erfahrungen abgeleitete Formulierungen, getestet und erhärtet durch Bewährung in theoretischen Voraussagen und neuen Situationen, vorbehaltlich künftig notwendig werdender Verbesserungen so lange hingenommen, als sie sich zum Ordnen, Erfassen und Begreifen der uns umgebenden Erscheinungen als geeignet und nützlich erweisen.«

N2: Naturgesetze sind universell gültig. Ein wichtiges Gesetz in den Naturwissenschaften ist der *Satz von der Einheitlichkeit der Natur.* Anders ausgedrückt: Naturgesetze sind dadurch ausgezeichnet, daß sie nicht nur in einem örtlich oder zeitlich begrenzten Bereich gültig sind. Ein Naturgesetz ist allgemeingültig in dem Sinne, daß es seiner Idee nach für unbegrenzt viele Einzelfälle gilt. Die Unendlichkeit dieser Einzelfälle kann durch unsere Beobachtungen niemals ausgeschöpft werden. Der Anspruch der Allgemeingültigkeit einer generellen Aussage, die für unbestimmt viele Fälle gelten soll, kann aber bereits dann zurückgewiesen werden, wenn auch nur ein einziges Gegenbeispiel zur Verfügung steht [5]. Die Naturgesetze sind (in unserer dreidimensionalen Wirklichkeit) nach aller bisherigen Kenntnis universell gültig. Der Grad der Allgemeingültigkeit ist also nicht etwa auf die Erde beschränkt, sondern trifft nach aller astronomischen Erfahrung auf das gesamte Universum zu. Bei den Planungen für den Flug zum Mond setzte man darum konsequenterweise voraus, daß die hier auf der Erde erkannten und formulierten Naturgesetze auch auf dem Mond gelten. Aufgrund des Energiesatzes und des Gravitationsgesetzes wurden die benötigten Treibstoffmengen ermittelt, und es stellte sich bei der Landung heraus, daß die Annahme der universellen Gültigkeit der Naturgesetze gerechtfertigt war.

[5] **Korrekturen an formulierten Naturgesetzen:** Ein aufgestelltes Naturgesetz kann die universelle Gültigkeit verlieren, wenn ein einziges Gegenbeispiel gefunden wird. Manchmal muß aber nur die Formulierung geändert werden, um das tatsächliche Gesetz präziser zu fassen. Wir müssen also unterscheiden zwischen dem Gesetz selbst, wie es in der Natur wirklich gilt, und der Formulierung, die von Menschen aufgestellt wurde. Präzisierungen heben ein »zunächst formuliertes Naturgesetz« nicht grundsätzlich auf, sondern erfassen die Wirklichkeit genauer. An zwei Beispielen sei gezeigt, wo Naturgesetze präzisiert werden mußten, da sie in ihrer ursprünglichen Formulierung zu eng gefaßt waren:

Beispiel 1: Die Gesetze der klassischen Mechanik verlieren ihre Gültigkeit, wenn die betrachteten Geschwindigkeiten bereits merkliche Anteile der Lichtgeschwindigkeit ausmachen. So erfuhren diese Gesetze eine Präzisierung in der Speziellen Relativitätstheorie. Die relativistischen Effekte waren bei kleinen Geschwindigkeiten noch nicht zu beobachten. Die Gesetze der klassischen Mechanik sind eine gute Näherung für den allgemeinen Gebrauch (z. B. Maschinenbau), aber streng genommen ungültig in der ursprünglichen Fassung.

Beispiel 2: Der Massenerhaltungssatz mußte zu einem allgemeinen Erhaltungssatz von Masse und Energie präzisiert werden, wenn Kernreaktionen dabei eine Rolle spielen (Massendefekt $E = m \cdot c^2$). Dennoch ist der Massenerhaltungssatz ein starkes Naturgesetz.

Der Satz von der Einheitlichkeit der Natur (oder der Allgemeingültigkeit der Naturgesetze) gilt so lange, bis ein Gegenbeispiel gefunden wird.

N3: Naturgesetze gelten in gleicher Weise in der belebten Natur wie auch in der unbelebten. Wenn der unter dem vorangegangenen Punkt **N2** genannte Satz gültig ist, dann sind Lebewesen von der Gültigkeit der Naturgesetze nicht ausgenommen. Der Nobelpreisträger für Physik (1965) *Richard P. Feynman* (1918-1988) schreibt [F1, 94]:

> »Das Gesetz der Erhaltung der Energie gilt für das Leben genauso wie für andere Erscheinungsformen. Interessant ist, daß sich bis jetzt noch jedes für die ›toten Dinge‹ aufgestellte Gesetz oder Prinzip, soweit wir es am großen Phänomen des Lebens testen konnten, auch hier als gültig erwiesen hat. Bis jetzt haben wir keinerlei Anhaltspunkt, daß sich die Vorgänge in den Lebewesen – was die physikalischen Gesetze betrifft – notwendig von den Prozessen in den Nichtlebewesen unterscheiden, obgleich die Lebewesen viel komplizierter sein können.«

So laufen z.B. alle Meßvorgänge (Sinnesorgane), Stoffwechselprozesse und Informationsübertragungsvorgänge unter strenger Einhaltung der Naturgesetze ab. Das Geniale der in den Lebewesen verwirklichten Konzepte beruht geradezu auf raffinierten und ausgeklügelten Ideen im Umgang mit den Naturgesetzen. So wird bei der Empfindlichkeit des menschlichen Ohres alles ausgeschöpft, um bis an die Grenze des physikalisch Möglichen zu gelangen [G11, 85-88]. Die Gesetze der Aerodynamik werden beim Vogel- und Insektenflug so meisterhaft ausgenutzt, daß derlei Wirkungsgrade noch bei keinem technischen System erreicht wurden (siehe Anhang A3.4.4).

N4: Die Naturgesetze sind auf kein Fachgebiet beschränkt. Dieser Satz erübrigt sich eigentlich wegen **N2** und **N3.** In einem eigenen Satz **N4** sei dennoch ausdrücklich darauf verwiesen, weil es hier leicht zu Mißverständnissen kommen kann.

Der *Energiesatz* wurde von *Julius Robert Mayer* (1814-1879), einem Schiffsarzt, während einer längeren Tropenreise entdeckt. Ohne tiefere physikalische Ausbildung fand er dieses grundlegende Gesetz beim Nachdenken über den Ablauf des organischen Lebensgeschehens. Niemand käme auf den Gedanken, den Gültigkeitsbereich dieses Satzes auf den Bereich der Medizin einzuschränken, nur weil er dort entdeckt wurde. Es gibt kein Gebiet der Physik, auf dem dieser Satz nicht entscheidend zur Klärung der Zusammenhänge beigetragen hat; vor allem ist er die Grundlage aller technischen wie auch biologischen Vorgänge.

Der *Zweite Hauptsatz der Thermodynamik* wurde im Bereich der Technik von *Rudolf Clausius* (1850) entdeckt und für thermodynamische Prozesse formuliert. Auch dieser Satz ist weit über alle Bereiche der Technik hinaus gültig. Auch die mannigfachen Wechselwirkungen und Umsetzungen in biologischen Systemen laufen unter Einhaltung dieses Naturgesetzes ab.

Wenn wir im Verlaufe des Buches mehrere *Sätze über Information* formulieren werden, darf nicht der Eindruck entstehen, diese Sätze wären nur im Bereich der Informatik oder der Technik gültig. Wenn sie naturgesetzliche Tragweite haben, dann sind sie generell anwendbar, wo immer auch Information auftritt.

N5: Die Naturgesetze sind unveränderlich. Nach allen uns bekannten Beobachtungen haben die Naturgesetze sich nie verändert. So wird allgemein davon ausgegangen, daß die erkannten Gesetze auf unserer Zeitachse konstant sind. Auch dies ist lediglich eine Beobachtung, die nicht beweisbar ist.

Hinweis: Natürlich kann der, der die Naturgesetze »gesetzt« hat, dessen Erfindung sie also sind, sie auch zeitweise außer Kraft setzen. Er ist der Herr auch über die Naturgesetze. Im Alten und auch im Neuen Testament finden wir zahlreiche solcher Berichte (siehe auch Satz **N10b**).

N6: Die Naturgesetze sind einfach: Das Beeindruckende an den Naturgesetzen ist, daß sie meistens sehr einfach formuliert werden können. Nur in ihren Auswirkungen erweisen sie sich oft als komplex. Dies soll an einem Beispiel erörtert werden:

Das *Gravitationsgesetz* wurde einmal als die bedeutendste Verallgemeinerung bezeichnet, die dem menschlichen Geist geglückt ist. Es besagt, daß zwei Körper eine Kraft aufeinander ausüben, die umgekehrt proportional dem Quadrat ihrer Entfernung und direkt proportional dem Produkt ihrer Massen ist. Dieses Gesetz läßt sich auch mathematisch ausdrücken:

$$F = G \cdot m_1 \cdot m_2 / r^2$$

d. h. eine Konstante (die sog. Gravitationskonstante G) multipliziert mit dem Produkt der beiden Massen m_1 und m_2, dividiert durch das Quadrat der Entfernung r, ergibt die Kraft F. Fügt man noch hinzu, daß ein Körper auf eine Kraft durch Beschleunigung reagiert, oder anders ausgedrückt, daß er seine Geschwindigkeit um so mehr ändert, je geringer seine Masse ist, dann ist bereits alles Wissenswerte über das Gravitationsgesetz gesagt. Wendet man nun dieses Gesetz auf die Berechnung der Planetenbahnen an, dann wird sofort deutlich: die Auswirkungen eines einfachen Naturgesetzes können sehr komplex werden. Will man unter Beachtung dieses Gesetzes gar drei sich bewegende Körper betrachten, dann führt die mathematische Behandlung bereits auf ein geschlossen nicht mehr lösbares Problem.

Das *Faradaysche Gesetz* besagt, daß die bei der Elektrolyse abgeschiedene Stoffmenge proportional zum elektrischen Strom und zur Dauer des Stromflusses ist (z. B. beim galvanischen Verkupfern oder Vergolden). Obwohl diese Formulierung sehr mathematisch klingt, besagt sie doch nur folgendes: *Um ein Atom abzuscheiden, bedarf es einer Ladung.*

Halten wir fest: Naturgesetze können in Form eines verbalen Satzes ausgesprochen und damit hinreichend präzise formuliert werden. In vielen Fällen ist es möglich und hilfreich, sich darüber hinaus der mathematischen Ausdrucksweise zu bedienen. Nach *Feynman* [Fl, 55]: »Die Mathematik ist letztlich nichts anderes als ein in Formeln gefaßter logischer Weg.« Der bekannte englische Mathematiker, Physiker und Astronom Sir *James H. Jeans* (1877-1946) meinte [Fl, 75]: »Der Große Baumeister scheint ein Mathematiker zu sein.«

N7: Die Naturgesetze sind (prinzipiell) angreifbar. Ein Satz ist umso aussagefähiger, je angreifbarer er formuliert ist. Daß die Naturgesetze so formulierbar sind, wie sie sind, liegt nicht am menschlichen Erfindergeist, sondern an ihrem Geber. Wir stellen lediglich fest, nachdem wir sie formuliert haben: Sie sind durchweg angreifbar. Das macht sie so wertvoll und gibt ihnen die ihnen eigene große Reichweite.

Wir kennen alle das lustige Sprichwort: »Wenn der Hahn kräht auf dem Mist, ändert sich das Wetter, oder es bleibt, wie es ist.« Dieser Satz ist nicht angreifbar, somit ist die Aussage auch wertlos. Der Energiesatz hingegen ist äußerst angriffsfähig: »Energie kann nicht von Neuem entstehen, und Energie kann nicht vernichtet werden.« Auch bei diesem Satz fällt zunächst die einfache Formulierung auf. Er ist so abgefaßt, daß es leicht scheint, ihn zu widerlegen. In der Tat fordert der Energiesatz geradezu heraus, ein Experiment zu ersinnen, bei dem die Energiebilanzen vorher und nachher nicht übereinstimmen. Trotz solcher Formulierung mit großen Angriffsflächen konnte in aller Welt noch kein Gegenbeispiel erbracht werden, das diesem Gesetz widerspricht. Auf diese Weise wird aus einem einmal durch Beobachtung gefundenen Satz ein Naturgesetz.

N8: Die Naturgesetze können auf unterschiedliche Art und Weise ausgedrückt werden. Für ein und dasselbe Naturgesetz können verschiedene Ausdrucksweisen verwendet werden. Welche Formulierung gerade die geschickteste ist, hängt vom jeweiligen Anwendungsfall ab. Stellt man die Frage, ob ein gedachter Vorgang realisierbar ist oder nicht, so erweist sich die Beschreibungsform als Unmöglichkeitssatz als besonders vorteilhaft. Geht es um eine Berechnung, so ist die mathematische Schreibweise vorzuziehen. Am Beispiel des Energiesatzes sollen verschiedene Formulierungen aufgezählt werden:

a) Energie kann weder aus Nichts erzeugt werden, noch kann sie vernichtet werden.
b) Es ist unmöglich, eine Maschine zu bauen, die – einmal in Bewegung gesetzt – endlos Arbeit leistet, ohne daß neue Energie zugeführt werden muß (b ist eine Folgerung aus a).
c) $E = \text{const.}$
(Die Energie eines Systems bleibt konstant)
d) $dE / dt = 0.$
(Da die Gesamtbilanz aller an einem System beteiligten Energien E unveränderlich ist, ist die zeitliche Ableitung nach E gleich Null.)

N9: Die Naturgesetze beschreiben reproduzierbare Vorgänge. Hat man ein Naturgesetz als solches erkannt, so kann die Gültigkeit an beliebig vielen und unterschiedlichen Beispielen erneut bestätigt werden. Es liegt im Wesen der Naturgesetze, daß sie reproduzierbar sind. Einen Stein kann man beliebig oft und aus unterschiedlichen Höhen fallen lassen; immer wieder werden wir dasselbe Gravitationsgesetz erfüllt finden. Naturgesetze machen die Prognose des Verhaltens der Dinge möglich; die häufige Bestätigung ist eine Vorbedingung für ihre Anerkennung.

Die obigen neun allgemeinen, aber sehr grundlegenden Sätze **N1** bis **N9** über das Wesen der Naturgesetze sind sämtlich aus der Erfahrung abgeleitet. Ihre Richtigkeit ist nicht beweisbar, aber ständig an der Wirklichkeit testbar. Wir wollen noch einen 10. Satz formulieren, der jedoch von dem persönlichen Standpunkt des Anwenders abhängig ist. Aus diesem Grunde unterscheiden wir die Sätze **N10a** und **N10b.** Es geht um die Existenz Gottes, die entweder bejaht oder verneint wird. Beide Auffassungen sind weltanschaulicher Art und stellen darum gleichermaßen Glaubensüberzeugungen dar. Es wird im Einzelfall zu prüfen sein, mit welcher Voraussetzung die einzelnen wissenschaftlichen Modelle tragfähiger sind.

N10a: Das Naturgeschehen wird ohne Gott gedeutet. Bei der Anwendung der Naturgesetze auf vorhandene (z. B. Energiebilanz beim Schmelzen des Eises) oder geplante Systeme (z. B.

Bau einer neuen Rakete) ist diese Annahme möglich. Die meisten naturgesetzlichen Abläufe können tatsächlich auch ohne Gott gedeutet und berechnet werden (z. B. freier Fall). Alle Versuche, die Entstehung des Lebens mit Hilfe von Modellen zu erklären, bei denen Gott als Initiator gar nicht in Betracht kommt, unterstellen diesen Satz **N10a.**

Für denjenigen, der den Gott der Bibel in seine Überlegungen einbezieht, gilt es jetzt noch, einen wichtigen Alternativsatz zu **N10a** zu formulieren, nämlich ab wann die Naturgesetze wirksam sind und in welcher Beziehung dieser Gott zu den Naturgesetzen steht. Diese Fragestellungen sind nicht aus der Beobachtung ableitbar, darum wird hierfür das Hintergrundwissen der Bibel eingesetzt:

N10b: Die Naturgesetze sind seit dem Abschluß der Schöpfung gültig. Die Naturgesetze sind ein grundlegender Bestandteil unserer heutigen Welt, und sie markieren das Erhaltungshandeln des Schöpfers (Kol 1,17; Hebr 1,3). Im Verlaufe des Schöpfungshandelns während der sechs Schöpfungstage wurden auch die Naturgesetze installiert. Sie sind somit nicht die Voraussetzung der Schöpfung, sondern erst das Ergebnis der Schöpfung. Das Erschaffungshandeln Gottes ist – und darauf sei hier sehr deutlich hingewiesen – somit nicht mit Hilfe der Naturgesetze erklärbar. Nach Abschluß der Schöpfungstage lag alles (z. B. Erde, Universum, Pflanzen, Tiere, Mensch) in fertiger Form vor: »Und also vollendete Gott am siebenten Tage seine Werke, die er machte.« (1 Mo 2,2).

Versucht man das eigentliche Werk der Schöpfung im Rahmen von Naturgesetzen zu erklären, so verfängt man sich sehr schnell in einem Netz nicht entwirrbarer Spekulationen. Das gilt sowohl für Anhänger der Schöpfung als auch für Vertreter der Evolutionslehre. So basiert die Evolutionsanschauung darauf, die Entstehung von Leben mit Hilfe von Naturgesetzen erklären zu wollen. Niemandem aber ist das bisher gelungen! So halten wir fest: *Die Naturgesetze gelten (sämtlich und in vollem Umfange) erst seit dem Abschluß der Schöpfung.*

Wenn der Schöpfer der Urheber der Naturgesetze ist, dann ist er selbst diesen Setzungen nicht unterworfen. Er kann frei damit umgehen und sie durch seine Vollmacht einschränken oder gar aufheben. Bei den Wundern in der Bibel sind Ausnahmesituationen geschildert, in denen einzelne Naturgesetze zeitweise und örtlich begrenzt völlig oder eingeschränkt außer Kraft gesetzt wurden. Als Jesus auf dem Wasser ging (Mt 14,25-33), setzte er als Sohn Gottes und Herr aller Dinge für sich die Gravitation außer Kraft. Wenn in Matthäus 24,29 geschrieben steht, daß bei der Wiederkunft Jesu »die Kräfte des Himmels ins Wanken kommen«, dann bedeutet dies physikalisch ausgedrückt, die derzeitige Feinabstimmung der Kräftearten im Universum wird vom Schöpfer selbst verändert. Die Folge davon wird dann sein, daß z. B. die Bahnen von Erde und Mond durcheinandergeraten und die Himmelskörper anfangen zu wanken: »Die Erde wird taumeln wie ein Trunkener und wird hin und her geworfen wie ein Hängebett« (Jes 24,20).

Sobald historische Fragen (z. B. Herkunft der Welt und des Lebens) oder zukünftige Geschehnisse (z. B. das Ende der Welt) angesprochen sind, ist **N10a** völlig unbrauchbar.

2.4 Die Bedeutung der Naturgesetze

B1: Die Naturgesetze geben uns ein tieferes Verständnis für die Abläufe der Natur. Ohne die Naturgesetze hätten wir nur eine sehr beschränkte Kenntnis über die physikalischen, chemischen, astronomischen und biologischen Abläufe in der uns umgebenden Welt. Der Fortschritt der naturwissenschaftlichen Erkenntnis liegt weithin darin begründet, daß grundlegende Prinzipien erkannt wurden, die zwar in verschiedener Ausprägung auftreten, aber leicht einzuordnen sind.

B2: Die Naturgesetze geben uns die Möglichkeit, Voraussagen zu treffen. Wegen **N5** und **N9** kann vorausgesagt werden, wie betrachtete Prozesse in der Zeit ablaufen. Aufgrund der naturgesetzlichen Gewißheit ist in vielen Fällen der betrachtete Vorgang sogar rechnerisch vorausplanbar. Läßt man z. B. einen Stein fallen, so kann im voraus berechnet werden, welche Geschwindigkeit er nach zwei Sekunden haben wird.

B3: Die Naturgesetze ermöglichen die Technik. Alle ingenieurmäßigen Konstruktionen und verfahrenstechnischen Prozesse sind in den Naturgesetzen begründet. Daß eine Brücke, ein Auto oder Flugzeug im voraus berechnet und konstruiert werden können, liegt daran, daß die entsprechenden Naturgesetze bekannt sind. Die gesamte chemische und pharmazeutische Verfahrenstechnik wäre ohne die Kenntnis der Naturgesetze undenkbar.

B4: Die Naturgesetze beantworten uns die Frage, ob ein gedachter Vorgang überhaupt möglich ist oder nicht. Dies ist eine äußerst wichtige Anwendung der Naturgesetze. Vor einiger Zeit bekam ich eine sehr umfangreiche Unterlage mit Zeichnungen und zugehörigen Berechnungen und Erklärungen eines Erfinders zugesandt mit der Bitte um Nachprüfung der erdachten Konstruktion. Dieser Denker hatte sich ein äußerst komplexes System von Pumpen und Rohrleitungen ausgedacht, das in der Lage sein sollte, einen hydraulischen Motor anzutreiben. Daß eine solche Anordnung niemals lauffähig sein kann, war sofort ohne nähere Prüfung und Berechnung zu durchschauen, denn der Energiesatz verbietet es. Naturgesetze erlauben also in vielen Fällen eine grundsätzliche Aussage, ohne die Anordnung erst im Detail prüfen zu müssen.

B5: Die Naturgesetze sind anwendbar auf bisher unbekannte Fälle. Eine besondere Stärke der Naturgesetze liegt darin, daß sie auf bisher noch nicht vorgekommene Situationen zu übertragen sind. Niemand hat bisher die Photosynthese, die in jedem Grashalm stattfindet, nachbauen können. Sollte dies irgendwann einmal geplant werden können, dann wären alle solche erdachten Methoden von vornherein zu verwerfen, bei denen irgendein Naturgesetz verletzt würde. Solch ein Entwurf wäre schon in der Konzeptionsphase als unbrauchbar zu eliminieren. Weiterhin lassen sich mit Hilfe der Naturgesetze auch zeitlich zurückliegende Ereignisse beurteilen, die als Hypothese im Rahmen eines Paradigmas angenommen wurden (z. B.: Ist es möglich, daß in einer postulierten Ursuppe Information entstehen kann? Mit dieser Frage werden wir uns in Kap. 6 noch beschäftigen.)

B6: Ein bekanntes Naturgesetz kann zum Aufspüren eines anderen benutzt werden. In der Wissenschaftsgeschichte gab es immer wieder Fälle, bei denen ein neues Naturgesetz dadurch herausgefunden wurde, daß man von der Richtigkeit eines bereits bekannten ausging. Hätten wir das Gesetz von der Schwerkraft nicht gekannt, so wäre auch das Verhalten der Jupitermonde nicht richtig beurteilt worden. So aber war es möglich, eine wichtige Naturkonstante – die Lichtgeschwindigkeit – zu berechnen.

Die Planetenbahnen können nach dem *Newtonschen* Gesetz keine exakten Ellipsen sein, da die Planeten nicht nur von der Sonne, sondern auch geringfügig voneinander angezogen werden. Der englische Astronom und Mathematiker *J. C. Adams* (1819 - 1892) und von ihm unabhängig der französische Astronom *U. Leverrier* (1811 - 1877) berechneten für die damals bekannten großen Planeten Jupiter, Saturn und Uranus unabhängig voneinander die durch die gegenseitige Anziehung bedingte Abweichung von den perfekten Keplerellipsen. Während Jupiter und Saturn sich »korrekt« verhielten, tanzte Uranus aus der Reihe. Sich auf die Richtigkeit des *Newtonschen* Gesetzes abstützend, berechneten diese beiden Astronomen aus den Unregelmäßigkeiten den Ort eines bisher nicht bekannten Planeten. So schrieben sie ihren Sternwarten: »Richtet Euer Teleskop auf den und den Ort am Himmel, und Ihr werdet einen neuen Planeten entdecken.« In dem einen Observatorium nahm man diesen Hinweis nicht ernst: »Wie absurd, da sitzt irgendwo ein Kerl mit gespitztem Bleistift vor einem Blatt Papier und will uns sagen, wo wir einen neuen Planeten finden.« Das andere Observatorium reagierte prompt, und hier entdeckte man den Neptun. (*Leverrier* wandte sich an den deutschen Astronomen *J. G. Galle* (1812 - 1910), und dieser fand am 23.09.1846 den Neptun sehr nahe an der vorausberechneten Stelle).

2.5 Die Gliederung der Naturgesetze

Betrachtet man die verschiedenen Naturgesetze nach ihrer Aussageweise, so entdeckt man große allgemeine Prinzipien, denen diese Gesetze zu gehorchen scheinen. Mehrere Gesetze können zu Kategorien zusammenfaßt werden:

Erhaltungssätze: Die Erhaltungssätze bilden eine Klasse von Gesetzen, über die folgendes gesagt werden kann: Es gibt eine Zahl (mit der jeweils zugehörigen Maßeinheit), die zu einem bestimmten Zeitpunkt berechnet werden kann. Wenn man diese Zahl zu einem späteren Zeitpunkt, nachdem die Natur eine Vielzahl von Veränderungen erfahren hat, erneut berechnet, dann hat sie sich nicht verändert. Das bekannteste Gesetz dieser Art ist der Satz von der *Erhaltung der Energie.* Von allen Erhaltungsgesetzen ist dieses das schwierigste und abstrakteste, aber dennoch das nützlichste, weil es am meisten angewandt wird. Es ist schwerer zu begreifen als die Gesetze von der *Erhaltung der Masse* (siehe Fußnote 5), *des Impulses, des Drehimpulses oder der Ladung.* Energie tritt nämlich in sehr verschiedenen Formen auf (z. B. kinetische oder Bewegungsenergie, potentielle oder Lageenergie, Wärmeenergie, elektrische Energie, chemische Energie, Kernenergie). Bei einem realen Prozeß kann die Energie sehr unterschiedlich auf diese verschiedenen Arten verteilt sein. Für jede Energieart läßt sich dann eine Zahl errechnen. Der Energiesatz besagt nun, daß alle diese Zahlen all der verschiedenen Formen von Energie stets die gleiche Gesamtsumme ergeben, und zwar unabhängig von allen in der Zeit stattfindenden Umwandlungen. Zu jedem beliebigen Zeitpunkt ist diese Gesamtsumme stets konstant. Es ist äußerst erstaunlich, daß es eine so einfache Formulierung für ein physikalisch oder biologisch beliebig komplexes Gebilde gibt.

Äquivalenzsätze: Nach der von *Einstein* gefundenen und berühmt gewordenen Formel $E = m \cdot c^2$ stehen Masse und Energie in einer Äquivalenzbeziehung. Bei atomaren Energieumwandlungsprozessen (Kernenergie) gibt es einen geringfügigen Massenverlust (Massendefekt genannt), der gemäß der *Einsteinschen* Gleichung der jeweils freiwerdenden Energie entspricht.

Sätze über Richtungsverläufe: Aus Erfahrung wissen wir, daß zahlreiche Erscheinungen dieser Welt nur in einer Richtung ablaufen. Eine Tasse, die wir herunterfallen lassen, zerbricht. Den umgekehrten Vorgang, daß die Tasse sich wieder selbst zusammensetzt und in die Hand hüpft, werden wir auch bei langer Wartezeit nicht erleben. Werfen wir einen Stein in die Mitte eines Teiches, so werden sich konzentrische Wellen bilden, die zum Ufer hin auslaufen. Die mathematischen Gleichungen, die diesen Vorgang beschreiben, sind in gleicher Weise geeignet, auch den Ablauf des umgekehrten Vorgangs anzugeben, nämlich, daß sich am Ufer kleine Wellen bilden, die dann zur Mitte hin immer größer werden. Während der erste Vorgang beliebig oft wiederholt werden kann, ist der zweite nie beobachtet worden.

Es gibt Naturgesetze, bei denen die Richtung keine Rolle spielt (z. B. Gravitationsgesetz) und andere, bei denen die Ablaufrichtung einer Einbahnstraße vergleichbar ist. Im letzteren Fall kann zwischen Vergangenheit und Zukunft deutlich unterschieden werden. Immer, wenn Reibung im Spiel ist, dann sind solche Prozesse nicht umkehrbar. Sie laufen von alleine nur in einer Richtung ab. Gesetze, die einen eindeutigen Richtungssinn für einen Ablauf fordern, sind z. B. das *Entropiegesetz* (siehe Anhang) sowie das in der Chemie bekannte *Le-Chateliersche* Prinzip und das *Massenwirkungsgesetz.*

Unmöglichkeitssätze: Die meisten Naturgesetze lassen sich auch in der Form »Es ist unmöglich, daß ...« ausdrücken. Als Unmöglichkeitssatz lautet der Energiesatz beispielsweise: »Es ist unmöglich, daß Energie von alleine entsteht.« *R. Clausius* drückte den 2. Hauptsatz der Thermodynamik in der Unmöglichkeitsart aus: »Wärme kann nie von selbst von einem Körper niederer Temperatur auf einen Körper höherer Temperatur übergehen.« Die Unmöglichkeitssätze sind in ihrer Anwendung äußerst nützlich, da sie sehr effektiv zwischen möglichen und unmöglichen Vorgängen unterscheiden können. Bei den Informationssätzen wird uns diese wissenschaftliche Aussageform noch mehrfach begegnen.

Unmöglichkeiten gibt es auch in der Geometrie. *Bild 6* zeigt drei verschiedene Darstellungen von Körpern, deren Realisierung ebenso unmöglich ist wie gewisse Abläufe, die aufgrund von Naturgesetzen ausgeschlossen sind.

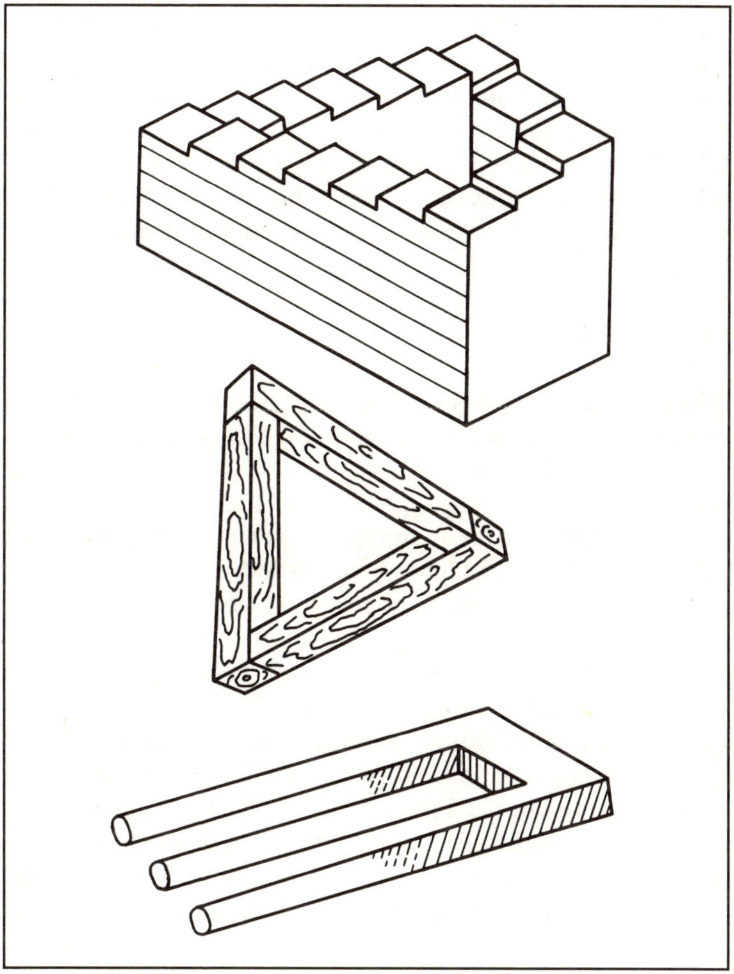

Bild 6: *Geometrisch unmögliche Körper.*

Prozeßgesetze: Ein Prozeßgesetz erlaubt die zeitliche Beschreibung der Zustände eines Systems für die Zukunft (Prognose) oder für die Vergangenheit (Retrognose), wenn die Werte der relevanten Variablen für wenigstens einen Zeitpunkt bekannt sind. Die Beschreibung des radioaktiven Zerfalls ist ein typisches Prozeßgesetz der Physik.

Koexistenzgesetze: Im Gegensatz zu einem Prozeßgesetz beschreibt ein Koexistenzgesetz die *gleichzeitige* Existenz von Eigenschaften eines Systems. So ist das Gasgesetz $p \cdot v = R \cdot T$ für die Zustandsänderung idealer Gase ein typisches Koexistenzgesetz der Physik, denn die drei Größen Druck p, spezifisches Volumen v und absolute Temperatur T beschreiben den »Zustand« eines idealen Gases vollständig, d. h. sie hängen nicht von der Vorgeschichte des Gases ab oder von der Art und Weise, wie der momentane Druck oder das momentane Volumen erreicht worden sind. Größen dieser Art nennt man Zustandsgrößen.

Grenzsätze: Schließlich gibt es noch Sätze, die uns Grenzen in unserer Welt markieren, die nicht übersprungen werden können. Die *Heisenbergsche Unschärferelation* ist ein solcher Satz, den *Werner Heisenberg* (1901-1976) im Jahre 1927 veröffentlichte. Danach ist es unmöglich, sowohl den Ort als auch den Impuls eines Teilchens zu einem fest vorgegebenen Zeitpunkt exakt zu bestimmen. Das Produkt aus den zwei Unschärfen dieser beiden Variablen ist immer größer als eine gewisse natürliche Konstante (was bei verschwindender Unschärfe unmöglich wäre). So folgt daraus z. B., daß bestimmte Messungen nie absolut genau ausgeführt werden können. Dieses Ergebnis brachte das Gebäude des bis dahin gebräuchlichen Determinismus in der Philosophie des 19. Jahrhunderts zum Einsturz. Naturgesetze verfügen über eine so große Mächtigkeit in ihrer Aussage, daß Auffassungen, die bis zum Zeitpunkt ihrer Formulierung gängig waren, plötzlich zu Fall kommen.

Informationssätze: Schließlich gibt es noch eine Reihe von Sätzen, dic nicht der Physik oder Chemie zuzuordnen sind, dennoch sind sie in gleicher Weise Naturgesetze. Für diese Sätze, die in diesem Buch ausgiebig vorgetragen werden, sind alle bereits genannten Kriterien **N1** bis **N9** gültig. Auch die Bedeutungsaspekte B1 bis B6 kommen hier voll zum Tragen.

2.6 Mögliche und unmögliche Vorgänge

Die Gesamtheit aller nur denkbaren Vorgänge (oder Prozesse) in der Natur können wir nach *Bild 7* aufteilen in

a) mögliche Vorgänge
b) unmögliche Vorgänge

Die **möglichen Vorgänge** laufen zwar unter der Aufsicht der Naturgesetze ab, es ist aber im allgemeinen nicht möglich, sie durch diese vollständig zu beschreiben. Andererseits können die **unmöglichen Vorgänge** durch sogenannte Unmöglichkeitssätze als solche erkannt werden.

Bei den unmöglichen Vorgängen können wir zwischen »**prinzipiell** unmöglichen Vorgängen« und »**statistisch** unmöglichen Vorgängen« unterscheiden. Vorgänge, die z. B. dem Energiesatz widersprechen, sind **prinzipiell** unmögliche Vorgänge, da dieser Satz sogar für das einzelne Atom gilt. Der radioaktive Zerfall hingegen ist ein statistisches, d. h. den Wahrscheinlichkeitssätzen unterworfenes Gesetz, das darum nicht mehr auf das einzelne Atom anwendbar ist. In allen praktischen Fällen ist die Zahl der Atome jedoch so immens groß, daß dennoch mit einem »strengen« Gesetz $n(t) = n_0 \cdot e^{-k \cdot t}$ gerechnet werden kann. Die Zerfallskonstante k ist weder von der Temperatur, noch vom Druck, noch vom Zustand der chemischen Bindung abhängig. Die Halbwertszeit T, nach der die Zahl der anfangs vorhandenen Atome n_0 durch Zerfall auf die Hälfte $n_0 / 2$ abgenommen hat, ergibt sich rechnerisch zu $T = \ln 2 / k$. Da es sich um statistische Vorgänge handelt, wäre es durchaus denkbar, daß zur Zeit T noch gar nicht die Hälfte oder schon erheblich mehr Atome zerfallen sind. Abweichungen von diesem Gesetz liegen aber mit einer so erdrückenden Wahrscheinlichkeit bei

Null, daß wir in solchen Fällen von statistischer Unmöglichkeit sprechen können.

Stellt man die Frage der Beobachtbarkeit (Erkennbarkeit, Meßbarkeit), so ist klar, daß unmögliche Vorgänge auch nicht

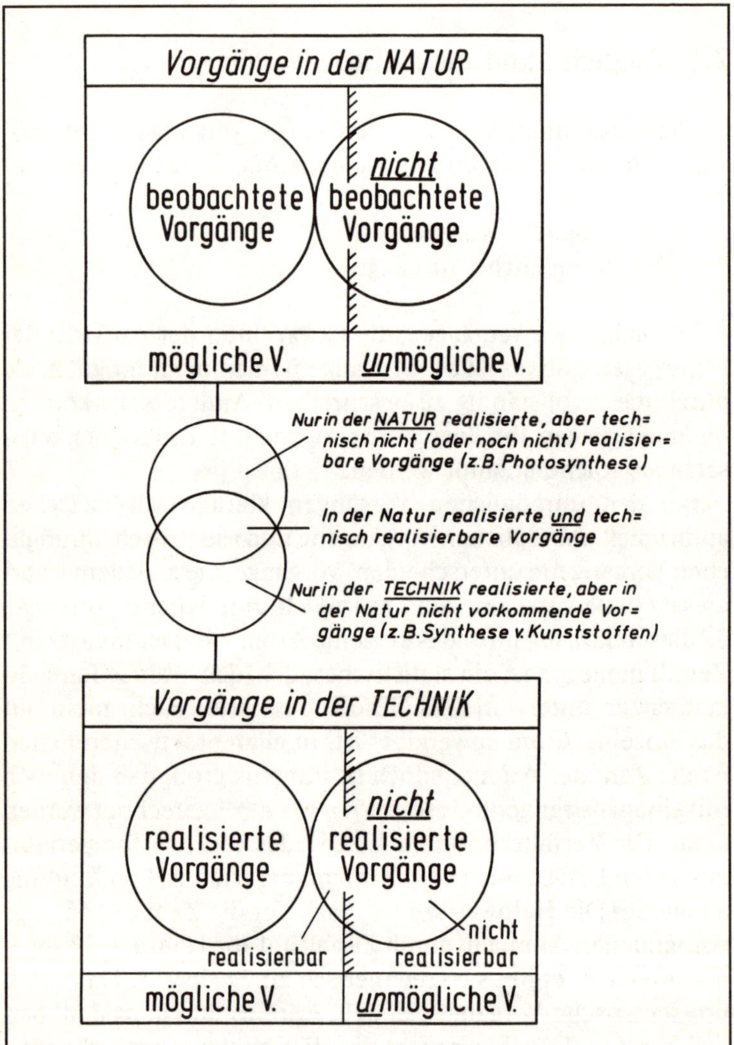

Bild 7: *Mögliche und unmögliche Vorgänge in Natur und Technik.*

beobachtbar sind. Bei den möglichen Vorgängen haben wir es in der Regel mit beobachteten oder beobachtbaren Vorgängen zu tun. Es bleiben jedoch mögliche Vorgänge übrig, von denen zu sagen ist, daß sie

- der Beobachtung nicht oder noch nicht zugänglich sind (z. B. Vorgänge in der Sonne)
- prinzipiell beobachtbar wären, aber nie beobachtet worden sind.

Bisher hatten wir nur von Vorgängen in der Natur gesprochen. Wir können die Darlegungen nun auf Vorgänge der Technik (in weitestem Sinne alles, was durch den Menschen machbar ist) anwenden, wobei sich hierbei folgende Gliederung ergibt:

1. mögliche Vorgänge
   1.1 bereits realisierte
   1.2 noch nicht realisierte, aber realisierbare

2. unmögliche Vorgänge: Gedachte Vorgänge dieser Art sind prinzipiell nicht realisierbar, da Naturgesetze es von vornherein verbieten.

Vergleicht man nun die möglichen Vorgänge in Natur und Technik, so kommt man zu folgender in *Bild 7* skizzierten Unterscheidung:

a) **Nur** in der Natur realisierte, aber technisch nicht (oder noch nicht) realisierbare Vorgänge (z. B. Photosynthese, Informationsspeicherung in DNS-Molekülen, Funktionen des Lebens)

b) Vorgänge, die in der Natur ablaufen und die auch technisch realisierbar sind (z. B. industrielle Synthese von organischen Stoffen).

c) **Nur** in der Technik realisierte, aber in der Natur nicht vorkommende Vorgänge (z. B. Synthese von Kunststoffen).

Teil II: Information

3 Information ist etwas Grundlegendes

3.1 Information: eine fundamentale Größe

Die bahnbrechenden Erkenntnisse zum Wesen der Energie führten im 19. Jahrhundert zur ersten technischen Revolution, bei der manuelle Arbeitskraft durch technische Hilfsmittel – energieverarbeitende Maschinen – weitgehend ersetzt wurde. Desgleichen haben die Erkenntnisse zum Wesen der Information in unserer Zeit die zweite technische Revolution ausgelöst, bei der geistige menschliche Arbeitskraft durch technische Hilfsmittel – datenverarbeitende Maschinen – eingespart wird. Der Begriff »*Information*« ist nicht nur ein Zentralbegriff für die Informationstheorie und Nachrichtentechnik, sondern er ist darüber hinaus eine fundamentale Grundgröße vieler Wissenschaften, wie z. B. Kybernetik, Linguistik, Biologie, Geschichte, Theologie. Zahlreiche Wissenschaftler haben darum die Information zu Recht als den dritten Fundamentalbegriff neben Materie und Energie angesehen.

Claude E. Shannon hat als erster versucht, den Informationsbegriff mathematisch zu definieren. Die so begründete Informationstheorie erbrachte den Vorteil, verschiedene Verfahren der Nachrichtenübertragung miteinander vergleichen zu können und die Grenzen ihrer Leistungsfähigkeit aufzuzeigen. Außerdem konnte durch die eingeführte Einheit Bit der Speicherplatz für Information quantitativ beschrieben werden. Der einschneidende Nachteil der *Shannonschen* Definition für Information ist, daß Inhaltsschwere und Tragweite von Nachrichten dabei völlig unberücksichtigt bleiben. Im Anhang (Kapitel A1) soll die *Shannonsche* Informationstheorie, die Information ausschließlich unter statistischen Gesichtspunkten betrachtet, ausführlich behandelt werden.

Die folgenden Kapitel befassen sich eingehend mit dem Wesen der Information in seiner vollen Weite und beschreiben naturgesetzliche Aussagen über Information. Es wird gezeigt, daß nach einem eingehenden Studium des Informationsbegriffs die grundlegenden Sätze auf sämtliche technischen und biologischen Systeme ebenso anwendbar sind wie auf Kommunikationssysteme in der Bandbreite vom Schwänzeltanz der Bienen bis zur Bibel. Einzige Voraussetzung ist dabei, daß Information in codierter Form vorkommt. Da der Begriff *Information* wegen seiner Komplexität nicht in einem Satz zu definieren ist (siehe *Bild 12*), werden wir folgenden Weg einschlagen: Mit Hilfe zahlreicher Einzelsätze wird die »Natur« von Information mehr und mehr beschrieben und erst abschließend wird der Definitionsbereich präzisiert (vgl. auch Kap. 5). Wenn es zu den Aussagen mancher Sätze inhaltliche Überschneidungen gibt (Redundanz), dann sind diese gewollt. Es wird dabei Gebrauch gemacht von der Möglichkeit gemäß Satz **N8** (Kap. 2.3).

3.2 Information: eine materielle oder geistige Größe?

Wir hatten soeben herausgestellt, daß die *Shannonsche* Informationsdefinition nur einen sehr begrenzten Aspekt der Information erfaßt. Auf diesen Mangel haben verschiedene Autoren immer wieder hingewiesen, wie hier an einigen Zitaten belegt sein soll:

Karl Steinbuch, Informatiker [S11]: »Die klassische Informationstheorie ist vergleichbar einem, der ein Kilogramm Gold und ein Kilogramm Sand für gleichwertig hält.«

Warren Weaver, Informatiker [S7]: »Zwei Nachrichten können (unter dem *Shannonschen* Gesichtspunkt) als exakt äquivalent angesehen werden, obwohl die eine schwer gefüllt ist mit Bedeutung und die andere reiner Nonsens ist.«[6]

[6] »Two messages, one of which is heavily loaded with meaning and the other of which is pure nonsense, can be exactly equivalent ... as regards information.«

Ernst von Weizsäcker [W3]: »Der Grund der ›Nutzlosigkeit‹ der *Shannonschen* Theorie in den verschiedenen Wissenschaften kann etwas pauschal darin gesehen werden, daß sich wohl keine Wissenschaft auf ihre syntaktische Ebene beschränken darf.« [7]

Das Wesentliche an jeder Information ist nicht die Anzahl der verwendeten Buchstaben, sondern ihr geistiger Inhalt. Sieht man von diesem Inhalt einmal ab, so gilt der pointierte Ausspruch von *Jean Cocteau:* »Das größte literarische Werk ist im Grunde nichts anderes als ein Alphabet in Unordnung.«

Wir wollen hier auf einen tiefgreifenden Irrtum hinweisen, der schon zu zahlreichen Mißverständnissen und schweren Folgefehlern geführt hat, nämlich die Annahme, Information sei ein Phänomen der Materie. Die materialistische Philosophie hat ein Grundinteresse daran, Information der Materie zuzuschlagen, wie z. B. aus philosophisch orientierten Publikationen der ehemaligen DDR zu entnehmen ist [z. B. S8]; dennoch schreibt der frühere DDR-Wissenschaftler *J. Peil* [P2]: »Selbst die auf der materialistischen Philosophie aufbauende Biologie, die also alle vitalistischen und metaphysischen Komponenten über Bord geworfen hat, akzeptiert nicht gern die Reduktion der Biologie auf die Physik ... Information ist kein physikalisches oder chemisches Prinzip wie Energie und Substanz, auch wenn sie ihrer als Träger bedarf.«

Auch einem vielzitierten Ausspruch von *Norbert Wiener* (1894-1964) zufolge kann Information nicht von physikalischer Natur sein [W5]: »Information ist Information, weder Materie noch Energie. Kein Materialismus, der dieses nicht berücksichtigt, kann den heutigen Tag überleben.«

Der Dortmunder Informatiker *Werner Strombach* [S12] stellt das nichtmaterielle Wesen der Information heraus, wenn er sie definiert »als Ordnungsentfaltung auf der Stufe des reflektierenden Bewußtseins«.

[7] Manche Autoren heben die *Shannonsche* Informationstheorie bis auf die syntaktische Ebene. Nach den Ausführungen im Anhang A1 ist dies nicht gerechtfertigt, da sie lediglich statistische Aspekte einer Nachricht erfaßt, jedoch keinerlei syntaktische Regeln auswertet.

Der Biologe *G. Osche* [O3] skizziert aus der Sicht seines Fachgebietes die Nichtanwendbarkeit der *Shannonschen* Theorie und bringt damit ebenfalls zum Ausdruck, daß Information keine materielle Größe sein kann: »Während es die Physik mit Masse und Energie als Quantitäten zu tun hat, tritt bei der Beschreibung biologischer Phänomene als etwas dafür Typisches die Information von funktioneller Bedeutung auf. Während der allgemeine Informationsbegriff der Kybernetik den Informationsgehalt einer gegebenen Menge von Symbolen quantitativ durch die Wahrscheinlichkeitsverteilung für die Gesamtheit aller Anordnungsmöglichkeiten ausdrückt, handelt es sich bei der Information, die in biologischen Systemen steckt (genetische Information), um für die Art ›wertvolle‹ Information, um Information von ›funktionaler Bedeutung‹, also um den semantischen Aspekt der Information, um ihre Qualität.«

Der Kybernetiker *H.-J. Flechtner* hat auf die zwar triviale, aber so häufig mißachtete Eigenschaft der Information als eine geistige Größe – sowohl von ihrem Inhalt her als auch für den Vorgang des Codierens geltend – hingewiesen [F3]: »Das Bilden eines Signals ist das Codieren eines geistigen Inhalts – ob dieser geistige Inhalt bedeutend oder unbedeutend, wertvoll, brauchbar oder sinnlos ist, darüber enthält das Signal nichts. Ein solches Urteil kann erst aufgrund einer Nachrichtenverarbeitung im Empfänger entstehen.«

3.3 Information: keine Eigenschaft der Materie!

Nach dem bisher Gesagten ist deutlich geworden, daß die Fundamentalgröße *Information* keine materielle Eigenschaft sein kann und ihr Entstehen auch nicht aus materiellen Prozessen heraus erklärt werden kann. So formulieren wir folgenden grundlegenden Satz:

Satz 1: Die Fundamentalgröße **Information ist eine geistige Größe**. Sie ist keine materielle Eigenschaft, und darum scheiden rein materielle Prozesse grundsätzlich als Informationsquelle aus.

Bild 8 veranschaulicht die bekannten Grundgrößen *Masse, Energie und Information.* Masse und Energie gehören eindeutig zur materiellen Welt. Für beide Größen gibt es wichtige Erhaltungssätze, die in Physik und Chemie sowie in allen daraus abgeleiteten Anwendungswissenschaften eine zentrale Rolle spielen. Masse und Energie sind durch die *Einsteinsche* Äquivalenzbeziehung $E = m \cdot c^2$ miteinander verknüpft. Aus der Fülle der chemischen und physikalischen Eigenschaften der Materie mit all ihren Erscheinungsformen und definierten Größen gibt die linke Spalte eine kleine Auswahl an. Der rechte Teil des *Bildes 8* ist für nichtmaterielle Eigenschaften und Größen vorgesehen. Hier gehört der Begriff **Information** I hinein.

Was ist der auslösende Faktor dafür, daß es überhaupt Information gibt? Was veranlaßt uns dazu, einen Brief, eine Postkarte, eine Gratulation, ein Tagebuch oder einen Aktenvermerk zu schreiben? Die wichtigste Voraussetzung dazu ist unser eigener Wille oder der unseres Auftraggebers. In Analogie zur materiellen Seite führen wir darum auf der nichtmateriellen als vierte Fundamentalgröße den **Willen** W ein. Information und Wille stehen ebenfalls in einem engen Zusammenhang, der aber – da es sich um geistige Größen handelt – nicht formelmäßig ausgedrückt werden kann. Die Verknüpfungspfeile in der Graphik sollen bedeuten:

Information beruht immer auf dem Willen eines Senders, der die Information abgibt. Information ist eine Zuwachsgröße, die absichtsbedingt ist. Auch der Wille ist keine Konstante, sondern er ist wiederum beeinflußbar durch die Information eines anderen Senders. Halten wir fest:

Satz 2: Information entsteht nur durch Wille (Absicht).

Bild 8 bringt weiterhin zum Ausdruck, daß die nichtmaterielle Größe Information die materiellen Größen beeinflussen kann. So können elektrische, mechanische oder chemische Größen durch ein absichtsbedingtes Informationskonzept gelenkt, gesteuert, geregelt, genutzt oder optimiert werden. Die

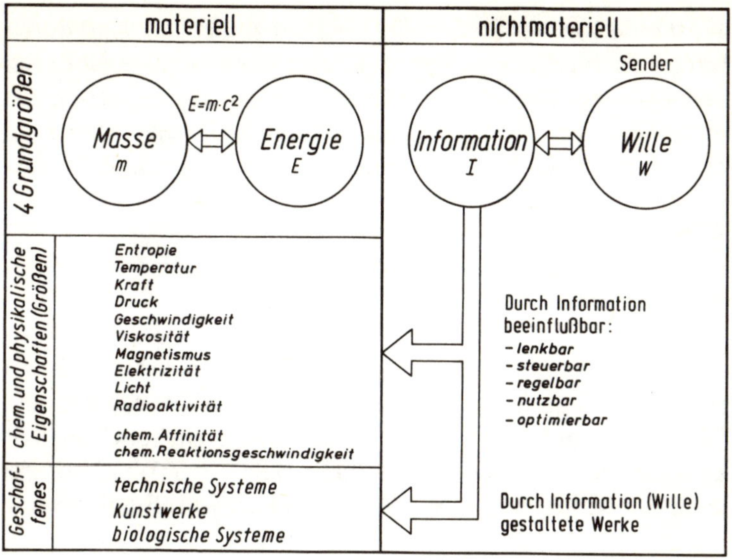

Bild 8: *Die vier fundamentalen Grundgrößen Masse und Energie (materiell) und Information und Wille (nichtmateriell).*

Masse und Energie bilden die Grundgrößen der materiellen Welt und sind gekoppelt durch die bekannte Einsteinsche Gleichung $E = m \cdot c^2$. Auf der nichtmateriellen Seite sind ebenso zwei Grundgrößen zu benennen, Information und Wille, die in enger Koppelung zueinander stehen. Information kann auf materiellen Trägern gespeichert werden und gestattet, im Materiellen ablaufende Prozesse zu lenken, zu steuern, zu regeln und zu optimieren. Alle geschaffenen Systeme sind grundsätzlich durch Information gestaltete Werke. Der nichtmaterielle Charakter der Information wird daran deutlich, daß eine kreative Informationsquelle immer an einen personhaften Willen gebunden ist.

Strategie dazu – sei es ein regelungstechnisches Konzept der Verfahrenstechnik, eine Bauvorschrift für ein energiesparendes Auto oder die Nutzbarmachung der Elektrizität für den Antrieb einer Maschine – beruht immer auf Information. Zuerst muß der Wille zur Lösung einer Aufgabe vorhanden sein, dann folgt das Ideenkonzept, dessen Information zunächst als Programm, technische Zeichnung, Beschreibung usw. codiert wird, und im nächsten Schritt folgt die Ausführung. Alle technischen Systeme sowie alle angefertigten Gegenstände von der Stecknadel bis zum Kunstwerk sind durch Information gestaltete Werke. Keiner der Artefakte ist durch Selbstorganisation der Materie entstanden, alle bedurften zuvor der dazu erforderlichen Information. So können wir gemäß dem Buchtitel zu Recht festhalten: Am Anfang war die Information!

Satz 3: Bei allen technischen Systemen und Kunstwerken bildet Information die nichtmaterielle Grundlage.

Wie sieht es nun mit biologischen Systemen aus? Gilt *Satz 3* auch für solche Systeme, oder ist hier eine Grenze gesetzt? Wenn es uns gelingt, die Sätze mit naturgesetzlicher Gültigkeit zu formulieren, dann werden diese wegen der Wesensmerkmale der Naturgesetze **N2, N3** und **N4** universell gültig sein.

4 Die fünf Ebenen des Informationsbegriffes

Bild 9 zeigt in Stein gemeißelte Figuren, wie wir sie in Pharaonengräbern und auf Obelisken des alten Ägypten vorfinden. Es stellt sich die Frage, ob dies wohl Information sein könnte oder nicht. Prüfen wir zunächst die drei notwendigen Bedingungen (NB) dafür, ob es sich um Information handeln könnte (ausführlicher siehe Kap. 4.2):

NB 1: Zur Darstellung von Information werden verschiedene Zeichen benötigt. Die vorliegende Anordnung enthält unterschiedliche Symbole (z. B. Eule, Wasserwelle, Mund, Schilfgras), so daß die erste Bedingung für Information erfüllt ist.

NB 2: Die Zeichen müssen in unregelmäßiger Folge auftreten. Auch diese Bedingung ist erfüllt, da es kein regelmäßiges Auftreten der Zeichen gibt (z. B. periodische Anordnung oder ständige Wiederholung derselben Zeichen).

NB 3: Die Zeichen müssen in einer erkennbar geordneten Weise geschrieben sein (z. B. gezeichnet, gedruckt, gemeißelt, graviert). Denkbar sind Anordnungen in Reihen, Spalten, Ringen, Spiralen. Im vorliegenden Fall sind die Zeichen in Spalten angeordnet.

Da die drei notwendigen Bedingungen erfüllt sind, könnte die vorliegende Zeichenfolge Information sein. Es wäre aber auch denkbar, daß die Ägypter es einfach liebten, ihre Baudenkmäler zu verzieren. So hätten sie – unseren Tapetenmustern vergleichbar – ihre Wände mit jenen Gebilden versehen, die wir als Hieroglyphen[8] bezeichnen. Welche Möglichkeit wirklich die zutreffende ist, konnte in einer über 1½ Jahrtausende langen Periode der Geschichte nicht entschieden werden.

[8] griech. *hierós* = heilig; *glyptós* = ausmeißeln, einschneiden; *glyphike téchne* = Schnitzkunst, Steinschneidekunst; *hieroglyphiká* = heilige Schriftzeichen der altägyptischen Bilderschrift.

Niemand war in der Lage, eine verbindliche Deutung zu geben. Das änderte sich schlagartig, als im Juli 1799 ein Soldat *Napoleons* in der Nähe der Nilstadt Rosette einen Stein von der Größe einer normalen Tischplatte aus schwarzem Basalt fand. Das besondere an diesem Fund war, daß er Texte in drei verschiedenen Sprachen enthielt: 54 Zeilen Griechisch, 32 Zeilen Demotisch und 14 Zeilen Hieroglyphisch. Den 468 Wörtern im griechischen Teil der Rosette-Inschrift stehen 1419 Hieroglyphen, davon 166 verschiedene, gegenüber. Dieser sogenannte **Stein von Rosette:** *(Bild 10)* wird heute im Britischen Museum in London aufbewahrt, und er spielte die Schlüsselrolle bei der Decodierung der Hieroglyphen. Im Jahre 1822 gelang die erste Entzifferung eines Hieroglyphen-Textes aufgrund des Steines von Rosette[9].

Da die Bedeutung des kompletten Textes gefunden werden konnte, besteht nun die Gewißheit, daß es sich bei den Hiero-

[9] **Decodierung der Hieroglyphen:** Das Griechische auf dem Stein von Rosette war leicht lesbar und übersetzbar, und schon in Kairo stellte man fest, daß es sich um ein Dokument aus dem Jahre 196 v. Chr. handelte, in dem die Priesterschaft von Memphis ihrem König *Ptolemäus* huldigte. Nichts lag näher, als anzunehmen, daß alle drei Texte den gleichen Inhalt hatten. Die drei Schriften müßten also in der Weise miteinander korrespondieren, daß durch Vergleich des Griechischen mit der Hieroglyphenschrift Bild für Bild entziffert werden konnte. Dieser Grundgedanke war richtig. Die Entzifferung wurde jedoch zu einem Abenteuer, weil eine 1400 Jahre alte Voreingenommenheit sich hinderlich auswirkte. In einem Werk des Ägypters *Horapollon* aus dem 4. Jahrhundert wurde die hieroglyphische Schrift – dem Augenschein entsprechend – als reine Bilderschrift beschrieben. Unter dieser Voraussetzung der Deutung der Symbole brachte die Wissenschaft nur groteske Ergebnisse hervor. Ein neuer und entscheidender Schritt wurde durch den schwedischen Sprachforscher *Åkerblad* getan, der in dem demotischen Text alle Eigennamen der griechischen Version erkannte sowie die Wörter für »Tempel« und »Griechen«. Der Physiker und Mediziner *Thomas Young* erkannte in den Kartuschen (in *Bild 10* die oval eingerahmten Hieroglyphengruppen in der sechsten Zeile von oben) die Namen *Berenice* und *Cleopatra.* Statt nach Symbolen zu fahnden, wagte er den kühnen Schritt, für die Bilder phonetische Zeichen (Lautzeichen bzw. Buchstaben) anzunehmen. Vor der letzten Konsequenz, daß das Hieroglyphische eine Lautschrift ist, schreckte er ebenso zurück wie alle anderen vor ihm. Auch hier sieht man, welch hemmende Wirkung Voreingenommenheiten zum Durchbruch der Wahrheit haben. Dem französischen Forscher und Begründer der Ägyptologie *Jean François Champollion* (1790-1832) gelang schließlich der entscheidende Durchbruch. Er stellte in den Namen *Ptolemäus* und *Cleopatra* die Korrelation zwischen einzelnen hieroglyphischen Zeichen zu einzelnen griechischen Buchstaben her. Damit begann die Entzifferung.

Bild 9: *Ägyptische Hieroglyphen.*

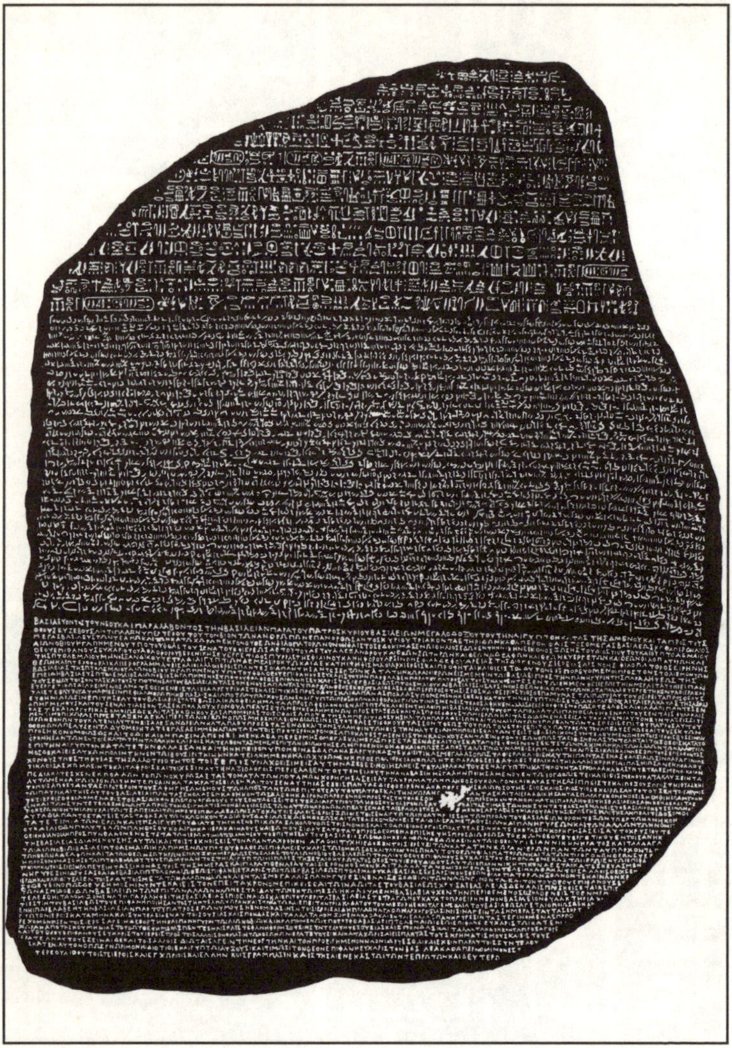

Bild 10: *Der Stein von Rosette.*

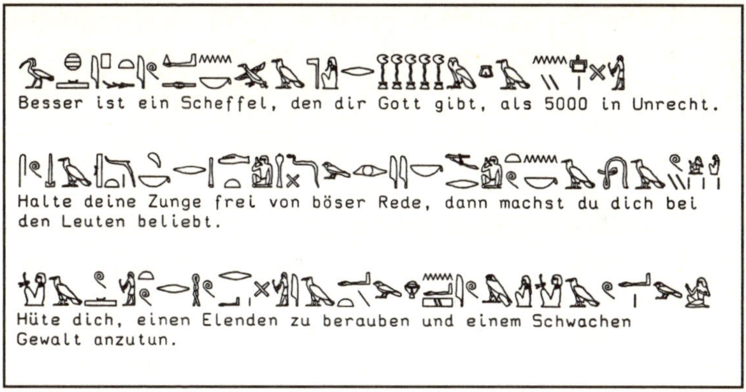

Bild 11: *Computerausgabe eines übersetzten deutschen Textes ins Hieroglyphische.*

glyphen wirklich um eine Informationsdarstellung handelt. Heute ist der Code der Hieroglyphen in seiner Zuordnung bekannt, so daß jeder Kenner dieser Schrift in der Lage ist, die Texte aus dem alten Ägypten zu übersetzen. Da die Codevereinbarung nun (wieder) bekannt ist, kann auch umgekehrt ein deutscher Text ins Hieroglyphische übertragen werden. *Bild 11* zeigt einen deutschen Text, wobei die zugehörige Hieroglyphenübersetzung mit Hilfe eines Computer/Plotter-Systems ausgegeben wurde.

Dieses einleuchtende Beispiel hat uns bereits Grundlegendes über das Wesen von Information erkennen lassen. Im einzelnen werden wir hierauf noch zurückkommen.

4.1 Die erste Ebene der Information: Statistik

Wenn wir ein Buch B, ein Computerprogramm C oder das Genom des Menschen (= die Gesamtheit der Gene) betrachten, so wollen wir uns zunächst auf folgende Fragestellungen beschränken:

– Aus wieviel Buchstaben, Zahlen und Wörtern ist der Gesamttext zusammengesetzt?

- Wie hoch ist die Anzahl der jeweiligen Einzelbuchstaben des verwendeten Alphabets (z. B. a, b, c, . . . , z oder G, C, A und T)?
- Mit welcher Häufigkeit treten bestimmte Buchstaben und Wörter auf?

Für die Beantwortung solcher Fragen ist es belanglos, ob überhaupt etwas mit Bedeutung Versehenes, purer Nonsens oder auch nur zufällig aneinandergereihte Zeichen- oder Wortfolgen vorliegen. Derartige Untersuchungen stellen nicht die Frage nach dem inhaltlich Dargestellten, sondern verfolgen ausschließlich statistische Aspekte. Dies alles gehört zur ersten und damit untersten Ebene der Information, nämlich der Ebene der **Statistik.**

Wie im Anhang A1 ausführlich dargelegt, ist die *Shannonsche* Informationstheorie gut geeignet, den statistischen Aspekt der Information zu erfassen. Diese Theorie erlaubt es beispielsweise, diejenigen Eigenschaften von Sprachen quantitativ zu beschreiben, die ihrem Wesen nach auf Häufigkeiten beruhen. Ob durch eine vorliegende Zeichenkette ein Sinn wiedergegeben wird oder nicht, bleibt dabei völlig unberücksichtigt. Auch die Frage der grammatischen Korrektheit ist auf dieser Ebene völlig ausgeklammert. So können wir festhalten:

Definition 1: Nach *Shannonscher* Theorie wird jede beliebige Zeichenkette als Information angesehen, unabhängig davon, wie sie entstanden ist, und unabhängig davon, ob ein Sinn darin enthalten ist oder nicht.

Definition 2: Der statistische Informationsgehalt einer Zeichenkette ist ein mengenartiger Begriff. Er wird in der Einheit Bit (binary digit) angegeben.

Nach der *Shannonschen* Definition ist der Informationsgehalt einer einzelnen Nachricht (Nachricht bedeutet in diesem Zusammenhang lediglich: Symbol, Zeichen, Silbe, Wort) ein Maß für die Unsicherheit vor ihrem Empfang. Da die Wahrscheinlichkeit nur Werte zwischen 0 und 1 annehmen kann, ist der Zahlenwert des Informationsgehaltes immer positiv. Der

Informationsgehalt mehrerer Nachrichten (z. B. Zeichen) ergibt sich (entsprechend der Summationsbedingung) durch Summation der Werte für die Einzelnachrichten. Daraus folgt ein wichtiges Kennzeichen *Shannonscher* Information:

Satz 4: Nach *Shannonscher* Theorie enthält ein gestörtes Signal im allgemeinen mehr Information als ein ungestörtes.

Dieser Satz wird dadurch verständlich, daß ein gestörtes Signal im Vergleich zur ungestörten Sendung einer größeren Menge möglicher Alternativen entspringt. Nach der *Shannonschen* Theorie nimmt der Informationsgehalt mit der Anzahl der Zeichen zu (siehe Gl. 6 im Anhang A1). Wie unangemessen ein solcher Zusammenhang den wirklichen Informationsgehalt beschreibt, wird an folgender Situation deutlich: Wenn jemand mit vielen Worten kaum etwas aussagt, so wird nach *Shannon* diesem Beitrag entsprechend der großen Buchstabenzahl ein sehr hoher Informationsgehalt zugewiesen, während die Aussage eines anderen, der es versteht, in knappen Worten das inhaltlich Wesentliche auszudrücken, nur auf einen sehr geringen Informationsgehalt kommt.

In diesem Zusammenhang seien einige Zitate genannt, die auf diesen Aspekt der Information hinweisen. Der französische Staatspräsident *Charles de Gaulle* (1890-1970) äußerte einmal: »Die Zehn Gebote sind deshalb so kurz und verständlich, weil sie ohne Mitwirkung einer Sachverständigenkommission entstanden sind.« Und ein anderer Nachdenklicher: »Rund 35 Millionen Gesetze gibt es auf der Welt, um den Zehn Geboten Geltung zu verschaffen.« Auf den Punkt brachte es ein Abgeordneter vor dem amerikanischen Kongreß: »Das Vaterunser besteht aus 56 Wörtern. Die Zehn Gebote enthalten 297 Wörter. Die Unabhängigkeitserklärung setzt sich aus 300 Wörtern zusammen und die kürzlich erlassene Verordnung über die Kohlenpreise aus 26 911.«

Satz 5: Die Informationsdefinition nach *Shannon* erfaßt ausschließlich statistische Abhängigkeiten von Zeichenketten. Die Bedeutung bleibt völlig unberücksichtigt.

Wegen *Satz 5* ist dieser Informationsbegriff ungeeignet, um den Informationsgehalt sinntragender Zeichenketten zu beurteilen. Aufgrund der bisher genannten Sätze erkennen wir bereits: Um Information und ihre Verarbeitung in verschiedenen Systemen – in unbelebten wie belebten – hinreichend beurteilen zu können, bedarf es einer erheblichen Ausweitung des Informationsbegriffes über die *Shannonsche* Theorie hinaus. *Bild 12* veranschaulicht die Darstellung von Information sowie die fünf Ebenen, die zu ihrer wesensmäßigen Erfassung erforderlich sind. Dieses Diagramm können wir auch als die non-

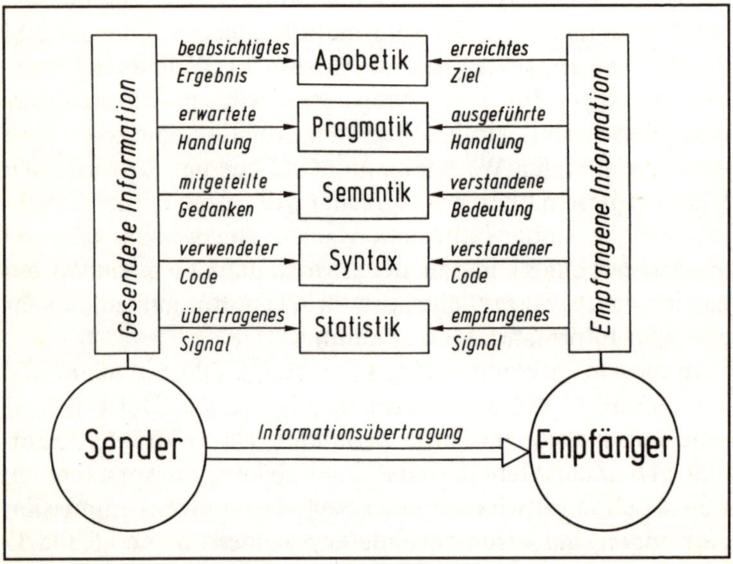

Bild 12: *Die fünf Aspekte der Information.*

Zur vollständigen Charakterisierung des Informationsbegriffes gehören die fünf Aspekte Statistik, Syntax, Semantik, Pragmatik und Apobetik, die sowohl auf der Sender- als auch auf der Empfängerseite maßgebend sind. Information wird dargestellt (=formuliert, gesendet, gespeichert) als Sprache. Aus einem vereinbarten Alphabet werden die einzelnen Zeichen zu Wörtern zusammengesetzt (Code). Aus den mit Bedeutung belegten Wörtern werden nach festgelegten Regeln der Grammatik Sätze gefügt (Syntax), die die Träger der semantischen Information bilden. Unbedingt zugehörig zum Informationsbegriff sind weiterhin die beabsichtigte/ausgeführte Handlung (Pragmatik) und beabsichtigtes/erreichtes Ziel (Apobetik).

verbale Definition von Information ansehen. Die *Shannonsche* Theorie wird für solche Fälle in unsere stark erweiterte Definition einbezogen, wenn es sich wirklich um Information handelt (vgl. Kap. 5); sie ist geeignet, um in unserem System die Ebene der Statistik zu beschreiben.

4.2 Die zweite Ebene der Information: Syntax

Betrachten wir erneut unser eingangs genanntes Buch B, so stellen wir fest, daß die Buchstaben nicht in willkürlicher Reihenfolge auftreten. Kombinationen wie »der«, »die«, »das«, »Auto«, »Vater« kommen immer wieder vor, und andere denkbare wie »xcy«, »bkaln«, »dwust« suchen wir vergeblich. Anders ausgedrückt:

- Nur bestimmte Buchstabenkombinationen sind erlaubte (vereinbarte) Wörter der deutschen Sprache. Alle anderen denkbaren Kombinationen gehören nicht zum Sprachschatz.
- Die Aneinanderreihung von Wörtern zu Sätzen geschicht ebenso nicht beliebig, sondern gehorcht grammatischen Regeln.

In informationstragenden Zeichenketten unterliegt die Aneinanderreihung der Zeichen zu Wörtern sowie die Verknüpfung der Wörter zu Sätzen ganz bestimmten Regeln, denen für jede Sprache eine *bewußte Vereinbarung*[10] zugrunde liegt. Fragestellungen dieser Art gehören zur zweiten Ebene der Information, nämlich der **Syntax** (griech. *syntaxis* = Anordnung; Lehre vom Satzbau).

Definition 3: Unter Syntax subsumieren wir sämtliche strukturellen Merkmale der Informationsdarstellung. Auf dieser zweiten Ebene geht es nur um die Zeichensysteme selbst (Code)

[10] Bei allen künstlichen und formalen Sprachen hat der Mensch diese Vereinbarung getroffen. Im Falle der natürlichen Sprachen gehen wir im Anhang A2 »Ursprung der Sprachen« näher darauf ein.

und um die Regeln der Verknüpfung von Zeichen und Zeichenketten (Grammatik, Wortschatz), wobei dies unabhängig von irgendeiner Interpretation geschieht.

Anmerkung: Auf dieser Ebene erweist es sich als zweckmäßig, eine weitere Unterteilung in zwei zu unterscheidende Kategorien vorzunehmen:

A) Code: Betrachtung des Zeichensystems als Darstellungsmittel
B) Eigentliche Syntax: Die Beziehungen der Zeichen untereinander.

A) Der Code: Das Zeichensystem zur Informationsdarstellung

Auf der syntaktischen Ebene benötigt man zur Darstellung der Information einen Zeichenvorrat. Bei den meisten Schriftsprachen werden Buchstaben verwendet, aber für die verschiedenen Zwecke sind die unterschiedlichsten Vereinbarungen im Gebrauch: Morsezeichen, Hieroglyphen, internationaler Flaggencode, Noten, verschiedene EDV-Codes, genetischer Code, Tanzfiguren beim Schwänzeltanz der Bienen, Duftzeichen bei den Pheromonsprachen der Insekten, Handstellungen bei der Taubstummensprache.

Bezüglich des Codes sind verschiedene Fragen von Bedeutung: Welcher Code wird eingesetzt? Wieviel Codesymbole gehören zum Zeichenumfang? Nach welchen Kriterien wurde der Code konstruiert? Welche Übertragungstechnik ist für den Code geeignet? Wie kann man bei einem unbekannten System erkennen, ob ein Code vorliegt?

Anzahl der Codesymbole: Die Anzahl der verwendeten unterschiedlichen Symbole q innerhalb eines Codesystems ist sehr verschieden und hängt stark vom Verwendungszweck ab. Die verwendete Technologie in Computern erlaubt nur zwei Schaltungszustände; aus diesem Grunde hat man Binärcodes kreiert, die mit nur zwei verschiedenen Codesymbolen auskommen. In allen Lebewesen kommt einheitlich ein Codesystem mit vier unterschiedlichen Zeichen zur Anwendung (= Quaternärcode). Warum hier gerade vier Zeichen optimal sind, wird in Kapitel 6 eingehend behandelt. Die Alphabetsysteme der verschiedenen Sprachen liegen in der Größenordnung von 20 bis 35 Buchstaben. Mit dieser Buchstabenzahl gelingt es, die unterschiedlichen Laute der jeweiligen Sprache zu erfassen. Die chinesische Schrift basiert nicht auf elementaren Lauten, sondern auf Bildern, die einzelne Wörter repräsentieren. Darum steigt die Zeichenzahl hier ins schier Unermeßliche. Im folgenden sind einige Codesysteme mit ihrer Zeichenzahl genannt:

- Binärcode ($q = 2$ Codesymbole, alle EDV-Codes)
- Ternärcode ($q = 3$, hat sich nicht durchgesetzt)
- Quaternärcode ($q = 4$, z. B. genetischer Code mit 4 Buchstaben: A, C, G, T)
- Quinärcode ($q = 5$)
- Oktalcode ($q = 8$ Oktalziffern: 0, 1, 2, ..., 7)
- Dezimalcode ($q = 10$ Dezimalziffern: 0, 1, 2, ..., 9)
- Sedezimalcode[11] ($q = 16$ Sedezimalziffern: 0, 1, 2, ..., E, F)
- Hebräisches Alphabet ($q = 22$ Buchstaben)
- Griechisches Alphabet ($q = 24$ Buchstaben)
- Lateinisches Alphabet ($q = 26$ Buchstaben: A, B, C, ..., X, Y, Z)
- Blindenschrift ($q = 26$ Buchstaben)
- Internationaler Flaggencode ($q = 26$ Flaggensymbole)
- Russisches Alphabet ($q = 32$ Buchstaben)
- Japanische Katakana-Schrift ($q = 50$ Zeichen; die Zeichen repräsentieren verschiedene Silben)
- Chinesische Schriftzeichen ($q > 50\,000$ Symbole)
- Hieroglyphencode
  (*Ptolemäische* Zeit: $q = 5000$ bis 7000;
  mittleres Reich, 12. Dynastie: $q =$ ca. 800)

[11] **Sedezimalsystem:** System zur Darstellung von Zahlen unter Verwendung der Basis 16. Eine andere gebräuchliche Bezeichnung für das Sedezimalsystem (lat. *sedecim* = 16) ist Hexadezimalsystem. Das letztere Wort ist leider ein Mischmasch aus Griechisch (griech. *hexa* = 6) und Lateinisch (lat. *decem* = 10). Die konsequentere Alternative zu sedezimal wäre die nur vom Griechischen ausgehende Bezeichnung »hexadekadisch«.

Kriterien für die Codewahl: Codesysteme werden nicht beliebig kreiert, sie sind optimal gestaltet nach Kriterien, die vom Anwendungsfall abhängen. Im folgenden sind einige Beispiele aufgelistet:

– Anschaulichkeit (z. B. Hieroglyphen, Piktogramme)
– Geringe Zeichenzahl (z. B. Blindenschrift, Keilschrift, Binärcode, genetischer Code)
– Kurze Schreibzeit (z. B. Stenographie)
– Leichte Herstellung (z. B. Keilschrift)
– Leichte Wahrnehmung (z. B. Blindenschrift)
– Leichte Übertragung (z. B. Morsecode)
– Leichte technische Lesbarkeit (z. B. Warenstrichcode, Strichcode der Postleitzahlen)
– Leichte Erkennbarkeit von Fehlern (fehleranzeigende Codes wie z. B. Dreierprobe)
– Leichte Möglichkeit der Fehlerkorrektur (fehlerkorrigierende Codes wie z. B. *Hamming*-Code, genetischer Code)
– Leichte Visualisierung von Tonfolgen (Notenschrift)
– Darstellung der Laute einer natürlichen Sprache (Alphabete)
– Redundanz zur Herabsetzung der Störempfindlichkeit (diverse Computercodes, natürliche Sprachen (die geschriebene deutsche Sprache hat z. B. eine Redundanz von 66 %))
– Maximierung der Speicherdichte (genetischer Code)
– ??? (Schwänzeltanz der Bienen)

Die Codewahl ist der Übertragungstechnik angepaßt: Hat man sich bei der Übertragungstechnik aus technologischen Gründen für das eine oder andere physikalische oder chemische Phänomen entschieden, so muß der verwendete Code darauf abgestimmt sein. Auch die Konzeptionen von Sender und Empfänger müssen aufeinander abgestimmt sein, wenn eine gesicherte Übertragung gewährleistet sein soll (vgl. *Bilder 14* und *15*). Die komplexesten Systeme dieser Art finden wir auch hier wieder bei den lebenden Systemen. Im folgenden sei eine Übersicht verschiedener im Einsatz befindlicher Signalarten gegeben:

- Akustische Übertragung (Signalträger: Schall):
  - Natürliche Sprache der Menschen (gesprochene Sprachen)
  - Lock-, Warn- und Balzrufe im Tierreich (z. B. Vogelstimmen, Walgesänge)
  - Technische Instrumente (z. B. Lautsprecher, Sirene, Nebelhorn)
  - Musikinstrumente (z. B. Klavier, Geige)

- Optische Übertragung (Signalträger: Licht):
  - Schriftsprachen
  - Technische Zeichnungen (z. B. im Maschinenbau, in der Elektrotechnik, im Bauwesen)
  - Technische Blinksignale (z. B. Ortskennzeichen von Leuchttürmen)
  - Blinksignale bei Lebewesen (z. B. Leuchtkäfer, Laternenfisch)
  - Flaggensignale
  - Lochkarte, Lochstreifen
  - Warenstrichcode, Strichcode der Postleitzahlen
  - Handbewegungen (z. B. Taubstummensprache)
  - Körpergebärden (z. B. Balztänze, Kampfhaltungen im Tierreich)
  - Gesichtsausdruck und Körperbewegungen (z. B. Mimik, Gestik, Taubstummensprache)
  - Tanzbewegungen (z. B. Schwänzeltanz der Bienen)

- Taktile Übertragung (lat. *tactilis* = berührbar; den Tastsinn betreffend). (Signal: mechanische Abtastung):
  - Blindenschrift
  - Musikwalze, Nockenwalze der Drehorgel

- Magnetische Übertragung (Signalträger: Magnetfeld):
  - Magnetband
  - Magnetplatte
  - Magnetkarte

- Elektrische Übertragung (Signalträger: elektrische Spannung; elektromagnetische Wellen):
  - Telefonie
  - Rundfunk, Fernsehen

- Chemische Übertragung (Signalträger: chemische Verbindungen):
  - genetischer Code (DNS, Chromosomen)
  - Hormonsystem eines Körpers (Hormone)

- Olfaktorische Übertragung (lat. *olfacere* = riechen; den Geruchssinn betreffend) (Signalträger: chemische Verbindungen):
  - Geruchssignale bei staatenbildenden Insekten (Pheromone)

- Elektrische/chemische Übertragung:
  - Nervensystem

Woran wird ein Code erkannt? Bei einem unbekannten System ist es nicht immer leicht zu entscheiden, ob es sich um ein echtes Codesystem handelt. Darum wollen wir die Bedingungen dazu nennen und erklären, nachdem wir eingangs bereits das Beispiel der Hieroglyphen genannt haben. Für das Vorliegen eines Codes müssen zunächst die drei nachfolgenden *notwendigen* Bedingungen (NB) gleichzeitig erfüllt sein:

NB 1: Es wird ein eindeutig definierter Zeichensatz, der aus beliebigen Symbolen bestehen kann, benötigt.

NB 2: Die einzelnen Zeichen müssen in unregelmäßiger Folge auftreten:

Beispiele: –·–––·–*––**·–··– (nicht periodisch)
qrst werb ggtzut

Gegenbeispiele:
–––··––––––··––––––··· (periodisch)
–––––––––––––––––––– (ständig dieselben
r r r r r r r r r r r r r r r r r r r r r Zeichen wiederholend)

NB 3: Die verwendeten Zeichen treten in deutlich erkennbaren Strukturen auf (z. B. Reihen, Spalten, Blöcke, Wendeln).

Zusätzlich kommt in den meisten Fällen noch eine vierte Bedingung hinzu:

NB 4: Mindestens einige Zeichen werden im allgemeinen wiederholt auftreten.

Beispiele: Maguf bitfeg fetgur justig amus telge.
Der grüne Apfel fällt vom Baum.
The people are living in houses.

Es ist schwer, sinnvolle Sätze zu bilden, ohne daß sich Buchstaben wiederholen[12]. Im folgenden seien einige mühsam konstruierte und zuweilen grotesk wirkende Sätze genannt:

- Opa schlürft unmäßig. (18 versch. Buchstaben)
- Auf Zypern wächst Gold. (19 B)
- Zum Joch hinkt das Rößle. (20 B)
- Groß-Löwe Max quäkt zynisch. (23 B)
- Küß Max Bischov und zwölf Ägypter! (28 B)

[12] **Pangramm:** Der Grenzfall wäre ein Satz, der gerade aus so vielen unterschiedlichen Buchstaben besteht wie die Buchstabenanzahl des Alphabets ausmacht. Einen solchen Satz nennt man Pangramm. Von der deutschen Sprache ist ein solcher Satz nicht bekannt. Er müßte aus genau 30 Buchstaben bestehen: a, b, c, . . . , z, ß, ä, ö, ü). Annäherungen sind Sätze mit etwas mehr als 30 Buchstaben; d. h. einige wenige Buchstaben wiederholen sich:

- Zwölf kämpfende Boxer mußten Victor quer über den Sylter Deich jagen. (58 B)
- Mich quält's, daß Wolf Kröger vorm Xylophon Jazz übt. (42 B)
- Max von Quölbert aus Frankfurt wünscht jetzt diesen Paß für Ägypten. (57 B)
- **Quer vorm Jagdplatz mixt Baby Klöße für Schwäne.** (40 B)

mit Einschränkungen:

- Zwei Boxkämpfer jagen Eva quer durch Sylt. (35 B; ohne ö, ü, ß)
- Franziska quält an jedem Werktag vollendet Bach per Xylophon. (52 B; ohne ö, ü, ß)
- Jeder wackere Bayer vertilgt bequem zwo Pfund Kalbshaxe. (48 B; ohne ä, ö, ü, ß)
- Bequem kaufst du vierzig Xylophone je Woche. (36 B; ohne ä, ö, ü, ß)
- **Sylvia wagt quick den Jux bei Pforzheim.** (33 B; ohne ä, ö, ü, ß)

in Englisch:
- Pack my box with five dozen liquor jugs. (32 B)

in Französisch:
- Voyez le brick geant que j'examine près du wharf. (39 B)

Bei einem von der »Gesellschaft für deutsche Sprache« ausgeschriebenen Wettbewerb wurden folgende Einzelwörter ohne Buchstabenwiederholung eingereicht:

- Zylinderkopfschmutz (19 B)
- Zwölftonmusikbücherjagd (23 B)
- Wildschützbärenjuxkampf (23 B)
- Boxkampfjuryschützlinge (23 B)
- Heizölrückstoßabdämpfung (24 B; längstes anerkanntes Wort)

Hinreichend für die Bestätigung des Vorliegens eines Codes ist, wenn zusätzlich die folgende Bedingung erfüllt ist:

HB 1: Die Decodierung mit einer sinnvollen Semantik gelingt (z. B. Hieroglyphen, genetischer Code).

Es gibt auch hinreichende Bedingungen für den Nachweis, daß es sich nicht um ein Codesystem handelt. Eine Signalfolge ist als Nichtcode erkannt,

a) wenn sie vollständig auf der Ebene von Physik und Chemie erklärbar ist, d. h. wenn ihre Herkunft ausschließlich materiell deutbar ist. Beispiel:
Die 1967 von *J. Bell* und *A. Hewish* aus dem Weltraum empfangenen periodischen Impulse wurden zunächst als Code angesehen, die man von sog. »Kleinen Grünen Männern« (Little Green Men) ausgesandt dachte. Später stellte sich heraus, daß die »Nachricht« eine rein physikalische Ursache hatte; ein neuer Sterntyp war entdeckt, die Pulsare.

b) oder wenn die Zufälligkeit bekannt ist (z. B. Kenntnis der Entstehungsursache oder Mitteilung darüber). Diese Aussage gilt auch dann, wenn in der Zeichenfolge zufällig gültige Zeichen irgendeines Codes auftreten.

Beispiel 1: Zeichen aus Zufallsgenerator:
AZTIG KFD MAUER DFK KLIXA WIFE TSAA
Die Wörter »MAUER« und »WIFE« sind zwar gültige Wörter der deutschen bzw. englischen Sprache, dennoch han-

delt es sich im Sinne unserer Definition nicht um Code, da die Zeichenfolge nachweislich durch Zufall entstanden ist.

Beispiel 2: Bei der *Kornberg*-Synthese (1955) wurde unter Verwendung eines Enzyms aus Coli-Bakterien eine DNS-Polymerase erzeugt. Nach langer Reaktionszeit entstanden 2 Arten von Strängen:

1) alternierende Stränge:

· · · TATATATATATATATATATATATAT · · ·
· · · ATATATATATATATATATATATATA · · ·

2) homopolymere Stränge:

· · · GGGGGGGGGGGGGGGGGG · · ·
· · · CCCCCCCCCCCCCCCCCC · · ·

Obwohl beide Stränge zusammengenommen alle vorkommenden Zeichen des genetischen Codes enthalten, sind sie dennoch informationslos (Verletzung von NB2 der »Notwendigen Bedingungen für das Vorliegen eines Codes«).

In dem vergriffenen Buch mit dem gleichnamigen Titel dieses Buches »Am Anfang war die Information« [G5] hatte der Verfasser bereits das Grundsätzliche zum Thema »Code« zusammengestellt. Ein Code stellt immer ein geistiges Konzept dar, dessen Zuordnungsvereinbarung erfahrungsgemäß immer auf Konvention beruht. So kann bereits auf der Ebene des Codes entschieden werden, ob ein beliebig vorliegendes System einem Schöpfungsvorgang mit geistigem Konzept entstammt.

Nach den obigen Betrachtungen können wir schließlich einige grundlegende Erfahrungssätze formulieren[13]:

[13] siehe nächste Seite

Satz 6: Der Code ist eine unbedingt notwendige Bedingung zur Informationsdarstellung.

Satz 7: Die Bedeutungszuordnung des Zeichenvorrats beruht auf Konvention und stellt einen geistigen Prozeß[14] dar.

Satz 8: Ist der Code einmal durch freie Vereinbarung definiert, so ist diese Festlegung im folgenden strikt beizubehalten.

Satz 9: Der verwendete Code muß Sender und Empfänger gemeinsam bekannt sein, wenn die Information verstanden werden soll.

Satz 10: Nur solche Strukturen können (wegen *Satz 6*) Information repräsentieren, denen ein Code zugrundeliegt. Dies ist eine notwendige, aber noch nicht hinreichende Bedingung für das Vorliegen von Information.

Satz 11: Ein Codesystem entstammt immer einem geistigen Prozeß[14] (es bedarf eines geistigen Urhebers).

[13] **Das deutsche Postleitzahlsystem:** Die obigen 6 Sätze lassen sich an einem uns allen geläufigen Beispiel für ein Codesystem leicht nachvollziehen. Es ist das am 1. Juli 1993 in Deutschland eingeführte Postleitzahlensystem, bei dem ein Zahlencode mit fünf Ziffern verwendet wird. Insgesamt wurde das Bundesgebiet in 26 400 neue Zustellbezirke aufgeteilt. 1700 Großkunden mit täglich mehr als 2000 Sendungen erhielten eine eigene Zahl. Außerdem gibt es 16 500 Postleitzahlen nur für Postfachkunden. Die erste Ziffer nennt die Region der jeweiligen Stadt (z. B. 1 Region um Berlin; 2 Raum um Hamburg; 8 Münchener Raum), und durch die zweite Ziffer wird meist eine größere Stadt festgelegt. Die dritten bis fünften Ziffern stehen für den Zustellbezirk innerhalb einer Stadt. Die Zuordnung des Zeichenvorrats zu den Zustellbezirken wurde von einem Expertenteam von acht Personen (Sender als Team) durchgeführt (*Satz 7*). Gemäß *Satz 9* muß dieser Code Sender und Empfänger gemeinsam bekannt sein. Um dies zu erreichen, wurde der größte Druckauftrag der Geschichte erteilt: 40 Millionen Postleitzahlenverzeichnisse – jedes wiegt über zwei Kilogramm und hat 1000 Seiten – wurden gedruckt und allen Haushalten zur Verfügung gestellt. Das Codesystem wurde nach ausgiebiger Beratung (Codesystem muß durchdacht sein) festgelegt (gemäß *Satz 11* durch einen geistigen Prozeß).

[14] **Geistiger Prozeß, geistiger Urheber:** Hiermit soll zum Ausdruck gebracht werden, daß die Materie von sich aus nicht in der Lage ist, einen Code zu generie-

Bild 13 zeigt den kurzen Satz »Freuet euch!« in verschiedenen Sprachen und Codesystemen. So können wir einen weiteren wichtigen Erfahrungssatz festhalten:

Satz 12: Jede beliebige Information läßt sich mit jedem beliebigen Codesystem darstellen.

Hinweis: Satz 12 besagt nicht, daß immer eine vollkommene Übersetzung möglich ist. Es gehört zur Kunst des Übersetzens Metaphern, Redewendungen, Mehrdeutigkeiten und besondere Stilfiguren in geeigneter Weise in der Zielsprache zum Ausdruck zu bringen.

Die obigen Sätze erlauben bereits auf der Ebene des Codesystems grundlegende Aussagen. Findet man z. B. bei einem beliebigen System einen zugrundeliegenden Code, so kann man schließen, daß das System einem geistigen Konzept entstammt. Wegen *Satz 11* kam darum bei den Hieroglyphen auch vor deren Decodierung niemand auf die Idee, das Zeichensystem entstamme einem rein materiellen Prozeß (z. B. Zufallsmechanismen, Wind und Erosion).

ren. Alle Erfahrung zeigt, daß hierzu ein vernunftbegabtes Wesen mit freiem Willen, Intelligenz und kreativer Planungsfähigkeit erforderlich ist. Die Fähigkeit des Denkens ist dabei eine notwendige Voraussetzung.

Der Sprachwissenschaftler *Helmut Gipper* hat das »Denken« wie folgt definiert [G3, 261]: »Als Denken soll die geistige Tätigkeit eines Lebewesens dann gelten, wenn es ihm aufgrund seines biologischen Bauplanes und seiner Hirnstruktur gelingt, sinnlich gewonnene Erfahrungsdaten nicht nur zu behalten und praktisch zu nutzen, sondern sie im Sinne von *wenn-dann*-Beziehungen frei zu verknüpfen und damit einfache Schlußfolgerungen und Problemlösungen ... zu finden. Denken ist also nicht zu verwechseln mit angeborenen Fähigkeiten der Tiere ohne Entscheidungsspielraum. Es setzt Wahlmöglichkeiten, also Freiheit, ... voraus. Der Netzbau der Spinnen und der Wabenbau der Bienen, aber auch die sogenannte ›Sprache‹ der Bienen haben nichts mit Denken zu tun, so komplex, sinnvoll und erstaunlich diese Fähigkeiten auch sein mögen. Es handelt sich um angeborene und starre Verhaltensweisen, die keine oder doch nur geringfügige Variationen des vorgegebenen Rahmens erlauben.«

Die im Tierreich verwendeten Codesysteme zur Kommunikation wurden nicht von ihnen »erdacht«, sondern sind gemäß *Bild 24* komplett erschaffen.

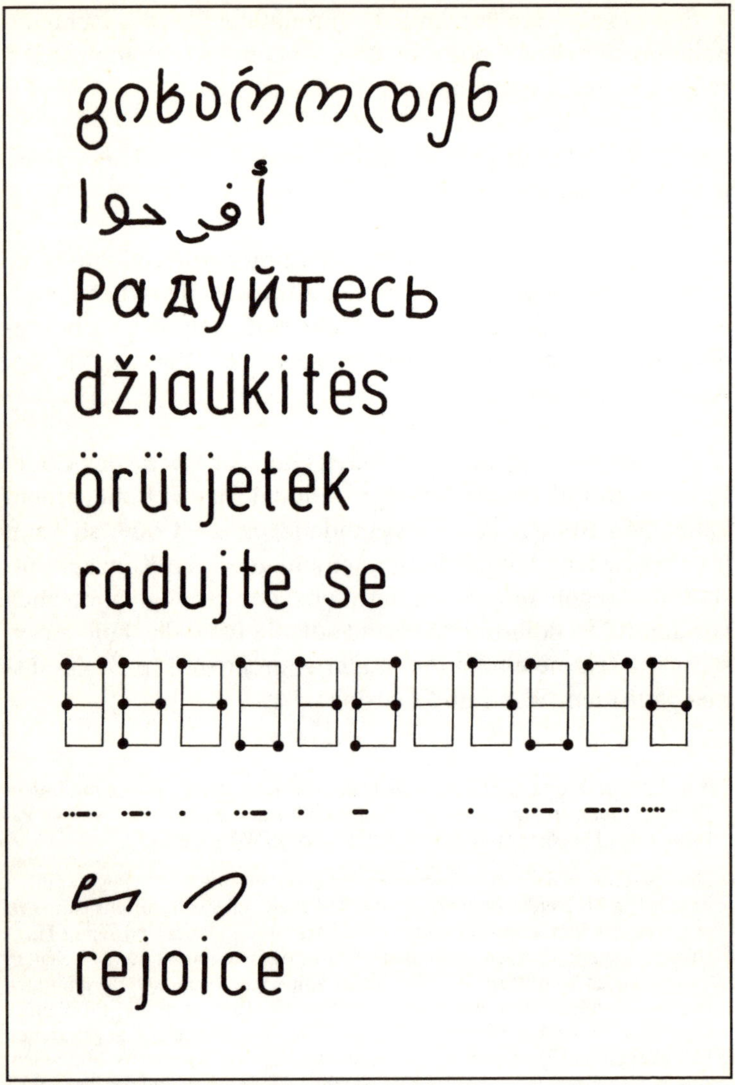

Bild 13: *Verschiedene Codes für dieselbe Bedeutung.*

Hier finden wir den kurzen Satz »Freuet euch!« in einer Auswahl verschiedener Codesysteme dargestellt: Georgisch, Arabisch, Russisch, Litauisch, Ungarisch, Tschechisch, Braille-Blindenschrift (deutsch), Morsecode (deutsch), Steno (deutsch), Englisch.

Einige gemeinsame Kennzeichen aller Codesysteme wollen wir kurz auflisten:

- Der Code ist eine notwendige Voraussetzung zur Informationsdarstellung und -speicherung.
- Jede Codewahl muß bei der Konzeption gründlich durchdacht sein.
- Die Codebildung ist ein geistiger (kreativer) Prozeß.
- Materie ist Codeträger, aber nicht Codegenerierer.

B) Die eigentliche Syntax

Definition 4: Die eigentliche Syntax beschreibt den Aufbau von Sätzen (Satzlehre) und Wortgruppen (Wortgruppenlehre) sowie die Formmittel, die zur Bildung von Sätzen und Wortgruppen dienen. Mit Hilfe eines formalisierten oder formalisierbaren Regelwerkes wird die Menge der möglichen Sätze einer Sprache definiert. Sie umfaßt die Morphologie, Phonetik und den Wortschatz einer Sprache.

Folgende Fragestellungen gehören in diesen Bereich:

a) Senderorientiert:
   - Welche der möglichen Zeichenkombinationen sind definierte Wörter der betreffenden Sprache (Sprachlexikon, Schreibweise)?
   - Wie sind die Wörter anzuordnen (Satzbildung, Wortstellung, Stilistik), miteinander zu verknüpfen und im Gefüge eines Satzes zu verändern (Grammatik)?
   - Welche Sprache wird zur Informationsdarstellung benutzt?
   - Welche besonderen Ausdrucksmittel werden verwendet (Stilistik, Ästhetik, Präzision der Ausdrucksweisen, Formalismen)?
   - Sind die Sätze syntaktisch richtig?

b) Empfängerorientiert:
   – Versteht der Empfänger die übermittelte Sprache? (Inhaltsverständnis ist hier noch nicht gefordert).

Die beiden folgenden Beispielsätze heben die Fragestellungen der Ebene der Syntax noch einmal hervor:

A: *Der Vogel sangte den Lied.*
B: *Die grüne Freiheit verfolgt das denkende Haus.*

Satz B ist zwar semantisch unsinnig, aber auf der hier zu verhandelnden Ebene der Syntax ist er korrekt. Hingegen ist A semantisch möglich, aber syntaktisch falsch.

Unter der Syntax einer Sprache verstehen wir also sämtliche Regeln, nach denen die einzelnen Sprachelemente kombiniert werden können bzw. müssen. Die Syntax natürlicher Sprachen ist viel komplexer strukturiert (siehe Anhang A2) als in den formalisierten künstlichen Sprachen. Die syntaktischen Regeln in formalisierten Sprachen müssen vollständig und eindeutig sein, da z. B. den Compilern (Sprachübersetzer für Programmiersprachen) von digitalen Rechenanlagen der Rückgriff auf semantische Überlegungen des Programmierers nicht möglich ist.

Da jede Codierung sowie deren Bedeutungszuordnung immer auf Konvention beruhen, ist die Kenntnis dieser Vereinbarung für Sender und Empfänger gleichermaßen erforderlich. Diese Kenntnis wird entweder direkt übertragen (z. B. durch Eingabe in EDV-Systeme oder durch Vererbung in natürlichen Systemen) oder muß erlernt werden (z. B. Muttersprache oder andere natürliche Sprache).

Kein Mensch kommt mit angeborener Sprache oder einem angeborenen Begriffssystem auf die Welt. Das Erwerben von Sprachkenntnissen ist das Erlernen des vorhandenen Wortschatzes und der Grammatik, wobei diese aber auf »Vereinbarung« in der jeweiligen Sprache zustandegekommen sind.

4.3 Die dritte Ebene der Information: Semantik

Greifen wir noch einmal auf unser Buch B zurück, so werden wir das Werk nicht wegen der Buchstabenstatistik, auch nicht wegen der verwendeten Grammatik studieren, sondern weil uns die dort niedergelegte Bedeutung interessiert.

Zeichenketten und syntaktische Regeln bilden die notwendige Voraussetzung zur Darstellung von Information. Das Entscheidende einer zu übertragenden Information ist jedoch nicht der gewählte Code, die Größe, Anzahl oder Form der Buchstaben oder die Übertragungsmethode (Schrift; optische, akustische, elektrische, taktile oder olfaktorische Signale), sondern die darin enthaltene Botschaft, die Aussage, der Sinn, die Bedeutung (Semantik). Für die Speicherung und Übertragung spielt dieser zentrale Aspekt der Information keine Rolle. Der Preis eines Telegramms wird nicht nach der Schwere des Inhalts, sondern lediglich nach der Zahl der Wörter (bzw. Silben) bemessen. Für den Absender und für den Empfänger liegt jedoch das zentrale Interesse in der Bedeutung, ja die Bedeutung läßt eine Zeichenkette erst zur Information werden. Damit haben wir die dritte Ebene der Information erreicht, die **Semantik** (griech. *semantikós* = bezeichnend, bedeutend; Bedeutungsaspekt).

Fragestellungen aus dem Bereich der Semantik sind beispielsweise:

a) Senderorientiert:
   - Welche Gedanken hatte der Sender?
   - Welche Bedeutung ist in der dargestellten Information enthalten?
   - Welche implizite Information ist gegenüber der explizit dargestellten Information außerdem enthalten?
   - Welche Bedeutungsträger wurden für die Information verwendet (Metaphern, Idiome, Parabeln)?

b) Empfängerorientiert:
   - Hat der Empfänger die Information verstanden?

– Welche Hintergrundinformation ist zum Verständnis der vorliegenden Information erforderlich?
– Ist die Aussage wahr oder falsch?
– Ist die Aussage mit Sinn gefüllt?

Satz 13: Es gehört zum Wesen jeder Information, daß sie von jemandem ausgesandt und an jemanden gerichtet ist. Wo Information auch immer auftritt, haben wir es stets mit einem Sender und einem Empfänger zu tun.

Hinweis: Manche Informationen richten sich an einen einzigen Empfänger (z. B. Brief) und andere an sehr viele (z. B. Buch, Zeitung). In Ausnahmefällen kann es sein, daß die Information nie beim beabsichtigten Empfänger ankommt (z. B. verlorengegangener Brief).

Da erst Semantik wesensmäßig Information ausmacht, können wir weiterhin folgende Sätze festhalten:

Satz 14: Nur das ist Information, was Semantik enthält.

Mit der Semantik ist ein wesentlicher Punkt von Information getroffen, denn die Bedeutung ist das Invariante einer Information. Statistik und Syntax können sich bei der Darstellung in einer anderen Sprache ganz erheblich verändern (z. B. ins Chinesische übersetzter deutscher Text), obwohl die Bedeutung unverändert geblieben ist.

Da Bedeutungen immer Gedankenkonzepte darstellen, gilt:

Satz 15: Jede Information bedarf, wenn sie bis zum Anfang der Übertragungskette zurückverfolgt wird, einer geistigen Quelle (Sender).

In *Bild 38* (siehe Anhang A1.5) sind Zeichenketten dargestellt, die durch verschiedenartige statistische Prozesse zustandegekommen sind. Die Programme für das Erstellen der Zeichenketten waren zum Teil so konzipiert, daß bis in die Syntax hineinreichende Eigenschaften der Sprache wiedergegeben werden konnten. Dennoch stellen die Buchstabenfolgen wegen der *Sätze 16* und *17* keine Information dar. Wir können einen weiteren Satz formulieren, der es gestattet, Information und Nichtinformation voneinander zu unterscheiden:

Satz 16: Wenn eine Zeichenkette lediglich eine **statistische Sequenz** von Zeichen enthält, dann stellt sie keine Information dar.

Die *Sätze 13* und *15* binden Information grundsätzlich an einen Sender (intelligente Informationsquelle). Ob die Information von irgendeinem Empfänger verstanden wird oder nicht, ändert nichts an dem Tatbestand vorhandener Information. Die Vertiefungen in den ägyptischen Obelisken wurden auch vor ihrer Entzifferung eindeutig als Information angesehen, da sie offensichtlich nicht einem Zufallsprozeß entstammten. Die Semantik der Hieroglyphen war vor dem Auffinden des Steins von Rosette (1799) von keinem Zeitgenossen (Empfänger) verstehbar, dennoch war es auch zuvor schon Information. Entsprechendes gilt für die Information des Schwänzeltanzes der Bienen, die erst seit der Entzifferung durch *Karl v. Frisch* (vom Menschen) verstanden wird. Die genetische Sprache ist bis auf die Codezuordnung der Tripletts zu Aminosäuren noch weitgehend unverstanden.

Alle geeigneten Kalküle, die Bedeutungen (geistige Substrate, Gedanken, immaterielle Bewußtseinsinhalte) auszudrücken vermögen, nennen wir Sprachen. Erst durch das Phänomen Sprache wird Information sendbar und auf materiellen Trägern speicherbar. Die Information selbst ist völlig invariant, sowohl gegenüber dem Wechsel des Übertragungssystems (akustisch, optisch, elektrisch) als auch dem verwendeten Speichersystem (Gehirn, Buch, EDV-Anlage, Magnetband). Diese Invarianz liegt in ihrem immateriellen Wesen begründet.

Wir unterscheiden verschiedene Arten von Sprachen:

1. Natürliche (Umgangs-)Sprachen: z. Z. ca. 5 100 lebende Sprachen auf der Erde.

2. Künstliche (Umgangs-) Sprachen, Signalsprachen: Esperanto, Taubstummensprache, Flaggencode, Verkehrszeichen.

3. Künstliche (formale) Sprachen: logische und mathematische Kalküle, chemische Symbolik, Notenschrift, algorithmische Sprache, Programmiersprachen wie ADA, ALGOL, APL, BASIC, C, C++, FORTRAN, PASCAL, PL/1.

4. Spezialsprachen der Technik: Bauzeichnungen, Konstruktionspläne, Blockschaltbilder, Bonddiagramme, Schaltpläne der Elektrotechnik, Hydraulik, Pneumatik.

5. Spezialsprachen der belebten Natur: genetische Sprache, Schwänzeltanz der Bienen, Pheromonsprachen verschiedener Insekten, Hormonsprache, Signalsystem im Spinnennetz, Sprache der Delphine, Instinkte (z. B. Vogelflug, Lachs- und Aalwanderung). Wie im Anhang A2 noch näher erläutert wird, sollte man in den letzteren Fällen besser von Kommunikationssystemen sprechen.

Gemeinsam ist allen Sprachen, daß sie definierte Zeichensysteme verwenden, wobei die einzelnen Symbole oder Sprachelemente mit festen, einmal vereinbarten Regeln und Bedeutungszuordnungen versehen sind. In jeder Sprache gibt es Einheiten (z. B. Morpheme, Lexeme, Wendungen, ganze Sätze in den natürlichen Sprachen), die als Bedeutung tragende Elemente (Formative) dienen. Bedeutungen sind sprachinterne Zuordnungen zu den Formativen, die zwischen Sender und Empfänger fest vereinbart sein müssen. In den natürlichen Sprachen spielen folgende Mittel für die Bedeutungscodierung eine Rolle: Morphologie, Syntax (Grammatik, Stilistik), Phonetik, Intonation, Gestik sowie zahlreiche semantische Mittel (Homonyme, Homophone, Metaphern, Synonyme, Polyseme, Antonyme, Paraphrasen, Anomalien, Metonymie, Ironie, ...).

Jeder Kommunikationsprozeß zwischen Sender und Empfänger besteht aus dem Formulieren und dem Verstehen der Sememe (griech. *sema* = Zeichen) in ein und derselben Sprache. Im *Formulierungsprozeß* generieren die Gedanken des Senders mittels einer geeigneten Sprache die Information, die gesendet werden soll, und im *Verstehensprozeß* wird die Zeichenkombination analysiert und in entsprechende Gedanken beim Empfänger abgebildet. Ganz allgemein gilt: Sender und Empfänger sind entweder selbst intelligente Wesen, oder das im Einsatz befindliche System ist durch Intelligenz geschaffen (*Bild 23 und 24,* Kap. 7).

4.4 Die vierte Ebene der Information: Pragmatik

Unser eingangs genanntes Buch B soll uns auch hier wieder helfen, das Wesen der nächsten Ebene zu verstehen. Ein russisches Sprichwort besagt: »Mit Worten mahnt man den Menschen für eine Stunde, mit einem Buch für immer.« Bücher hinterlassen eine Wirkung. Man liest ein Software-Handbuch und kann danach mit dem beschriebenen System umgehen. Viele Menschen haben die Bibel gelesen, und dieses Buch hat sie zu ganz neuem Handeln angeregt. In diesem Sinne der Auswirkung der Bibel sagte *Blaise Pascal:* »Die Schrift hat Stellen genug, um alle Stände zu trösten und alle Stände zu erschrecken.« Information bewirkt immer eine Handlung (in unserer Betrachtungsweise spielt es keine Rolle, ob der Informationsempfänger im Sinne des Informationssenders handelt, entgegengesetzt reagiert oder gar nicht darauf eingeht). Auch der kürzeste Werbeslogan für ein Waschpulver führt dazu, daß gerade diese Marke bevorzugt gekauft wird.

Bis zur Ebene der Semantik taucht noch gar nicht die Frage der Zielsetzung auf, die der Sender mit der Übermittlung der Information verfolgt. Jede Informationsweitergabe geschieht jedoch mit der senderseitigen Absicht, beim Empfänger ein bestimmtes Ergebnis zu bewirken. Um das geplante Ergebnis zu erreichen, stellt der Sender die Überlegung an, durch welche Handlungsweise der Empfänger zu dem geplanten Ziel gebracht werden kann. Wir haben somit eine ganz neue Ebene der Information erreicht, die wir **Pragmatik** (griech. *pragmatike* = »Kunst, richtig zu handeln«; Handlungsaspekt) nennen.

Fragestellungen aus dem Bereich der Pragmatik sind beispielsweise[15]:

a) Senderorientiert:
- Welche Handlungsweise möchte der Sender beim Empfänger auslösen?
- Hat der Sender eine bestimmte Handlung explizit formuliert, oder ist sie nur implizit zu entnehmen?
- Ist die vom Sender vorgegebene Handlung nur in dieser eindeutigen Weise auszuführen, oder ist von vornherein ein Freiheitsgrad vorgesehen?

b) Empfängerorientiert:
- Wie wirksam beeinflußt die empfangene und verstandene Bedeutung der gesendeten Information das Verhalten des Empfängers?
- Zu welchem tatsächlichen Verhalten wird der Empfänger angeregt?

Satz 17: Jede Information enthält einen pragmatischen Aspekt.

Der pragmatische Aspekt kann dabei sein:

- unabdingbar und eindeutig ohne jeglichen Freiheitsgrad (z. B. Computerprogramm, Abläufe in einer Zelle, militärischer Befehl)

[15] **Minister für Semantik:** Der ehemalige US-Präsident *Harry S. Truman* (1884-1972) verfaßte einmal während seiner Amtszeit das folgende scherzhafte Rundschreiben: »Ich habe soeben einen *Minister für Semantik* ernannt – ein überaus wichtiges Ressort. Er soll mich mit bedeutungsschwer klingenden Ausdrücken versorgen, mir beibringen, wie man im selben Satz ja und nein sagt, ohne sich dabei in Widersprüche zu verwickeln, eine Wortkombination ausarbeiten, die mich in San Francisco als Gegner und in New York als Befürworter der Inflation erscheinen läßt, und mir schließlich zeigen, wie man sich in Schweigen hüllt und trotzdem alles sagt. Sie werden einsehen, daß der Mann mir eine Menge Ärger ersparen kann.« (Quelle: Readers Digest, Februar 1993, S. 168).

Truman hatte nicht bemerkt, daß er eigentlich einen Minister für Pragmatik (oder sogar Apobetik) suchte. Es ging ihm nämlich vorrangig um die Wirkung seiner Rede – und da befinden wir uns bereits eine Ebene über der Semantik.

- mit eingeschränkter Freiheit im Handeln (z. B. Instinktsysteme der Tiere)
- mit maximaler Freiheit im Handeln (nur beim Menschen).

Anmerkung: Satz 17 erfährt dadurch keine Einschränkung, wenn je nach vorgegebener Semantik auch der pragmatische Aspekt graduell sehr unterschiedlich sein kann.

Sprachlich werden nicht einfach Sätze aneinandergereiht, sondern Bitten, Klagen, Fragen, Auskünfte, Belehrungen, Ermahnungen, Drohungen und Befehle formuliert, die ein bestimmtes Handeln beim Empfänger auslösen sollen. Der Informatiker *W. Strombach* [S12] definierte Information als eine Struktur, die in einem empfangenden System etwas bewirkt. Damit hat er auf diesen wichtigen Aspekt des Handelns hingewiesen.

Um die verschiedenen Arten des Handelns zu erfassen, können wir unterscheiden:

a) Starre Handlungsweisen:
   - programmiertes Handeln (maschinelle Herstellungsvorgänge, Ablauf von EDV-Programmen, Aufbau einer biologischen Zelle, Atmung, Blutkreislauf, Organfunktionen)
   - instinktives Handeln (Verhaltensweisen im Tierreich)
   - dressiertes Handeln (z. B. Polizeihunde, Zirkusvorführungen mit Löwen, Elefanten, Pferden, Seelöwen, Delphinen)

b) Flexible und kreative Handlungsweisen:
   - erlerntes Handeln (Umgangsformen, handwerkliche Tätigkeiten)
   - einsichtiges Handeln (Mensch)
   - intuitives Handeln (Mensch)
   - intelligentes Handeln nach freiem Willen (Mensch).

Alle diese Handlungsweisen des Empfängers können auf Information beruhen, die zuvor senderseitig mit dem entsprechenden Zweck konzipiert wurden. Intelligentes Handeln ist jedoch auch möglich, ohne daß es durch einen Sender ausgelöst wird.

Auch hier wollen wir wieder einige Erfahrungssätze markieren:

Satz 18: Information ist in der Lage, eine Handlung beim Empfänger auszulösen (anzuregen, zu initialisieren, auszuführen). Die reaktive Wirkung der Information gilt sowohl für unbelebte Systeme (z. B. Computer, Autowaschstraße) als auch für belebte (z. B. Vorgänge in Zellen, bei Tieren und Menschen).

4.5 Die fünfte Ebene der Information: Apobetik

Ein letztes Mal gehen wir von unserem Buch B aus, um auf anschauliche Weise eine weitere Ebene der Information zu beschreiben. *Goethe* kritisierte einmal: »Gewisse Bücher scheinen geschrieben zu sein, nicht damit man daraus lerne, sondern damit man wisse, daß der Verfasser etwas gewußt hat.« Diese nicht nachahmenswerte Absicht, ein Buch zu verfassen, bringt dennoch etwas Grundsätzliches zum Ausdruck: Der Sender verfolgt ein Ziel, das er beim Empfänger erreichen möchte. Das Ziel eines Werbeslogans ist, daß die Herstellerfirma zu einem guten Jahresumsatz kommt. Im Neuen Testament nennt der Apostel Johannes ein völlig anderes Ziel für seine Information: »Solches habe ich euch geschrieben, die ihr glaubet an den Namen des Sohnes Gottes, auf daß ihr wisset, daß ihr das ewige Leben habt« (1 Joh 5,13). Wir erkennen bereits: Es gilt für jede beliebige Information, daß ein Ziel damit verfolgt wird.

Damit haben wir nun die letzte und höchste Ebene der Information erreicht, nämlich die **Apobetik** (Zielaspekt, Ergebnisaspekt; griech. *apobeinon* = Ergebnis, Erfolg, Ausgang). In sprachlicher Analogie zu den vorherigen Bezeichnungen wurde hier der Begriff »Apobetik« eingeführt [G4]. Dem Ergebnis auf der Empfängerseite liegt auf der Senderseite die Zielvorgabe, die Zielvorstellung, der Plan oder die Konzeption zugrunde. Der Apobetikaspekt der Information ist der wichtigste, da er nach der Zielvorgabe des Senders fragt. Bei jeder Information läßt sich die Frage stellen: »Warum sendet der Sender überhaupt diese Information, und welches Ergebnis möchte er beim Empfänger erreichen?« Die folgenden Beispiele sollen diesen Aspekt noch etwas vertiefen:

- Beim Vogelgesang möchte das Männchen zum Beispiel die Aufmerksamkeit des Weibchens erreichen oder aber sein Revier behaupten.
- Computerprogramme sind zielorientiert konzipiert (z. B. Lösung eines Gleichungssystems, Inversion von Matritzen, Systemtools).
- Mit dem Werbeslogan für die Schokolade A möchte der Hersteller beim Empfänger erreichen, daß er sich für seine Marke entscheidet.
- Mit der Pheromonsprache staatenbildender Insekten gab der Schöpfer diesen Tieren ein Kommunikationsmittel, um z. B. Feinde anzuzeigen oder Nachrichten über neue Futterplätze weiterzugeben.
- Der Mensch ist mit der Gabe der natürlichen Sprache ausgestattet; er kann damit in Kommunikation mit anderen Menschen treten und Zielvorgaben formulieren.
- Mit der Botschaft der Bibel gibt Gott uns Zielvorgaben. Im Teil III kommen wir noch ausführlich darauf zurück.

Fragestellungen aus dem Bereich der Apobetik sind beispielsweise:

a) Senderorientiert:
   - Hat der Sender ein eindeutiges Ziel definiert?
   - Welches Ziel beabsichtigt der Sender beim Empfänger?
   - Ist dieses Ziel direkt zu erkennen, oder ist es nur indirekt erschließbar?

b) Empfängerorientiert:
   - Welches Ziel wird durch die Handlung des Empfängers erreicht?
   - Stimmt das beim Empfänger erwirkte Ergebnis mit der Zielvorstellung des Senders überein?
   - Hat der Empfänger ein vom Sender nicht bedachtes Ziel gefunden? (z. B. Historische Dokumente können in der Auswertung einem Ziel dienen, das dem Sender kein Anliegen war).

Der sendermäßig vorgesehene Zielaspekt kann beim Empfänger unterschiedlich erreicht werden:

- vollständig (bei genauer Ausführung der vom Sender genannten Handlung)
- teilweise
- gar nicht
- gegenteilig

Diese graduellen Unterschiede gelten bei eindeutig vorgegebenem Ziel (z. B. Computerprogramm, persönlich genannte Befehlsanweisungen, Werbemitteilungen). Die Ziele können aber auch ungenannt oder vom Sender gar nicht bedacht worden sein (z. B. Schriften unbedeutenden Inhalts aus früheren Jahrhunderten, die der historischen Forschung wichtige Hinweise geben, was vom Verfasser damals jedoch nicht beabsichtigt war).

Auch hier wollen wir Wesentliches in Form von Erfahrungssätzen festhalten:

Satz 19: Hinter jeder Information steht eine Absicht (Zielaspekt)[16].

[16] **Information auf Grabsteinen:** Im Sinne von *Satz 19* spielt es keine Rolle, ob das ursprünglich beabsichtigte oder auch ein anderes Ziel erreicht wird. Mit folgender Begebenheit soll deutlich werden, daß sogar die Informationen auf Grabsteinen eine sehr weitreichende Apobetik haben können. So hat mich das Zeugnis eines ghanesischen Architektur-Professors bewegt, der vor einigen Jahren in Braunschweig seine Doktorarbeit angefertigt hat. Er erzählte

Satz 20: Der Apobetikaspekt der Information ist der wichtigste, er beinhaltet die Zielvorgabe des Senders. Der gesamte Aufwand in den vier darunterliegenden Ebenen ist nur als Mittel zum Zweck erforderlich, um das Ziel zu erreichen.

Anmerkung: Der Apobetikaspekt kann manchmal mit dem Pragmatikaspekt weitgehend zusammenfallen. Eine Entflechtung ist aber prinzipiell möglich.

Satz 21: Die fünf Informationsaspekte (Statistik, Syntax, Semantik, Pragmatik, Apobetik) gelten sowohl auf der Senderals auch auf der Empfängerseite. Sie spielen sich immer in einer Sender/Empfänger-Wechselwirkung ab.

Satz 22: Die einzelnen Informationsaspekte sind in der Weise miteinander verknüpft, daß die jeweils darunterliegenden Ebenen eine notwendige Voraussetzung zur Realisierung der darüberliegenden Ebene sind.

Immer dort, wo der Apobetikaspekt unterschlagen oder bewußt negiert wird, sollten wir wegen der damit einhergehenden Verletzung von *Satz 19* aufmerksam werden. In der Evolu-

mir von jenem Friedhof in der Nähe von Accra, auf dem heute noch die Kreuze auf den Gräbern von den ersten in das Land eingereisten Missionaren künden. An den eingetragenen Daten ist ablesbar, daß sie schon wenige Tage nach ihrer Ankunft an Tropenkrankheiten starben.
Vordergründig würden wir sagen, der Einsatz dieser Menschen war vergeblich. Ohne auch nur einen Satz des Evangeliums weitergegeben zu haben, ohne daß irgendwelche Frucht sichtbar wurde, setzte Gott ihrem Leben ein Ende. Nun bezeugte mir der ghanesische Freund, daß er durch das stumme Zeugen jener Kreuze einen entscheidenden Anstoß zum Glauben fand. Ihm wurde deutlich: Mit welch einer Liebe muß Gott diese Menschen ausgerüstet haben, wenn sie unter Einsatz ihres Lebens hinausgingen, um auch anderen von dieser Liebe zu sagen. Hieran mögen wir erkennen, daß Gottes Wege oft anders sind als unser Denken. Was uns im Chronos vergeblich erscheint, ist im Kairos Gottes gebuchte Frucht, die bleibend ist. Die Missionare waren mit dem Ziel hinausgegangen, Afrikaner für den Glauben zu gewinnen. Nach langer Zeit bezeugt nun jemand, ans Ziel gekommen zu sein. In seiner Muttersprache bringt er heute vielen Studenten das Evangelium nahe. Ob jene Missionare wohl in ihrer Todesstunde geahnt haben, daß ihr Ziel – wenn auch nach langer Zeit – doch erreicht wird?

tionslehre bemüht man sich, Zielaspekte zu verdrängen. So behauptet z. B. der amerikanische Zoologe *G. G. Simpson:* »Der Mensch ist das Ergebnis eines materialistischen Prozesses ohne Zweckbestimmung und Absicht, er stellt die höchste zufällige Organisationsform von Materie und Energie dar.«

In diesem Zusammenhang sei noch ein weiterer Satz genannt:

Satz 23: Es ist kein Naturgesetz, kein Prozeß und kein Vorgang in der materiellen Welt bekannt, wonach in der Materie Information von selbst entsteht.

Zusammenfassung: Durch die o. g. Betrachtungen wurde deutlich, daß Information ein vielschichtiger Begriff ist. Die *Shannonsche* Informationstheorie erfaßt nur einen sehr begrenzten Teilaspekt des Wesens der Information, wie an Hand der fünf besprochenen Informationsaspekte leicht zu ermessen ist. Man kann zeigen, daß widersprüchliche Aussagen und falsche Schlußfolgerungen mancher Autoren darin begründet liegen, daß sie von Information sprechen, ohne sich Rechenschaft darüber zu geben, auf welcher Ebene sie gerade diskutieren, oder ob die jeweilig verwendete Ebene ausreicht, um eine so weitgehende Schlußfolgerung zu ziehen. So kann man beispielsweise keinerlei Antwort auf die Herkunft biologischer Systeme bekommen, wenn man sich lediglich auf die statistische Ebene bezieht. Auch Abhandlungen mit einem eindrucksvollen mathematischen Aufwand bringen noch keinerlei Klärung, wenn der Formelapparat sich auf der Ebene *Shannonscher* Information bewegt. Erst wenn man das Sender/Empfänger-Problem auf allen Ebenen der Information konsequent behandelt, sind begründete Aussagen möglich.

Alle vorgenannten *Sätze 1* bis *23* (sowie die noch folgenden bis *Satz 30*) sind sämtlich aus der Erfahrung abgeleitet. Sie sind gemäß den Kennzeichen in Kapitel 2 als Naturgesetze einzustufen. Alle diese Sätze haben ihre Bewährungsprobe in der Wirklichkeit bestanden (siehe auch *Satz* **N1** in Kap. 2.3). Was für alle Naturgesetze gilt, muß auch hier gesagt werden: Sie kommen zu Fall, wenn ein einziges Gegenbeispiel gefunden wird. Nach zahlreichen Vorträgen des Verfassers an verschiedenen Hochschulen und Universitäten im In- und Ausland vor Fachleuten konnte bisher niemand ein Gegenbeispiel erbringen. Bemerkenswert ist ein Einwand, den ein Hörer in einer Diskussion vorbrachte: »Es kann ja sein, daß Ihre Sätze in einigen Millionen Jahren verletzt werden. Vielleicht findet man dann einmal ein Gegenbeispiel!?« Meine Antwort: »Ja, das ist möglich, wie bei allen Naturgesetzen. Wird – wie Sie es annehmen – in Millionen von Jahren einmal ein die Sätze verletzendes Beispiel gefunden, dann sind die Sätze (oder einige Sätze oder nur ein einzelner Satz) gefallen, aber bis dahin können Sie sich danach richten.«

Einige wichtige Aussagen wollen wir hier zusammenfassend noch einmal wiederholen:

- Es gibt keine Information ohne Code.
- Es gibt keinen Code ohne freie willentliche Vereinbarung.
- Es gibt keine Information ohne Sender.
- Es gibt keine Informationskette, ohne daß am Anfang ein geistiger Urheber steht.
- Es gibt keine Information ohne Willen.
- Es gibt keine Information ohne die fünf hierarchischen Ebenen: Statistik, Syntax, Semantik, Pragmatik, Apobetik.
- In statistischen Prozessen kann keine Information entstehen.

Diese sieben Sätze lassen sich auch als sogenannte Unmöglichkeitssätze formulieren, wie es gemäß Kapitel 2.5 für fast alle Naturgesetze möglich ist:

- Es ist unmöglich, Information ohne Code darzustellen, zu speichern oder zu senden.
- Es ist unmöglich, daß ein Code zustandekommt, es sei denn durch freie willentliche Vereinbarung.
- Es ist unmöglich, daß Information existiert, die nicht von einem Sender stammt.
- Es ist unmöglich, daß es eine Informationskette gibt, ohne daß am Anfang ein geistiger Urheber steht.
- Es ist unmöglich, daß Information existiert, ohne durch einen freien Willen verursacht zu sein.
- Es ist unmöglich, daß Information ohne die fünf hierarchischen Ebenen Statistik, Syntax, Semantik, Pragmatik, Apobetik existiert.
- Es ist unmöglich, daß Information in statistischen Prozessen entsteht.

Für alle diese Sätze gilt es noch einen Definitionsbereich anzugeben. Dies wird im nächsten Kapitel durchgeführt.

Zur Einordnung der vorgestellten Sätze soll uns *Bild 14* verhelfen. Drei Phänomene sind dort in hierarchischer Form dargestellt: Materie, Information und Leben. Die **Materie** ist hier auf der untersten Ebene dieser Hierarchie angeordnet. Alle uns bekannten Naturgesetze der Physik und Chemie gehören hierhin (z. B. Energiesatz, Drallsatz, Ladungssatz). **Information** ist gemäß *Satz 1* nicht der Materie zuzuordnen; sie benötigt eine eigene hierarchisch darüberliegende Ebene. Alle *Informationssätze* gehören zu dieser Ebene. Die höchste Ebene bildet das **Leben.** Hierhin gehörende Naturgesetze könnten wir als *Lebenssätze* bezeichnen. Einen grundlegenden und bis heute durch kein Experiment widerlegten Satz auf dieser Ebene hat *Louis Pasteur* (1822-1895) aufgestellt: **»Leben kann nur aus Leben kommen.«** Zur Begründung der drei gezeichneten hierarchischen Ebenen seien folgende Aussagen genannt:

- Information ist nicht Materie, dennoch braucht Information die Materie zur Speicherung und Übertragung.
- Information ist nicht Leben, dennoch ist die Information in den Zellen grundlegend für jedes Lebewesen. Information ist eine notwendige Voraussetzung für Leben.
- Leben ist weder Materie noch Information, dennoch sind beide Phänomene für das Leben notwendig.

Nach evolutionistischer Auffassung werden aufgrund philosophischer Voreinstellungen sowohl die Information als auch das Leben selbst als rein materielle Phänomene aufgefaßt. So wird versucht, die Entstehung und das Wesen des Lebens auf physikalisch-chemische Vorgänge zurückzuführen. In diesem Sinne schrieb bereits *Jean B. de Lamarck* (1744-1829): »Das Leben ist nur ein physikalisches Phänomen. Alle Lebenserscheinungen beruhen auf mechanischen, physikalischen und chemischen Ursachen, die in der Beschaffenheit der organischen Materie selbst liegen.« (Philosophie zoologique, Paris 1809, Bd. 1, 104 f.). Ebenso äußerte sich auch *Manfred Eigen* [E2, 149]: »Die Logik des Lebens hat ihren Ursprung in Physik und Chemie.« Von seinem Schüler *B.-O. Küppers* stammt der molekulardarwinistische Ansatz, eine materialistische Auffassung, mit der sich der Verfasser in [G14, 90-92] bereits auseinandergesetzt hat. All diesen Ideen ist gemeinsam, daß biologische Tatsachen mit subjektiven, naturwissenschaftlich nicht begründbaren Vorstellungen verwoben sind. Mit Hilfe der in diesem Buch entfalteten Informationssätze wird eine Möglichkeit aufgezeigt, Wahrheit und Irrtum zu entflechten.

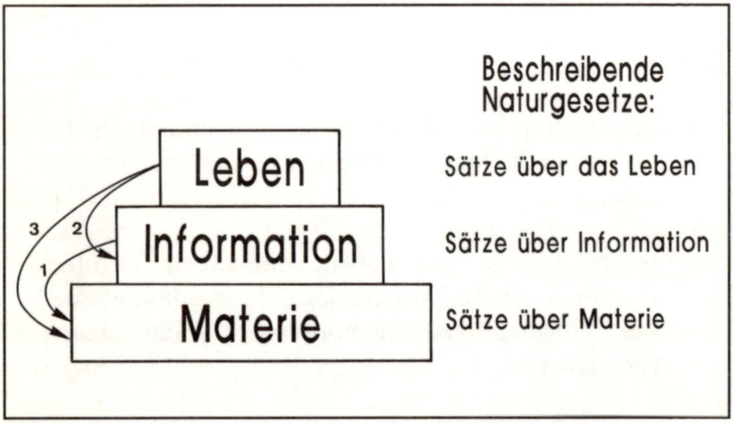

Bild 14: *Hirarchische Darstellung von Materie, Information und Leben.*

Auf jeder der drei hierarchischen Ebenen gelten entsprechende Naturgesetze, wobei das Kernstück dieses Buches die Informationssätze bilden. Die Pfeile haben folgende Bedeutung: **1** *Information benötigt Materie zur Speicherung und Übertragung.* **2** *Leben benötigt Information.* **3** *Das biologische Leben benötigt Materie als notwendigen Träger. Mit Information und Materie ist das Leben keineswegs vollständig beschrieben, aber die notwendigen Bedingungen auf hierarchisch darunterliegenden Ebenen sind damit genannt.*

5 Abgrenzung des Informationsbegriffes

Nach dem bisher Gesagten stellt sich die Frage, auf welche Bereiche die abgeleiteten Sätze anwendbar sind. Gelten sie nur im Bereich der Computer oder darüber hinaus im gesamten Bereich des Technischen? Gehören lebende Systeme auch zum Gültigkeitsbereich?

Wie ist es mit unbekannten Systemen, die wir gerne beurteilen möchten? Welches Kriterium erlaubt es uns, von vornherein anzusagen, ob die Sätze zur Anwendung kommen dürfen, oder ob wir uns bereits außerhalb des Definitionsbereiches befinden? Dazu bedarf es eines eindeutig zu markierenden Definitionsbereiches.

Eine Reihe von Beispielen haben wir bereits kennengelernt, die wir stillschweigend zu unserem Definitionsbereich gezählt haben: Computerprogramm, Buch, Flaggencode, Hieroglyphen. Wie ist es aber mit einem Kristallgitter eines Metalles oder Salzes oder mit einer Schneeflocke, die wir mit dem Mikroskop untersuchen? Wir beobachten mit Hilfe von Teleskopen den gestirnten Himmel und verschaffen uns auf diese Weise »Information« über die Sterne. Ein Kriminalist »informiert« sich am Tatort und leitet aus auffälligen Beobachtungen seine Indizienbeweise ab. Ein Paläontologe betrachtet die Muschelschale in einer geologischen Schicht. Der Naturwissenschaftler »liest im Buch der Natur« und gelangt dadurch zu neuen Erkenntnissen. Aufgrund von gezielt durchgeführten Messungen werden in der Technik neue Gesetzmäßigkeiten erkannt, die als Formel niedergeschrieben eine Fülle von Information enthalten. Welche dieser letztgenannten Beispiele gehören zu unserem Definitionsbereich?

Jede wissenschaftliche Definition eines Begriffes, den es auch im umgangssprachlichen Bereich gibt, bedarf einer genauen Präzisierung. Jede Definition hat somit eine fixierende, aber zugleich auch einschränkende Wirkung. Das gilt auch für den Informationsbegriff.

Zur Abgrenzung des Definitionsbereiches nutzen wir eine markante Eigenschaft von Information, nämlich ihre *Stellvertreterfunktion.* Information ist nämlich niemals die Sache (Gegenstand) oder der Sachverhalt (Ereignis, Idee) selbst, vielmehr stehen die codierten Zeichen stellvertretend für das, worüber geredet (oder geschrieben) wird. Symbole der unterschiedlichsten Art (siehe Kap. 4.2) üben eine Stellvertretung bezüglich der Wirklichkeit oder des Gedankensystems aus. Information ist somit immer eine abstrakte Darstellung von anderweitig Existierendem. So steht die Zeichenfolge in der Zeitung für ein Ereignis, das gestern war – also zeitlich nicht gegenwärtig ist – und sich außerdem in einem anderen Land abspielte – also gar nicht am Ort der Informationsübertragung vorhanden ist. Die genetischen Buchstaben im DNS-Molekül stehen stellvertretend für jene Aminosäuren, die erst später hergestellt und in ein Proteinmolekül eingebaut werden. Die Buchstaben in einem Roman stehen stellvertretend für Personen und ihre Handlungen. Zwei grundlegende Eigenschaften von Information wollen wir hier besonders herausstellen:

Eigenschaft 1: Information ist nicht die Sache oder der Sachverhalt selbst, sondern eine abstrakte Darstellung (mittels eines geeigneten Codesystems) materieller Realitäten (z. B. Gegenstände, physikalische, chemische oder biologische Zustände) oder geistiger Zusammenhänge (z. B. Problemstellungen, Konzepte, Ideen, Programme, Algorithmen), die zum Zeitpunkt und am Ort des Informationsaustauschs im allgemeinen nicht gegenwärtig, nicht (mit den Sinnen) wahrnehmbar, nicht meßbar, ... sein müssen.

Eigenschaft 2: Information erfüllt immer eine Stellvertreterfunktion. Die Zuordnung zwischen Wirklichkeit und Codierung ist das Ergebnis eines geistigen Prozesses.

Eigenschaft 2 macht noch einmal deutlich, daß Information keine Eigenschaft der Materie sein kann, sondern immer ein geistiges Konstrukt ist (siehe *Sätze 1* bis *3* in Kap. 3.3). Es bedarf immer eines geistigen Urhebers, der die freie Zuordnung von Wirklichkeit zu abstrakter Codierung trifft.

Die beiden obigen markanten Eigenschaften verhelfen uns nun zu einer eindeutigen Abgrenzung des Informationsbegriffes. In *Bild 15* sind die Bereiche von Information und Nichtinformation deutlich unterschieden: Immer dann, wenn wir Realitäten direkt beobachten (direktes Sehen, Hören, Messen), dann gehören diese Prozesse nicht zu unserem Definitionsbereich. Immer aber, wenn ein Codesystem verwendet wird, das stellvertretend für etwas anderes steht, dann liegen wir innerhalb des Definitionsbereiches, und dann haben alle genannten Sätze ihre volle Gültigkeit. So können wir folgende grundlegende Definition festhalten:

Definition D5: Zum Definitionsbereich von Information gehören gemäß *Bild 15* nur solche Systeme, bei denen unter Verwendung eines Codes Gegenständliches oder Ideelles stellvertretend durch eine abstrakte Darstellung zum Ausdruck gebracht wird. Für die angegebenen Beispiele (Buch, Zeitung, Computer-Programm, DNS-Molekül, Hieroglyphen) ist dies zutreffend, und darum liegen diese innerhalb des markierten Bereiches. Bei der direkten Beobachtung von Wirklichkeiten (z. B. Stern, Haus, Baum, Schneeflocke) fehlt diese Stellvertreterfunktion und Abstraktion, und darum gehören diese nicht zu unserer Informationsdefinition. Innerhalb des nun festgelegten Definitionsbereiches sind die erarbeiteten Sätze im Sinne von Naturgesetzen gültig.

Bemerkenswerterweise liegen die DNS-Moleküle mit ihrer genetischen Information innerhalb des Definitionsgebietes. Wie wir noch sehen werden, handelt es sich hierbei um ein echtes Codesystem. Jeweils drei chemische Buchstaben codieren eine bestimmte Aminosäure, die entsprechend *Eigenschaft 1* weder örtlich noch zeitlich (also auch nicht woanders gegenwärtig ist) vorhanden ist. Erst in einem späteren Prozeß wird das, was hier als Information nur stellvertretend steht, synthetisiert.

Der Energiesatz gilt und existiert auch ohne unser Wissen darüber. Er wurde aber zur Information, nachdem er entdeckt und mittels eines Codesystems formuliert wurde (in Form von

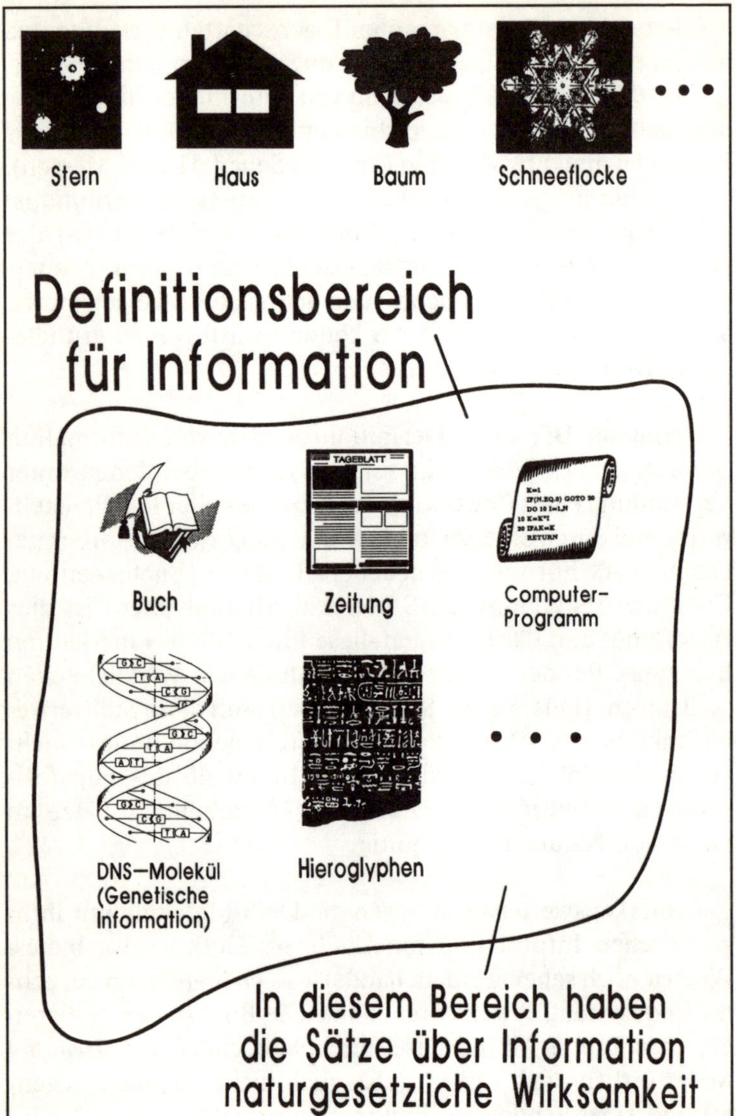

Bild 15: *Der Definitionsbereich für Information (Erklärung siehe Definition D5).*

Sprache oder Formel). Information existiert also nicht schlechthin, sondern erst nach einer geistigen Aktivität.

Ein weiterer Satz über Information sei noch erwähnt:

Satz 24: Zur Speicherung von Information bedarf es eines materiellen Trägers.

Schreiben wir eine bestimmte Information mit Kreide an die Tafel, so ist die Kreide der materielle Träger. Wischt man mit einem Schwamm die Kreide von der Tafel, so ist die gesamte Materie der Kreide zwar noch vorhanden, aber die Information ist verschwunden. Die Kreide war in diesem Falle der erforderliche materielle Träger, das Entscheidende aber war die besondere Anordnung der Kreidepartikel, und die war nicht zufällig, sondern geistigen Ursprungs. Dieselbe Information, die an der Tafel stand, hätte auch auf eine Diskette geschrieben werden können. In diesem Falle wären bestimmte Bereiche (Spuren) auf der Diskette magnetisiert worden. Auch hier wäre entsprechend *Satz 24* Materie der erforderliche Informationsträger. Die Menge beteiligter Materie wäre aber erheblich geringer als im Falle Tafel/Kreide. Die Menge der beteiligten Materie ist also nicht ausschlaggebend. Auch ist die Information unabhängig von der chemischen Zusammensetzung des Speichermaterials. Denken wir uns dieselbe Information, die auf der Tafel dargestellt war, in großen Buchstaben einer Leuchtstoffreklame, dann steigt die beteiligte Materie rasch um das Vielfache.

6 Information in Lebewesen

Leben begegnet uns in äußerst vielfältiger Gestalt. Selbst ein schlichter Einzeller ist so komplex und zielgerichtet gestaltet wie kein Erzeugnis menschlichen Erfindergeistes. *Materie* und *Energie* sind zwar notwendige Grundgrößen des Lebendigen, aber sie heben lebende und unbelebte Systeme noch nicht grundsätzlich voneinander ab. Das zentrale Kennzeichen aller Lebewesen ist die in ihnen enthaltene *»Information«* für alle Betriebsabläufe (Realisierung aller Lebensfunktionen, genetische Information zur Vermehrung). Informationsübertragungsvorgänge spielen eine grundlegende Rolle bei allem, was lebt. Wenn z. B. Insekten Pollen von Pflanzenblüten übertragen, so ist dies in erster Linie ein Informationsübertragungsvorgang (von genetischer Information); die beteiligte Materie ist dabei unerheblich. Leben ist hierdurch zwar noch keineswegs vollständig beschrieben, aber ein äußerst zentraler Faktor ist damit angesprochen.

Das komplexeste informationsverarbeitende System ist zweifelsohne der Mensch. Nimmt man alle Informationsabläufe im Menschen einmal zusammen, d. h. die *bewußten* (Sprache, Informationssteuerung der willentlichen motorischen Bewegungen) und die *unbewußten* (informationsgesteuerte Funktionen der Organe, Hormonsystem), so werden täglich $3 \cdot 10^{24}$ bit verarbeitet. Dieser astronomisch hohe Wert für die Informationsmenge übertrifft das Gesamtwissen der Menschheit von 10^{18} bit, wie es in den Bibliotheken der Welt gespeichert ist, noch um mehr als den Faktor von einer Million.

6.1 Notwendige Bedingungen des Lebens

Proteine sind die Grundbausteine für den strukturellen Aufbau der Lebewesen. Sie setzen sich aus nur zwanzig Aminosäuren zusammen, die aber in einer genau vorgeschriebenen

Reihenfolge aneinander geknüpft sein müssen, damit das jeweils richtige Protein herauskommt. Es gibt unvorstellbar viele Variationsmöglichkeiten für den Aufbau von Makromolekülen aus zwanzig Aminosäuren, die sich in beliebiger Folge ketten lassen. Es sind jedoch nur ganz bestimmte Sequenzen sinnvoll, d. h., nur sie ergeben für das Leben funktionsfähige Proteine, die vom Organismus gebraucht und eingebaut werden können. Eiweißstoffe oder Proteine sind die Grundsubstanzen (z. B. Baustoffe, Reservestoffe, Energieträger, Wirkstoffe, Transportstoffe) des materiellen Anteils des Lebendigen und sie beinhalten u. a. so wichtige Verbindungen wie Enzyme, Antikörper, Blutpigmente und Hormone. Diese wichtigen Stoffe sind sowohl organ- als auch artspezifisch. Allein im menschlichen Körper gibt es etwa 50 000 verschiedene Proteine als Funktionsträger wichtiger Aufgaben, deren Struktur ebenso codiert sein muß wie die dazu erforderlichen »chemischen Fabriken« in den Zellen, in denen die Synthese in der erforderlichen Dosierung und nach einem optimalen technologischen Prozeß zu geschehen hat. Es ist bekannt, daß alle in den Lebewesen vorkommenden Proteine aus nur insgesamt 20 verschiedenen chemischen Grundbausteinen, den Aminosäuren, aufgebaut sind. Die chemischen Strukturformeln sind in dem Buch »In 6 Tagen vom Chaos zum Menschen« [G10, 143] angegeben. Sollen nun ganz bestimmte Proteine in der Zelle hergestellt werden, so muß dieser eine Mitteilung über die chemische Formel und das zu verwendende chemische Verfahren gegeben werden. Für die Lebewesen ist die genaue Reihenfolge der einzelnen Bausteine äußerst wichtig, und darum muß die Bauanweisung notwendigerweise schriftlich fixiert sein. Dazu bedarf es eines Codesystems. Außerdem ist eine Maschinerie erforderlich, die die Information decodiert und die Anweisungen zur Synthese ausführt. Was wird mindestens benötigt?

– Gemäß *Satz 6* ist zur Informationsdarstellung ein Codesystem erforderlich, das in geeigneter Weise alle verwendeten Aminosäuren eindeutig bezeichnen kann. Das Codesystem muß einen ständig verwendeten Zeichensatz benutzen.

– Gemäß den *Sätzen 14, 17* und *19* muß es für diese Information – wie für jede beliebige Information auch – eine definierte Semantik, Pragmatik und Apobetik geben.
– Gemäß *Satz 23* bedarf es zur Speicherung eines materiellen Trägers, der in der Lage ist, auf kleinstem Raum die erforderliche Information verfügbar zu halten.

Bild 16 zeigt die Namen der 20 in Lebewesen vorkommenden Aminosäuren sowie die international vereinbarten aus drei Buchstaben bestehenden Abkürzungen (z. B. Ala für Alanin). Aus einer Vielzahl denkbarer Codesysteme ist gerade jenes ausgewählt, das vier verschiedene Buchstaben einsetzt und stets gleichlange Wörter aus drei Buchstaben für die Bezeichnung einer Aminosäure verwendet. Im nächsten Abschnitt wollen wir prüfen, ob dieses System den Anforderungen entsprechend optimal konzipiert wurde.

Als Speichermedium wird das DNS-Molekül (Desoxyribonukleinsäure) eingesetzt, das gemäß *Bild 17* wie eine zweigängige Wendeltreppe aussieht (Doppelhelix). Der DNS-Faden hat einen Durchmesser von nur zwei Millionstel Millimeter und kann im Elektronenmikroskop gerade noch sichtbar gemacht werden. Auf diesem Informationsband sind die chemischen Buchstaben A, G, T und C so eingebaut, daß sie beim Menschen aneinandergereiht einen so immens langen Schriftzug ergeben, der – wäre er in normaler Schreibmaschinenschrift geschrieben – vom Nordpol bis zum Äquator reichen würde. Die Struktur der DNS ist so angelegt, daß sie sich bei jeder Zellteilung verdoppeln kann. Eine wichtige Forderung an den genetischen Speicher ist, daß beim Kopiervorgang an die Tochterzellen die gleiche Information übertragen wird. Es ist bekannt, daß dies so präzise vonstatten geht, als würden 280 Schreiber nacheinander die Bibel von ihrem Vorgänger abschreiben und dabei nur einen einzigen Buchstaben vertauschen. Bei der Replikation dröselt sich der Doppelstrang auf, und synchron dazu wird auf jedem der Einzelstränge eine komplementäre Ergänzung zum neuen, mit dem vorigen Strang identischen Doppelstrang erzeugt. Wie aus *Bild 27* zu ersehen, ist A komplementär zu T und C zu G. Während der

Dauer einer Zellteilung (20 bis 80 Minuten) wird die gesamte molekulare Bibliothek mit einem vergleichbaren Umfang von tausend Bänden (beim Menschen) zuverlässig abgeschrieben.

Aminosäuren	Abk.	Genetischer Code
Alanin	Ala	GCA GCC GCG GCU
Arginin	Arg	AGA AGG CGA CGC CGG CGU
Asparagin	Asn	AAC AAU
Asparaginsäure	Asp	GAC GAU
Cystein	Cys	UGC UGU
Glutamin	Gln	CAA CAG
Glutaminsäure	Glu	GAA GAG
Glycin	Gly	GGA GGC GGG GGU
Histidin	His	CAC CAU
Isoleucin	Ile	AUA AUC AUU
Leucin	Leu	CUA CUC CUG CUU UUA UUG
Lysin	Lys	AAA AAG
Methionin	Met	AUG
Phenylalanin	Phe	UUC UUU
Prolin	Pro	CCA CCC CCG CCU
Serin	Ser	AGC AGU UCA UCC UCG UCU
Threonin	Thr	ACA ACC ACG ACU
Tryptophan	Try	UGG
Tyrosin	Tyr	UAC UAU
Valin	Val	GUA GUC GUG GUU
STOPP		UAA UAG UGA

Bild 16: *Die zwanzig in lebenden Systemen vorkommenden Aminosäuren in alphabetischer Reihenfolge mit ihren internationalen dreibuchstabigen Kurzzeichen. In der rechten Spalte sind die dreibuchstabigen Codierungen angegeben (Tripletts), die die jeweilige Aminosäure bezeichnen.*

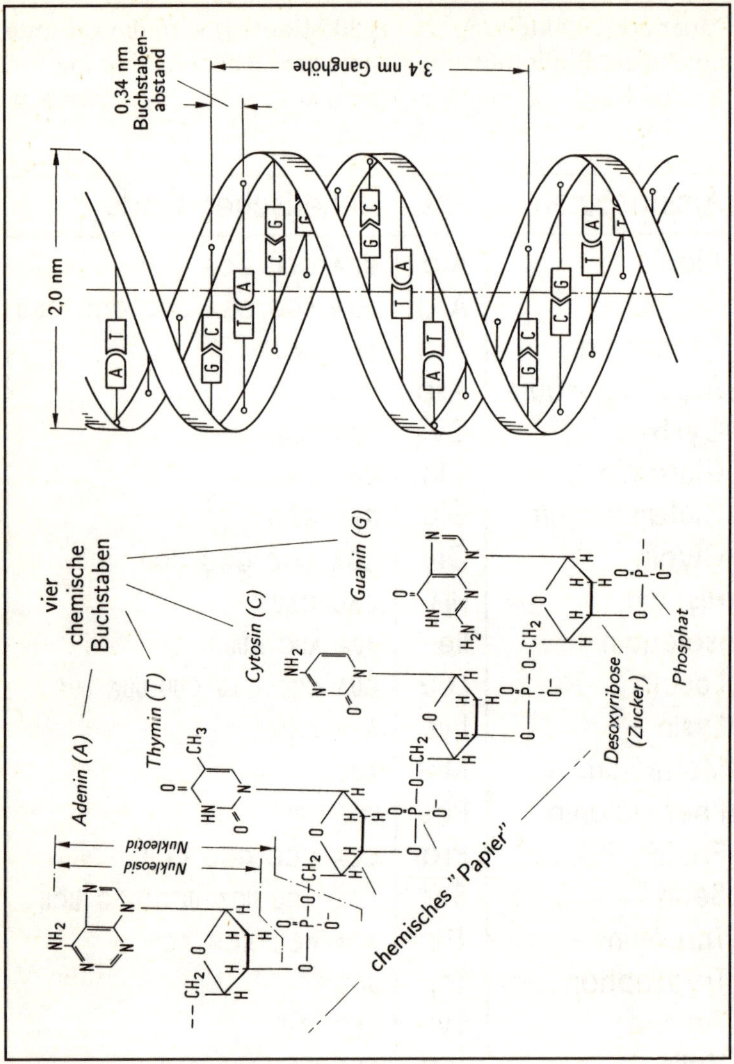

Bild 17: *Zur Speichertechnik der genetischen Information. Im linken Bildteil ist das »chemische Papier« in Form einer langen Zucker-Phosphatkette mit den vier chemischen Buchstaben A, T, C und G dargestellt. Im rechten Bildteil ist die Struktur des DNS-Moleküls einschließlich der Abmessungen ersichtlich.*

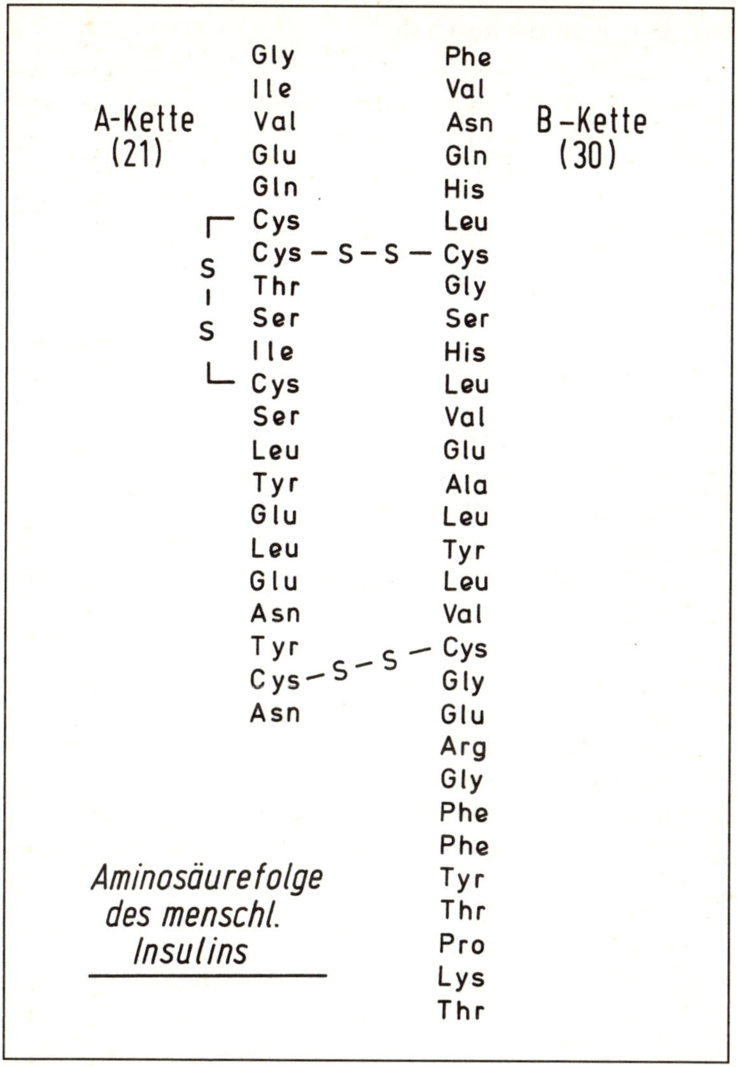

Bild 18: *Die chemische Formel für Insulin. Die A-Kette besteht aus 21 und die B-Kette aus 30 Aminosäuren. Von den 20 in Lebewesen vorkommenden Aminosäuren treten hier drei gar nicht (Asp, Met, Try), zwei sechsmal (Cys, Leu), eine fünfmal (Glu), drei viermal (Gly, Tyr, Val) usw. auf. Über zwei Disulfidbrücken sind die beiden Ketten miteinander verbunden. Insulin ist ein lebensnotwendiges Hormon, das hauptsächlich den normalen Blutzuckergehalt von 3,9-6,4 mmol/l (70-115 mg/dl) garantiert.*

6.2 Der genetische Code

Wie würden wir in ingenieurmäßiger Weise vorgehen, um ein geeignetes Codesystem zu entwerfen? Welche Alphabetlänge und welche Wortlänge wären die bestmöglichen Kombinationen? Hat man sich für ein bestimmtes Codesystem entschieden, so muß dieses strikt beibehalten werden (*Satz 8;* Kap. 4.2), weil eine äußerst komplexe Übersetzungs- und Ausführungsmaschinerie darauf abgestimmt sein muß. *Bild 19* zeigt eine Tabelle, die nach rechts und nach unten beliebig erweiterbar ist. Hier ist nur der interessierende Bereich von 5 x 5 Feldern dargestellt. Jedes Feld repräsentiert eine bestimmte Codierungsart. Das Feld mit $n = 3$ und $L = 4$ bezeichnet z. B. einen Ternärcode mit $n = 3$ verschiedenen Buchstaben, wobei die Länge eines Wortes zur Bezeichnung einer Aminosäure $L = 4$ wäre (d. h. Quartetts von 4 Buchstaben bilden ein Wort). Folgende Forderungen sind für die Auswahl des besten Codes zu beachten:

- Da die Speicherung in der Zelle auf kleinstem Raum stattfinden muß, ist ein Code zu bevorzugen, der am materialsparendsten ist. Je mehr Buchstaben pro Aminosäure eingesetzt werden, desto größer ist der Materialeinsatz und damit der Raumbedarf (Speicherplatz).
- Wegen des oben beschriebenen Abschreibemechanismus, bei dem der Doppelstrang aufgedrillt wird und bei der Replikation jeder Einzelstrang eine komplementäre Buchstabenergänzung bekommt, muß die Anzahl der verschiedenen Buchstaben geradzahlig sein (Alphabetlänge n geradzahlig).
- Damit bei den zahlreichen Kopiervorgängen Übertragungsfehler stark reduziert werden, ist eine Redundanz vorzusehen (siehe Anhang A 1.4).
- Mit zunehmender Alphabetlänge n steigt die Komplexität der Ausführungsmaschinerie an. Damit verbunden ist ein steigender Materialeinsatz und eine höhere Fehlerquote bei der Replikation.

In jedem Feld von *Bild 19* ist oben links die Anzahl der möglichen Kombinationen angegeben, nach der verschiedene Wörter gebildet werden können. Für unsere 20 Aminosäuren benötigen wir also mindestens 20 verschiedene Wortbildungsmöglichkeiten. Wir können auch gemäß der *Shannonschen* Informationstheorie den benötigten Informationsgehalt pro Aminosäure ausrechnen: Bei 20 Aminosäuren ergibt sich ein mittlerer Informationsgehalt für jede Säure zu $i_A \equiv i_W \equiv \mathrm{ld}\,20 = \log 20 / \log 2 = 4{,}32$ bit/Aminosäure.

Bildet man Wörter zu vier Buchstaben *(Quartetts)* mit einem Binärcode ($n = 2$), so ist hierin mit 4 Buchstaben/Wort · 1 bit/Buchstabe = 4 bit/Wort < 4,32 bit/Aminosäure zu wenig Information enthalten. Die ersten drei waagerechten und die ersten drei senkrechten Felder scheiden wegen $i_W < 4{,}32$ bit/Wort prinzipiell aus (abgegrenzt durch die dicke mit Schraffur versehene Linie in *Bild 19*). In der Nachbarschaft dieser Felder sind jene sechs Felder numeriert, die als Möglichkeit in Betracht zu ziehen sind. Alle anderen Felder, die rechts davon liegen, würden zwar prinzipiell auch in Frage kommen, aber sie sind für die Erfordernisse zu materialaufwendig. So genügt es, nur die 6 Fälle durchzugehen. *Quintetts* bei einem Binärcode mit $5 \cdot 1 = 5$ bit/Wort sind informationstheoretisch prinzipiell möglich. Wegen der komplementären Abschreibemethode bei der Replikation kommen nur Alphabete mit gerader Zeichenzahl in Frage. Damit sind ein Ternärcode mit $L = 3$ und ein Quinärcode mit $L = 5$ Zeichen auszuschließen. Von den noch verbleibenden scheidet als nächster Kandidat der Binärcode (Nr. 2) aus, weil er gegenüber Nr. 4 (Quaternärcode mit Tripletts) zu materialaufwendig ist, nämlich 5 Zeichen gegenüber 3 Zeichen pro Wort, und das ist 67 % aufwendiger. Somit haben wir das große Feld bereits auf nur zwei Kandidaten eingegrenzt (Nr. 4 und 6). Tatsächlich ausgeführt ist Nr. 4, also ein Quaternärcode mit 4 verschiedenen Buchstaben, die zu dreibuchstabigen Wörtern zusammengesetzt werden (Tripletts). Was sind die Gründe für diese Wahl? Nr. 4 hat zwar den Nachteil, um 50 % materialaufwendiger als Nr. 6 zu sein, aber andere Vorteile wiegen diesen Nachteil in stärkerem Maße auf:

– Bei sechs verschiedenen Zeichen gegenüber vier wird die Erkennungs- und Übersetzungsmaschinerie überproportional komplizierter und somit materialaufwendiger.
– Bei Nr. 4 hat das Wort einen höheren Informationsgehalt ($i_W = 6$ bit / Wort) als bei Nr. 6 ($i_W = 5{,}17$ bit / Wort), somit ist durch die größere mögliche Redundanz eine größere Übertragungssicherheit gegeben.

Wir stellen fest: Das ingenieurmäßig bestmögliche Codesystem ist bei den Lebewesen ausgeführt. Schon diese Tatsache spricht mehr für eine gezielte Planung als für ein zufälliges Zustandekommen.

6.3 Herkunft der biologischen Information

In jedem Genom[17] finden wir eindeutig ein Codesystem (vier chemische Zeichen als Buchstaben eines definierten Alphabets) und eine Syntax (Tripletts mit zugeordneten Aminosäuren). Das gesamte genetische Syntaxsystem geht durch die Verwendung von Struktureinheiten (z. B. Expressoren, Repressoren, Operatoren) noch weit darüber hinaus und ist bis heute nicht vollständig verstanden. Bekannt ist, daß die Informationsabläufe in der Zelle in einem Kreisprozeß ablaufen *(Bild 20)*. Ebenso ist die Semantik für den Menschen (noch) nicht lesbar. Nur manche Funktionen können bestimmten Chromosomen oder Genen örtlich zugeordnet werden, ohne aber die genetische Sprache selbst zu verstehen. Das Vorhandensein einer Semantik ergibt sich jedoch aus der erfüllten Pragmatik. Die Invarianz dieser Semantik erkennen wir z. B. in der Gleichgestaltung (nicht Identität!) von eineiigen Zwillingen. Die genaue Betrachtung der Lebewesen als Ganzes wie auch von ausgewählten Details her läßt die Zielgerichtetheit zweifelsfrei erkennen. Damit ist der Apobetikaspekt für jedermann erkenn-

[17] **Genom** (griech. *génos* = Geschlecht, Gattung, Nachkommenschaft): der einfache (haploide) Chromosomensatz einer Zelle; die Gesamtheit aller Gene einer Zelle.

Wortlänge = Anzahl der Buchstaben pro Wort / n Anzahl unterschiedlicher Buchstaben	$L = 2$ Dublett	$L = 3$ Triplett	$L = 4$ Quartett	$L = 5$ Quintett	$L = 6$ Sextett
Alphabetlänge n ↓	Wortlänge L →				
Binärcode $n = 2$, $i_B = \text{ld}\, n = 1$ bit	$m = n^L = 4$; $i_W = L \,\text{ld}\, n$; 2 bit/Wort	$2^3 = 8$; 3 bit/Wort	$2^4 = 16$; 4 bit/Wort	$2^5 = 32$; 2; 5 bit/Wort	$2^6 = 64$; 1; 6 bit/Wort
Ternärcode $n = 3$, $i_B = 1{,}585$ bit	$3^2 = 9$; 3,170	$3^3 = 27$; 3; 4,755	$3^4 = 81$; 6,340	$3^5 = 243$; 7,925	$3^6 = 729$; 9,510
Quaternärcode $n = 4$, $i_B = 2$ bit	$4^2 = 16$; 4,0	$4^3 = 64$; 4; 6,0	$4^4 = 256$; 8,0	$4^5 = 1024$; 10,0	$4^6 = 2048$; 12,0
Quinärcode $n = 5$, $i_B = 2{,}322$ bit	$5^2 = 25$; 5; 4,644	$5^3 = 125$; 6,966	$5^4 = 625$; 9,288	$5^5 = 3125$; 11,610	$5^6 = 15625$; 18,576
Senärcode $n = 6$, $i_B = 2{,}585$ bit	$6^2 = 36$; 6; 5,170	$6^3 = 216$; 7,755	$6^4 = 1296$; 10,340	$6^5 = 7776$; 12,925	$6^6 = 46656$; 20,680

$i_B = \text{ld}\, n$ Informationsgehalt *eines* Buchstabens [bit/Buchstabe]
$i_W = L \,\text{ld}\, n$ Informationsgehalt eines Wortes [bit/Wort]
$m = n^L$ Anzahl der möglichen Kombinationen, aus n verschiedenen Zeichen ein Wort der Länge L zu bilden

Bild 19: *Die prinzipiellen Möglichkeiten, einen Code mit gleichlangen Wörtern zu konstruieren. Jedes Feld repräsentiert durch die Zahl der verwendeten unterschiedlichen Buchstaben n und die Wortlänge L ein bestimmtes Codesystem.*

bar nachgewiesen. Der Apobetikaspekt schließt ein, daß Information stets konzipiert und niemals zufällig entsteht.

Auch die Stellvertreterfunktion von Information ist erfüllt (siehe Definition D5 in Kap. 5), denn die Tripletts in den DNS-Molekülen stehen stellvertretend für jene Aminosäuren, die erst zu einem späteren Zeitpunkt in Proteine eingebaut werden. Es gilt nun, einen wichtigen Satz festzuhalten:

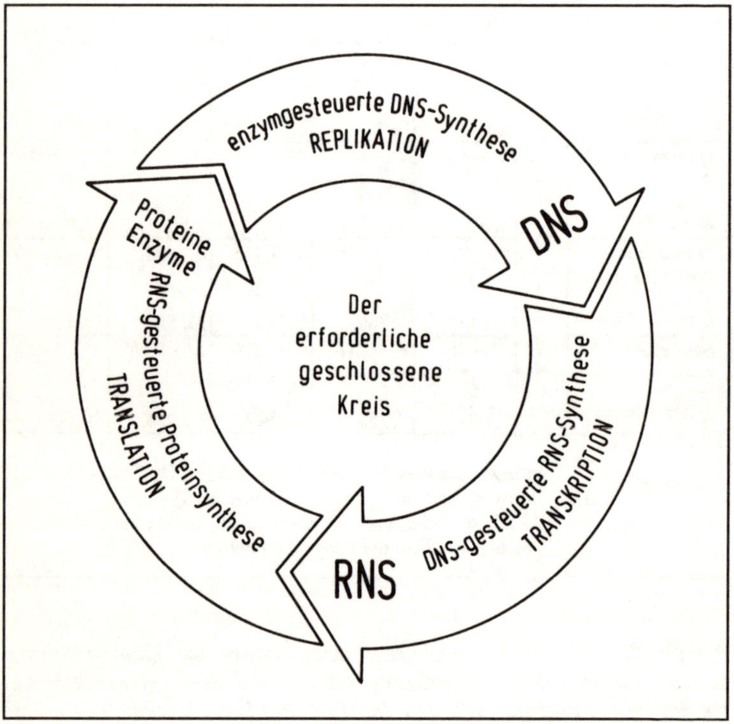

Bild 20: *Der informationsgesteuerte Kreisprozeß in der lebendigen Zelle in vereinfachter Darstellung. Der Translationsvorgang entspricht der Pragmatik; er ist aber insofern in den Kreisprozeß der semantischen Information einzubeziehen, als die DNS-Synthese nur unter enzymatischer Katalyse geschehen kann. Die Graphik bringt deutlich zum Ausdruck, daß ein solcher Kreisprozeß von Anfang an fertig vorliegen muß und nicht auf kontinuierlichem Weg entstehen kann. Auch dieses Beispiel eines komplexen Informationsübertragungssystems entspricht in seiner Struktur dem Bild 24.*

Satz 25: Biologische Information ist keine besondere Informationsart. Ausgezeichnet gegenüber aller sonstigen Information ist sie nur durch ihre außergewöhnlich hohe Speicherdichte und die durch sie realisierten genialen Konzepte, die wir aus dem Ergebnis erkennen.

In Anwendung der in den Kapiteln 3 bis 5 genannten Sätze – insbesondere auch der Unmöglichkeitssätze am Ende des 4. Kapitels – verlangt auch die Information in den Lebewesen einen intelligenten Urheber. Da der Mensch als Informationsquelle ausscheidet, bleibt nur ein Schöpfer übrig. Wir können folgende Sätze formulieren:

Satz 26: Die Information in den Lebewesen bedarf eines geistigen Urhebers.

In Konsequenz zu *Satz 26* können wir auch festhalten:

Satz 27: Jedes irgendwie ersonnene Modell zur Entstehung des Lebens (und damit auch der Information), das nur von Prozessen in der Materie ausgeht, ist schon vom Ansatz her falsch.

Für alle Lebewesen setzen *R. Junker* und *S. Scherer* in ihrem Schulbuch [J3] einen Grundtyp voraus, der fertig geschaffen sein muß. Diese mit dem biologischen Befund übereinstimmende Erkenntnis verlangt bereits am Anfang die komplette Information in den Lebewesen. Die abgeleiteten Sätze über das Wesen der Information sind passend zu diesem Modell.

6.4 Materialistische Vorstellungen und Modelle zur Herkunft der biologischen Information

Die uns alle bewegende Frage »Wie kommt Leben zustande?« ist unabdingbar verknüpft mit der Frage »Woher kommt die Information?«. Die moderne Forschung hat seit den Erkenntnissen von *James D. Watson* (* 1928) und *Francis H. C. Crick* (* 1916) immer deutlicher erkannt, daß die Information in den Zellen für die Existenz des Lebens die alles entscheidende Basis bildet. Wer zur Herkunft des Lebens etwas Verbindliches sagen will, steht im Zugzwang, zu erklären, wie Information entsteht. Alle Evolutionsanschauungen sind an dieser zentralen Frage grundlegend gescheitert.

Insbesondere in den biologischen Wissenschaften hat sich eine Naturphilosophie breitgemacht, die Leben und Lebensherkunft allein in der Materie begründet sieht. An einigen Zitaten wollen wir uns die Standpunkte einiger Vertreter solcher Auffassungen vor Augen führen:

Der französische Zoologe und Philosoph *Jean-Baptiste de Lamarck* (1744-1829) schrieb (Philosophie zoologique, Paris 1809, Bd. 1): »Das Leben ist nur ein physikalisches Phänomen. Alle Lebenserscheinungen beruhen auf mechanischen, physikalischen und chemischen Ursachen, die in der Beschaffenheit der organischen Materie selbst liegen.«

Auch der deutsche Mikrobiologe *R. W. Kaplan* vertritt eine solche materialistische Position [K1]: »Leben ist der Effekt eines Systems aus verschiedenen Teilen, die in einer bestimmten Ordnung zusammenwirken ... Leben ist aus den Eigenschaften dieser Teile und den sich daraus notwendigerweise ergebenden Wechselwirkungen voll erklärlich ... Den Ursprung des Lebens zu erklären, bedeutet nach dem Dargelegten, daß Hypothesen erdacht werden müssen, welche die Serie von Vorgängen bis zum Entstehen von Protobionten lückenlos angeben, und daß alle diese Vorgänge sich aus den physikalischen, chemischen und sonstigen Gesetzen über stoffliche Systeme deduzieren lassen.«

Der Göttinger Nobelpreisträger *Manfred Eigen* (* 1927) befaßt sich aus molekularbiologischer Sicht mit Fragen des Lebens und geht von dem nicht begründbaren Postulat aus: »Naturgesetze haben die Entstehung des Lebens gesteuert.« In seiner Arbeit über die Selbstorganisation der Materie [E1] bleibt er mit dem zwar eindrucksvollen Formelapparat dennoch auf der Ebene statistischer Information stecken. Der umfangreiche Beitrag ist daher für die Frage nach der Herkunft der Information und des Lebens bedeutungslos. In [E2, 55] schreibt er:

»Information entsteht aus Nicht-Information.« Dieser Satz ist lediglich ein Bekenntnis zum Materialismus; in der Wirklichkeit ist er nicht nachprüfbar.

F. M. Wuketits definiert den Leserkreis seines Buches [W8] wie folgt: » . . . nicht nur an den Biologen und Erkenntnistheoretiker, sondern im gleichen Maße an den Naturwissenschaftler und Philosophen und darüber hinaus an jeden am Abenteuer zeitgenössischer Wissenschaft Interessierten.« Er präsentiert dann eine sog. *»evolutionäre Erkenntnistheorie«* mit dem Anspruch einer neuen Kopernikanischen Wende. Galt es bisher, daß große wissenschaftliche Erkenntnisse und Leistungen auf dem Wege des Beobachtens, Messens und Wägens gewonnen wurden wie z. B. durch *Kopernikus, Galilei, Newton, Einstein, Born, Planck,* so wird in diesem Denksystem der umgekehrte Weg beschritten: Am Anfang steht die Voraussetzung der Evolution, und darum sind alle Phänomene der Natur nur noch durch diese Brille zu interpretieren. *Wuketits* schreibt in der Einleitung seines Buches [W8, 11 - 12]:

»Wir setzen die prinzipielle Richtigkeit der biologischen Evolutionstheorie voraus, ja wir setzen voraus, daß die Evolutionslehre universelle Gültigkeit besitzt, daß sie im vororganischen Bereich genauso zur Geltung kommt wie im organischen, und daß sie darüber hinaus auf die Sphären des Psychischen, des Sozialen und des Kulturellen ausgedehnt werden kann. Akzeptieren wir den evolutionistischen Standpunkt auch für den Bereich des menschlichen Denkens und Erkennens, dann kommt der Evolutionsgedanke freilich auch bei der Analyse jener Phänomene zum Tragen, die üblicherweise unter die Erkenntnistheorie subsumiert werden, und gewinnt auch bei der Beurteilung des Fortgangs wissenschaftlicher Erkenntnisgewinnung an Bedeutung. Wir gelangen so zu einer evolutionären Erkenntnistheorie, zu einer Theorie der menschlichen Erkenntnis, die sich auf das evolutive Zustandekommen derselben bezieht.«

Wenn sich solche Sätze als Konsequenz eines reichhaltigen Faktenmaterials ergäben, könnte man der Schlußfolgerung zustimmen. Hier aber wird der umgekehrte Prozeß beschritten: Die allumfassende Käseglocke der Evolution wird über alle

Phänomene der Natur gestülpt. Naturwissenschaftler, die sich einen derartigen Denkzwang auferlegen lassen und ihm unkritisch folgen, erniedrigen sich zu Kostgängern einer materialistischen Philosophie. Die Wissenschaft aber sollte einzig der Wahrheit verpflichtet sein und nicht den Irrtum schon von vornherein programmieren. So verbietet die evolutionäre Erkenntnistheorie von ihrem Ansatz her einen planenden Geist als Zweckursache in den natürlichen Systemen und versucht, alle Wissenschaften in das Denkkorsett *»Selbstorganisation der Materie«* zu pressen. Mit geradezu ideologischem Eifer vertritt *Wuketits* die evolutionäre Erkenntnistheorie und bezichtigt »jeden, der heute mit dem Anspruch eines Naturwissenschaftlers auftritt und von planenden Geistern« oder einem »Designer« in der Natur spricht, des Fabulierens. Er möchte das Denken in »Finalität« und in »End- und Zweckursachen« aus der Naturwissenschaft und aus dem Bereich ernst zu nehmender Gedankensysteme verbannen. Ein wesentlicher Teil der Vertreter jener Wissenschaften, die sich insbesondere mit kosmologischen und Herkunftsfragen befassen, hat sich der evolutionären Erkenntnistheorie angeschlossen, so daß der bekannte amerikanische Bio-Informatiker *Hubert P. Jockey* [J1] beklagt: »Die Literatur auf diesem Gebiet ist vollkommen gleichgeschaltet.« Weiter schreibt er in »*J. theor. Biol.* 91 (1981) 13«:

> »Da die Wissenschaft nicht die blasseste Ahnung hat, wie das Leben auf der Erde entstand, . . . wäre es ehrlich, dies den Wissenschaftlern, den Geldgebern und der Öffentlichkeit gegenüber zuzugeben. Führende Wissenschaftler, die ex cathedra sprechen, sollten aufhören, den Verstand von Studenten und jüngeren produktiven Wissenschaftlern mit Behauptungen zu polarisieren, die einzig auf Glauben beruhen.«

Die Evolutionslehre ist keineswegs eine zwingende naturwissenschaftliche Leitidee; sogar der bekannte Wissenschaftstheoretiker *Karl Popper* [H1] charakterisierte sie einmal als »metaphysisches Forschungsprogramm«. Das ist insofern eine ebenso bemerkenswerte wie ehrliche Äußerung, als er sich selbst für das evolutionäre Denken entschieden hat.

Wir wollen auf einige Gedankenmodelle eingehen, die eine Entstehung von Information in der Materie suggerieren:

Kumulative Selektion (lat. *cumulare* = anhäufen, ansammeln): Der englische Neodarwinist *Richard Dawkins* läßt das historische Beispiel mit den tippenden Affen (siehe Kap. A1.5) wieder aufleben und ersetzt sie durch »Computer-Affen«. Wie in *Bild 21* dargestellt, beginnt er auf seinem Computer mit der Auswahl einer willkürlichen Sequenz von 28 Buchstaben [D2, 66-67] und möchte einen schon zu Beginn vorgegebenen Satz aus dem Werk *Shakespeares,* nämlich »Methings it is like a weasel« (Mich dünkt, sie sieht aus wie ein Wiesel) durch Mutation und Selektion erzeugen. Die beliebige Ausgangsfolge mit der exakten Länge des Zielsatzes wird wiederholt kopiert, wobei er einen gewissen Spielraum für zufällige Kopierfehler (Mutationen) zuläßt. Das Programm prüft alle durch Mutation entstandenen Sätze, die als »Nachkommen« des Anfangssatzes gelten, und geht im folgenden von demjenigen Satz aus, der dem Zielsatz am meisten ähnelt. Auf diese Weise entstehen von Generation zu Generation neue Gewinnersätze, bis nach der 43. Generation der Zielsatz erreicht ist.

Bezüglich der neuen Welle von Jesus-Büchern, die mit ständig neuen und gegenüber dem Neuen Testament verfremdeten und verfälschten Ideen aufwarten, bemerkte der Heidelberger Theologie-Professor *Klaus Berger* (1994): »Kaufen und lesen Sie bitte ein solches Buch, um zu erfahren, für wie dumm man sie hält.« *Dawkins* verbreitet mit ähnlichem Eifer seine leicht durchschaubaren Irrtümer zur Informationsentstehung. Aus diesem Grunde habe ich seinen Ansatz, wie er sich Informationsentstehung vorstellt, einmal ausführlich wiedergegeben. Der Leser möge ebenfalls prüfen, was ihm zugemutet wird.

Dawkins stimmt den Leser am Buchanfang [D2, 13] auf die Zwecklosigkeit der lebenden Strukturen ein: »Biologie ist das Studium komplizierter Dinge, die so aussehen, als seien sie zu einem Zweck entworfen worden.« Im weiteren Verlauf legt er

Beispiel von R. Dawkins: Anfangssequenz: WDLMNLT DTJBKWIRZREZLMQCO P Vorgegebener Zielsatz: METHINKS IT IS LIKE A WEASEL	Beispiel von B.–O. Küppers: Anfangssequenz: ELWWSJILAKLAFTYJ:/ELWWSJILAKLAFTYJ:/ Vorgegebenes Zielwort: EVOLUTIONSTHEORIE/ (zweimal)
Versuch 1: 01. Gen. WDLMNLT DTJBKWIRZREZLMQCO P 02. Gen. WDLTMNLT DTJBSWIRZREZLMQLO P 10. Gen. MDLDMNLS ITJISWHRZREZ MECS P 20. Gen. MELDINLS IT ISWPRKE Z WECSEL 30. Gen. METHINGS IT ISWLIKE B WECSEL 40. Gen. METHINKS IT IS LIKE I WEASEL 43. Gen. METHINKS IT IS LIKE A WEASEL Versuch 2: 01. Gen. Y YVMQKZPFJXWVHGLAWFVCHHQXYOPY 10. Gen. Y YVMQKSPFTXWSHLIKEFV HQYSPY 20. Gen. YETHINKSPITXISHLIKEFA WOYSEY 30. Gen. METHINKS IT ISSLIKE A WEFSEY 40. Gen. METHINKS IT ISBLIKE A WEASES 50. Gen. METHINKS IT ISJLIKE A WEASEO 60. Gen. METHINKS IT IS LIKE A WEASEP 64. Gen. METHINKS IT IS LIKE A WEASEL	1. Gen. ELWWSJILAKLAFTYJ:/ELWWSJILAKLAFTYJ:/ ELYWSJILAK?AFTYJ:/ELWOSBCSEKLAJSYK:/ ELWOSBCKEKLKUTII:/ELWOTBCKYKLIFTYJ:/ ELWOSBDKEKLAJTYI:/ELWOTBCKZKLIJTYJ: 5. Gen. EVQLVDGONS?HEOQUI/EVOKVDGONSLHE.QIC/ ETOLVDGONS?HEOQIE/EVOLVDGONS?LUOQUC/ EVQLVDGONC?HEOQIE/EVOLVDIONKLHEKQIC/ EVOLVDGONSLHEOQIC/EVOLVDGONS?HEOQIE/ EVOLVEDONSLHEOQIC/EVOLVDGONS?HEOQIE 30. Gen. EVOLUTIONSTHEORIE/EVOLUTIONSTHEORIE/ EVOLUTIONSTHEORIE/EVOLUTIONSTHEORIE/ EVOLUTIONSTHEORIE/EVOLVDIONSTHEORIE/ EVOLUTIONSTHEORJE/EVOPUTIONSTHEORIE/ EVOLVTIONSTHEORIE/EVO?UTIONSKXHEORI

Bild 21: *Molekulardarwinistische Vorstellungen zur Informationsentstehung nach R. Dawkins und B.-O. Küppers.*

dann einen Zielsatz fest, auf den sein ganzes Programm abgestimmt ist. Hier muß unweigerlich das fest Programmierte herauskommen. Dieses Spiel kann er mit jeder beliebigen Anfangsfolge durchführen, und immer kommt sein Zielsatz heraus. Er gibt sogar die Zeichenlänge des Zielsatzes für die Anfangssequenz vor. Jedermann erkennt auch sofort, daß er keine Information erzeugt hat; er hat sie von vornherein vorgegeben. Ein Evolutionsspiel ähnlicher Qualität führt *B.-O. Küppers* in [K3] vor, bei dem zweimal das Wort Evolutionstheorie als vorgegebenes Zielwort verwendet wird (siehe rechter Teil von *Bild 21).* Gemäß *Satz 27* kann Information in keinem Zufallsprozeß entstehen.

Genetische Algorithmen: Als eine andere Idee der Informationsentstehung in der Materie werden die sog. »genetic algorithms« angesehen [F5]. Die Wortkombination ist bewußt aus dem Bereich der Biologie und der numerischen Mathematik gewählt, um zu suggerieren, es würden evolutive Vorgänge mathematisch beschrieben. In Wirklichkeit handelt es sich um ein rein numerisches Verfahren, mit dessen Hilfe z. B. dynamische Vorgänge optimiert werden können. Mit dieser Methode ist es auch möglich, das Maximum einer analytischen Funktion numerisch zu finden (z. B. $f(x,y) = yx - x^4$) oder die optimale Reiseroute eines Handlungsreisenden näherungsweise zu ermitteln. So kann man auch mit dieser Methode die Wirkungsweise von Mutation und Selektion auf Computern simulieren. Bei vorgegebenen Bitmustern (= Folge von Nullen und Einsen) wird jede Position als ein Gen angesehen. Die Muster werden verändert (mutiert), wobei verschiedene genetische Operatoren (z. B. Crossover) erlaubt sind. Eine »Fitness function« trifft jene Bewertung, die für den unterstellten Evolutionsprozeß angenommen wird. Es sei hier darauf verwiesen, daß es sich bei den G. A. lediglich um eine numerische Rechenmethode handelt, aber nicht um einen Algorithmus, der die Wirklichkeit in den Zellen beschreibt. Eine numerische Methode ist kein Verfahren, um die Entstehung von Information zu beschreiben.

Evolutive Modelle zur Entstehung des genetischen Codes: In zahlreichen Publikationen werden Vorschläge gemacht, wie der genetische Code entstanden sein könnte [z. B. O2, E2, K1]. Niemand ist jedoch bisher über Gedankenmodelle hinausgekommen. Noch nie konnte in einem Experiment gezeigt werden, wie allein in der Materie ein Code entsteht. Gemäß *Satz 11* wird dies auch nie möglich sein.

6.5 Naturwissenschaftler gegen Evolution

Es gilt erfreulicherweise festzuhalten, daß die Zahl der Wissenschaftler zunimmt, die sich dem Denkdilemma der Evolution bewußt entziehen. Unter ihnen befinden sich international bekannte Experten ihres Fachgebietes. Einige Vertreter sollen hier beispielhaft zu Wort kommen. Der englische Astrophysiker Sir *Fred Hoyle,* einer der bekanntesten Kosmologen der Gegenwart, wendet sich in New Scientist [H4] unter der Überschrift *»The Big Bang in Astronomy«* gegen eingefahrene Vorstellungen:

> »Die interessanten Umwandlungen der Quarkteilchen sind im Urknallmodell fast augenblicklich vorüber und dahin, dann kommt ein wenig recht simple Kernphysik und dann? Eine öd-langweilige Ausdehnung, die sich adiabatisch abnutzt, bis sie unfähig ist, überhaupt etwas zustande zu bringen. Die Vorstellung, daß sich Galaxien bilden, in denen sich dann eine aktive astronomische Geschichte abspielt, ist eine Illusion. Nichts bildet sich; das Ganze ist tot wie ein Türnagel ... Der springende Punkt ist, daß, selbst wenn die Fluchtgeschwindigkeiten in einer freien Explosion erhalten bleiben, dies für innere Bewegungen nicht gilt. Diese sterben adiabatisch aus, und das expandierende System wird träge. Genau deswegen führen die Urknall-Kosmologien zu einem Universum, das praktisch von Anfang an tot und erledigt ist.«

Diese Aussagen stimmen mit den Ergebnissen des Heidelberger Kernphysikers *H. Schneider* überein, der die Urknalltheorie aus physikalischer Sicht kritisch beurteilt hat. Sein Fazit lautet [S5]: »Beim Evolutionsmodell müssen die Naturgesetze sowohl die Entstehung aller Dinge im Makro- und im Mikrokosmos als auch ihr Funktionieren beschreiben. Damit sind die Naturgesetze überfordert.« Zu den vielzitierten Ursuppen, aus denen sich nach evolutiver Denkweise Leben entwickelt haben soll, bemerkt *Fred Hoyle:*

> »Ich weiß nicht, wie lange es noch dauert, bis die Astronomen allgemein erkennen, daß der kombinatorische Aufbau nicht einmal eines der Tausende von Biomolekülen, auf die das Leben angewiesen ist, durch natürliche Prozesse hier auf Erden hätte zustandekommen können. Die Astronomen werden ein wenig Mühe haben, dies zu verstehen, weil die Biologen ihnen versichern werden, daß dem nicht so sei, nachdem den Biologen wiederum andere versichert haben, daß dem nicht so sei. Diese ›Anderen‹ sind eine Gruppe von Personen, die ganz öffentlich an mathematische Wunder glauben. Sie vertreten den Glauben, es gebe versteckt in der Natur – außerhalb der normalen Physik – ein Gesetz, welches Wunder vollbringt.«

Prof. Dr. *Heribert Nilsson,* Botaniker an der Universität Lund (Schweden), markiert in seinem Buch *»Synthetische Artbildung«* die Evolutionslehre als einen Hinderungsgrund für das Aufkommen einer exakten Biologie:

> »Das Endergebnis meiner gesamten Untersuchungen und Überlegungen, nämlich, daß der Evolutionsgedanke, auf die experimentellen Ergebnisse der Artbildungsforschung und ihrer Grenzwissenschaften geprüft, immer wieder zu unglaublichen Widersprüchen und verworrenen Konsequenzen führt, weshalb die Evolutionstheorie ganz aufgegeben werden muß, wird wohl viele empören. Und noch mehr: Meine weitere Schluß-

> folgerung ist, daß die Evolutionstheorie keineswegs nur eine ungefährliche naturphilosophische Gedankenverbindung darstellt, sondern daß diese Theorie ein schweres Hindernis für die biologische Forschung ist. Sie verhindert nämlich – wie Beispiele immer wieder zeigen – konsequente Schlußfolgerungen aus sogar einem Experimentalmaterial. Denn alles muß letzten Endes nach dieser spekulativen Theorie gebogen werden. Eine exakte Biologie kann deshalb nicht aufwachsen.«

Der Karlsruher Makromolekularchemiker Prof. Dr. *Bruno Vollmert* hat nachgewiesen, daß alle als Evolutionsexperimente ausgegebenen Versuche am Kern der Sache vorbeigehen [V1]:

> »Alle bislang veröffentlichten Experimente zur Polykondensation von Nukleotiden oder Aminosäuren sind für das Problem der Evolution auf Molekülebene irrelevant, da sie mit reinen Monomeren und nicht mit ›Ursuppen‹ aus *Miller*-Experimenten durchgeführt wurden. Polykondensationsexperimente aber mit Ursuppen oder den darin gelösten Stoffgemischen sind ebenso überflüssig wie Versuche zur Konstruktion eines Perpetuum mobile.«

Der französische Nobelpreisträger *A. Lwoff* [L2] wies darauf hin, daß jeder Organismus nur aufgrund des komplexen Informationsnetzes funktioniert:

> »Ein Organismus ist ein System von Strukturen und Funktionen, die voneinander abhängen. Er besteht aus Zellen, und die Zellen sind aus Molekülen gebildet, die reibungslos zusammenarbeiten müssen. Jedes Molekül muß wissen, was das andere tut. Es muß Botschaften empfangen und ihnen gehorchen können.«

Fragt man nach der Herkunft dieser Information, so können wir heute nach einem Forschungsaufwand zu dieser Thematik, der sich nur noch in Tausenden von Mannjahren beziffern läßt, feststellen:

Satz 28: Es ist kein Naturgesetz, kein Prozeß und kein Ablauf in der materiellen Welt bekannt, nach dem in der Materie Information von selbst entsteht.

Dies ist auch das Ergebnis der siebenten *»Internationalen Konferenz über Ursprünge des Lebens«* in Verbindung mit dem vierten Kongreß der »International Society for the Study of the Origin of Life (ISSOL)« in Mainz. Auf solchen Veranstaltungen tauschen Evolutionswissenschaftler aus aller Welt ihre neuesten Erkenntnisse aus. In einem Tagungsbericht über den Mainzer Kongreß schreibt *K. Dose* [D2]: »Ein weiteres Rätsel bleibt die Frage nach dem Ursprung der biologischen Information, also der Information in unseren heutigen Genen.« Noch nicht einmal die materiellen Bausteine zur Speicherung von Information können sich von selbst bilden: »Die spontane Bildung von einfachen Nukleotiden oder gar von replikationsfähigen Polynukleotiden auf der präbiotischen Erde muß heute aufgrund zahlreicher, aber erfolgloser Experimente als unwahrscheinlich angesehen werden.«

In seinem historischen Vortrag über die Ablehnung der Doktrin der spontanen Entstehung lebender Zellen hatte *Louis Pasteur* 1864 an der Pariser Sorbonne-Universität vorausgesagt, daß sich diese Doktrin niemals von dem tödlichen Schlag erholen würde, den sie durch seine Experimente erhalten hatte. Hierauf bezugnehmend trifft *Klaus Dose* eine ebenso wichtige Feststellung: »Analog mag die Mainzer Tagung historische Bedeutung erhalten, weil hier erstmals von mehreren Wissenschaftlern widerspruchslos festgestellt wurde, daß alle Thesen zur Evolution lebender Systeme aus spontan entstandenen Polynukleotiden ohne experimentelle Grundlage sind.«

7 Die drei Erscheinungsformen von Information

Information begegnet uns auf Schritt und Tritt und äußert sich in umfassender Bandbreite:

- Von der Mitteilung durch eine Urwaldtrommel bis zum Telefonat über einen Fernmeldesatelliten.
- Von der prozeßrechnergesteuerten Synthese eines Kunststoffs bis zur addaptiven Regelung in einem Walzwerk.
- Literatur vom Telefonbuch bis zur Bibel.
- Von der technischen Zeichnung für einen Benzinmotor bis zum Schaltungsplan eines hochintegrierten Computerchips.
- Vom Hormonsystem eines Organismus bis zur instinktgesteuerten Information bei den Zugvögeln.
- Vom Genom einer Bakterienzelle bis zur genetischen Erbinformation des Menschen.

Neben den im 4. Kapitel genannten fünf Informationsebenen Statistik, Syntax, Semantik, Pragmatik und Apobetik, die für jede Information obligatorisch sind, ist es vorteilhaft, vom Zweck her eine dreifache Aufteilung vorzunehmen:

1. Herstellungsinformation: Hierzu wollen wir alle Information rechnen, die dem Zweck dient, etwas herzustellen. Bevor ein Erzeugnis geschaffen wird, setzt der Sender seine Intelligenz, seinen Ideenreichtum, sein Know-how, seine Erfindergabe ein und codiert seine Konzeption in geeigneter Weise. Dieser codierte Bauplan begegnet uns auf mannigfache Weise z. B. als technische Zeichnung zum Bau einer Maschine, als Rezept für einen Kuchen, als chemisches Verfahren zur Synthese von Polyvinylchlorid, als Verdrahtungsplan für eine elektrische Schaltung oder als genetische Information zum Bau einer lebenden Zelle. Die Gütekriterien der gesuchten Lösung finden ihren Niederschlag sowohl im gedanklichen

Konzept (semantischer Aspekt der Information) als auch in der Raffinesse der Ausführung (Pragmatik) und lassen sich gemäß *Bild 22* je nach vorliegendem Fall durch die folgenden Stichworte kennzeichnen und bewerten: zugrundeliegendes Funktionskonzept, Grad der Erfindungshöhe, ausgeklügelte Lösungsmethode, erreichte Optimalität, eingesetzte Strategie, kurze Herstellungszeit, verwendete Technologie, geschickte Programmierung und erreichter Grad der Miniaturisierung (z. B. Bauweise mit geringem Materialeinsatz und sparsamem Energieverbrauch). Die Qualität des sichtbaren Ergebnisses (Apobetik) kann z. B. beurteilt werden nach dem erreichten Ziel, der Zweckmäßigkeit im Einsatz, der genialen Funktionsweise und der garantierten Funktionssicherheit (z. B. geringe Störempfindlichkeit).

2. Betriebsinformation: In diese Kategorie der Information wollen wir all jene Konzepte einordnen, die den Zweck haben, einen »Betrieb« in allgemeinster Form aufrechtzuerhalten. Ohne Betriebsinformation würden zahlreiche Systeme überhaupt nicht funktionieren; diese Programme sind eine unabdingbare Voraussetzung für den konzeptionell festgelegten Ablauf. So funktioniert eine Drehorgel ohne das Programm der Drehwalze nicht, wie auch der menschliche Körper nicht lebensfähig wäre ohne das ihm beigegebene Informationskonzept mit allen Interaktionen über das Nervensystem zwischen Gehirn und allen Organen des Körpers. Die unbewußten Informationsflüsse im menschlichen Körper betragen täglich etwa $3 \cdot 10^{24}$ bit. Setzt man diese Informationsmenge in Vergleich zum Gesamtwissen der Menschheit, wie es in allen Bibliotheken der Welt gespeichert vorliegt – 10^{18} bit –, dann kommt man zu einer bemerkenswerten Feststellung: In unserem Körper wird pro Tag eine millionenfach größere Informationsmenge umgesetzt als das in den Büchern der Welt gespeicherte Wissen repräsentiert.

Weitere Beispiele aus Technik und Natur für Betriebsinformation sind:

– das als »Betriebssystem« bezeichnete Programm eines Computers,
– die Programme eines Roboters oder eines Prozeßrechners,
– Warnsysteme für Flugzeuge und Schiffe,
– Pheromonsprache der Insekten,
– der Schwänzeltanz der Bienen (siehe *Bild 39* im Anhang A2),
– das Hormonsystem des Körpers,
– Betriebsinformation im Tierreich, die wir in Unkenntnis ihrer Codierung und Übertragung mit dem Begriff »Instinkt« belegen (z. B. das im Anhang A3.4.4.2 beschriebene Navigationssystem der Zugvögel).

3. Kommunikationsinformation: Alle anderen auftretenden Informationen wollen wir unter Kommunikationsinformation zusammenfassen. Hierzu gehören z. B. Briefe, Bücher, Telefonate, Rundfunksendungen, der Gesang eines Vogels, die Botschaft der Bibel. Der Apobetikaspekt der Information ist hier weder die Herstellung eines Erzeugnisses noch die Aufrechterhaltung eines Vorgangs, sondern hier sind die Ziele: Berichterstattung, Auslösung von Freude, Unterhaltung, Wissenserweiterung, persönliche Mitteilung.

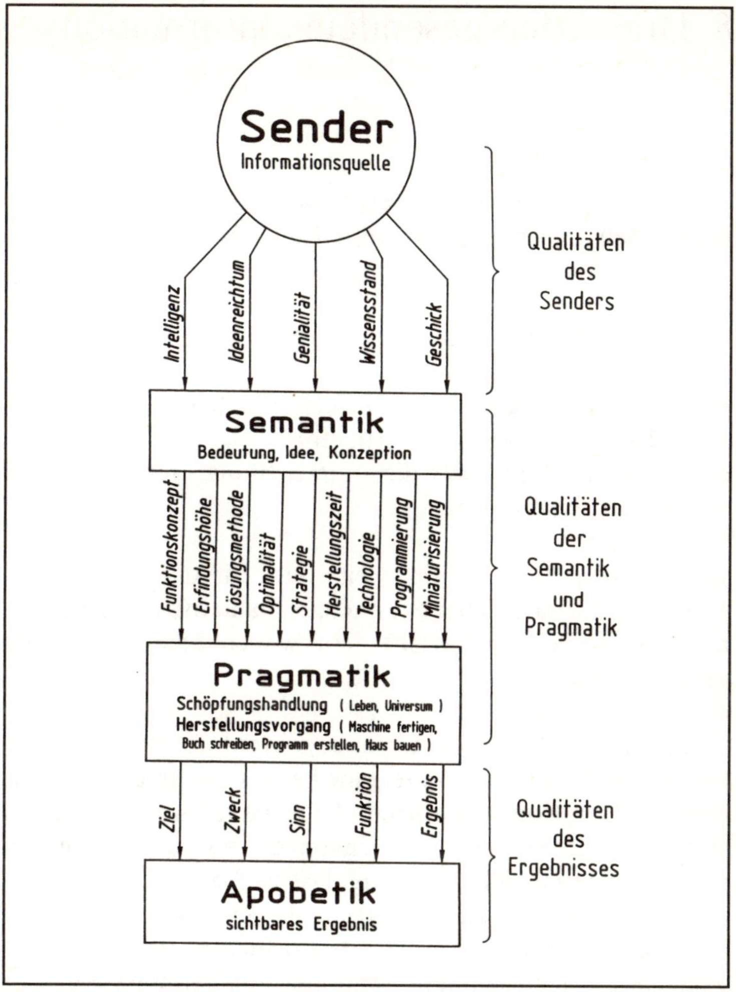

Bild 22: *Qualitätsmerkmale des Senders sowie seiner Information auf den Ebenen Semantik, Pragmatik und Apobetik.*

Die Graphik charakterisiert in erster Linie Qualitätsmerkmale der Herstellungsinformation und erfaßt damit sowohl das göttliche Handeln in der Schöpfung als auch ingenieurmäßige Konzepte des Menschen. Die enge Kopplung der Qualitäten der Informationsaspekte mit den Fähigkeiten des Senders ist offensichtlich. Für die beiden anderen Informationsarten Betriebs- und Kommunikationsinformation sind vergleichbare Qualitätsmerkmale zu formulieren.

8 Drei Arten gesendeter Information

Bei der Erarbeitung des Wesens der Information haben wir inzwischen verschiedene Kriterien der Unterscheidung kennengelernt:

a) Unterscheidung nach Aspekten: Statistik, Syntax, Semantik, Pragmatik, Apobetik.
b) Unterscheidung nach dem Zweck: Herstellungs-, Betriebs- und Kommunikationsinformation.
c) Unterscheidung nach der Wirkrichtung: gesendete und empfangene Information.

Wir haben nun noch eine weitere Klassifikation vorzunehmen, die sich auf den Sender und die qualitative Art der Informationsverarbeitung bezieht. Wir wollen hier drei Stufen unterscheiden:

1. Kopierte Information: Unter kopierter Information verstehen wir die identische Weitergabe bereits existierender Information. Beim Kopieren entsteht keine neue Information, und somit handelt es sich hierbei nicht um einen geistigen, sondern um einen maschinellen Vorgang. Das zum Kopieren erforderliche Gerät bzw. das zugrundeliegende Verfahren ist sehr wohl durch geistige Initiative entstanden, ebenso ist der Kopiervorgang eine absichtsbedingte Handlung. Als Beispiele kopierter Information nennen wir: Duplikation eines Programmes in einem EDV-System (Magnetband, Magnetplatte, Arbeitsspeicher), Replikation von DNS-Molekülen in der lebenden Zelle, zweite Auflage eines Buches ohne Änderungen und Erweiterungen, Anfertigen einer Fotokopie, Nennung eines Zitates, Vorlesen eines Briefes. Jede kopierte Information ist aber irgendwann einmal auf kreativem Wege entstanden.

2. Reproduzierte Information: Bei Künstlern unterscheidet man deutlich zwischen den gedanklichen Urhebern (Komponisten, Dichter, Schriftsteller) und jenen, die die Werke reproduzieren. Ein Schauspieler hat sich weder die darzustellende Handlung noch den zu sprechenden Text ausgedacht; dennoch bringt er seine eigenen Gaben ein, um das Vorgegebene durch Intonation, Mimik und Darstellungsart individuell zu reproduzieren. Ebenso wirken bei der Wiedergabe einer Sinfonie oder Bachkantate die Künstler reproduzierend, d. h., sie verändern nicht das Werk des Komponisten, und dennoch bringen sie eindeutig ihre eigene künstlerische Note mit ein. In Analogie dazu definieren wir reproduzierte Information als eine semantisch vorgegebene, die aber durch den aktuellen Sender bearbeitet und verarbeitet wird, ohne das Grundsätzliche der auf kreativem Wege geschaffenen Information zu verändern. In diese Kategorie können wir alle Tiersprachen einordnen, denn auch hier sind alle Bedeutungszuordnungen fest vorgegeben. Die jeweiligen aktuellen Anwendungen geschehen nicht kreativ, sondern werden reproduzierend angewandt. Auch die Software aller Computer arbeitet nach diesem Prinzip. Alle kreativen Ideen (Algorithmus bzw. Lösungsverfahren, Datenstrukturen) müssen zuvor vom Programmierer erdacht und in Programmform niedergeschrieben werden. Die Anwendung mit individuellen Parametern kann dann einer Maschine (Computer) übergeben werden, die im aktuellen Fall nichts anderes tut, als die ursprünglich vorgegebene Information in gewünschter Weise zu reproduzieren. Ebenso sind die von KI-Programmen erbrachten Leistungen (siehe Anhang A2.3) – auch wenn sie uns noch so komplex und »intelligent« erscheinen mögen – letztlich nur reproduzierte, keineswegs aber kreative Information. Zur Entstehung reproduzierter Information bedarf es keines eigenen geistigen Prozesses, und darum kann diese Arbeit auch einer Maschine übertragen werden.

3. Kreative Information: Wir kommen nun zur höchsten Stufe gesendeter Information, der kreativen Information. Es handelt sich hierbei um Information, die weder kopiert noch reproduziert ist, sondern die eine Neuigkeit repräsentiert.

Diese Informationsart bedarf immer eines geistigen Urhebers mit personhaftem Willen. Hier haben wir es generell mit einem geistigen Prozeß zu tun, der immateriell ist und darum nicht einer Maschine übertragen werden kann. Die Herkunft aller kreativen Information ist immer an eine Person mit kognitiven Fähigkeiten gebunden. Kreative Information repräsentiert eine Neuigkeit. So wollen wir folgenden Satz besonders herausstellen:

Satz 29: Jegliche kreative Information stellt eine geistige Leistung dar und ist an einen personhaften (d. h. mit freiem Willen ausgestatteten) Ideengeber (d. h. ausgerüstet mit Intelligenz, Denkvermögen) gebunden.

Satz 29 können wir auch anders ausdrücken:

Satz 30: Neue Information entsteht nur in einem kreativen Denkprozeß.

Beispiele für kreative Information sind: Entwurf eines Codesystems, Entwurf eines Sprachsystems, uneingeschränkter Umgang mit natürlichen Sprachen, Schaffung einer Programmiersprache, Verfassen eines Buches, Erstellen einer wissenschaftlichen Originalarbeit, Programmanweisungen in den DNS-Molekülen, Erstellen des Bauplanes für Lebewesen.

Folgerungen: Die obigen Ausführungen machen deutlich, wo der Denkfehler der Evolutionsanschauungen liegt. Wer immer ein Modell zur Erklärung der Herkunft des Lebens entwirft und nicht beantworten kann, woher die kreative Information stammt, die für alle Lebewesen kennzeichnend ist, ist die entscheidende Antwort schuldig geblieben. Wer nur in der Materie nach den Ursachen für die Entstehung der Information sucht, ignoriert nicht nur grundlegende Naturgesetze über Information; er mißachtet sie. **Die Geschichte der Naturwissenschaft zeigt, daß man Naturgesetze nur eine begrenzte Zeit ignorieren kann.**

Sucht man nach einer allgemeingültigen Darstellung, welche Kombinationsmöglichkeiten es zwischen Sender und Empfänger gibt [G4], so gelangen wir zu *Bild 23.* Als Sender wie auch Empfänger kommen nur intelligente Wesen (Gott, Mensch) oder durch Intelligenz geschaffene Systeme (Mensch, sonstige Lebewesen, Maschinen wie Computer oder Nachrichtensysteme, Speichermedien) in Frage, so daß gemäß *Bild 23* vier Übertragungspfade möglich sind. Sender kreativer Information können nach *Satz 29* nur personhafte Wesen sein, während als Sender kopierter oder reproduzierter Information auch Maschinen möglich sind.

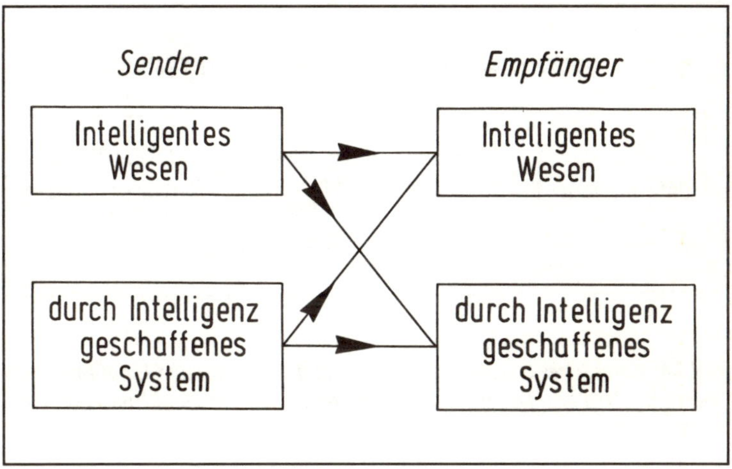

Bild 23: *Die vier möglichen Kombinationen von Sender und Empfänger.*

Es gibt aber auch solche Fälle, bei denen Sender und Empfänger Teile eines kompletten Übertragungssystems sind *(Bild 24).*

Beispiel: Das Übertragungssystem für die gesetzliche Zeit in Deutschland. Die von der Atomuhr der Physikalisch-Technischen Bundesanstalt in Braunschweig bereitgestellte Atomzeit wird mit Hilfe eines eigens für diesen Fall konstruierten Codes (vgl. *Sätze 6 bis 11*) über den Sender DCF77 in Mainflingen bei Offenbach ausgestrahlt. Mit Hilfe geeigneter Empfangsgeräte (im Handel erhältlich) wird die übertragene Information in Uhrzeit und Datum decodiert. Sender und Empfänger sind beide »durch Intelligenz geschaffene Systeme« (unterer Pfad in *Bild 23*). Dieses System kann aber auch gemäß *Bild 24* gedeutet werden: Alle Teile sind durch Intelligenz geschaffen.

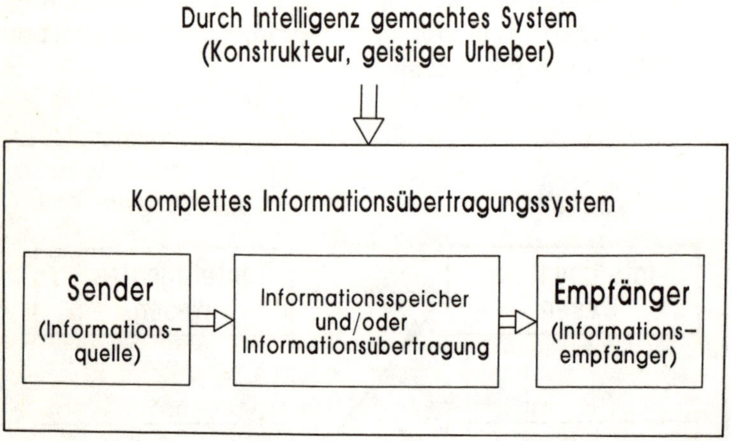

Bild 24: *Komplettes Übertragungssystem, in dem Sender und Empfänger integriert sind. Hier gilt: Das gesamte System beruht auf Idee und Konzeption und verlangt immer einen geistigen Urheber.*

9 Qualität und Nutzbarkeit von Information

Die *Shannonsche* Informationstheorie kann man als eine Weiterführung der Wahrscheinlichkeitstheorie auffassen. Das Bit als Informationseinheit ist ein Mengenmaß für Information. Ein Buch mit 200 Seiten enthält danach doppelt so viel Information wie ein anderes mit 100 Seiten, wenn auf den Seiten gleich viele Buchstaben stehen. Die Bedeutung bleibt bei diesem Maß völlig außer acht. Die derzeitige Situation hat *W. Feitscher* einmal treffend beschrieben: »Bei der semantischen Information befinden wir uns in der Lage eines Chemikers, der zwar Stoffe zu wägen, aber nicht zu analysieren vermag.« In diesem Sinne ist das Wägeproblem von Information durch *Shannon* völlig gelöst, während die Analysefrage noch weitgehend offen vor uns liegt. Um über die *Shannonsche* Informationstheorie hinauszukommen, müssen allgemeingültige semantische Informationsmaße definiert werden. Im folgenden wollen wir einige Aspekte nennen, um für dieses schwierige Problem wenigstens Lösungsansätze zu gewinnen. Ein semantisches Informationsmaß wäre naturgemäß kein Mengenmaß, sondern ein Qualitätsmaß. So könnte es sein, daß ein mehrbändiges Werk eine geringere semantische Bewertung erhält als eine dünne Broschüre. Bei der qualitativen Bewertung von Information begegnen uns einige Parameter, die sehr stark von der subjektiven Beurteilung abhängen. Das erschwert das Problem nicht unerheblich. In *Bild 25* ist ein Achsensystem gezeichnet, bei dem der semantische Informationswert über der Nutzbarkeit aufgetragen ist. Fünf Stufen der Bewertung sind dort auf der Ordinate unterschieden:

1. Äußerst wichtige Information: Dies ist die hochwertigste Information, da sie einen sehr hohen Apobetikgrad besitzt (z. B. unbedingt lebensnotwendige Information).

2. Wichtige Information: Bedeutende Information zur Erreichung von Zielsetzungen (z. B. Kenntnis von Fahrplänen, Telefonnummern, Anschriften, Fachkenntnisse).

3. Nützliche Information: Information von mehr allgemeinem Vorteil im Sinne von unterhaltend, lehrreich, erbaulich, erfreulich (z. B. Tagesgeschehen, Wetterbericht, allgemeine Wissenserweiterung, Neuigkeiten).

4. Belanglose Information: Information von untergeordneter bis ohne Bedeutung (z. B. bereits bekannte oder nutzlose Information, Allgemeinplätze, Banalitäten, Schwafelei).

5. Schädliche Information: Information mit negativen Folgen, d. h., sie führt zu falschen Ergebnissen, Irrwegen, Defekten (z. B. bewußte oder irrtümliche Falschmeldung, Verleumdung, Verfluchung, Hetze, Lügenpropaganda, Scharlatanerie, Afterreden, böse Worte, sektiererische Lehren, unbiblische Theologie, pornographische, ideologische und astrologische Schriften, Schundliteratur).

Wertvolle Information (1. bis 3.) erhält danach ein positives und die wertlose (4. und 5.) ein negatives Vorzeichen. Damit führen wir erstmals Information als vorzeichenbehaftete Größe ein. Auf der Abszisse ist zwischen nutzbarer (positiv) und nichtnutzbarer Information unterschieden (negativ). Zur Bewertung stehen somit 4 Quadranten zur Verfügung, die wir wie folgt kennzeichnen können:

1. Quadrant: Dies ist der wichtigste Bereich, denn hier ist alle Information einzuordnen, die zugleich nutzbar und wertvoll ist. Nutzbar bedeutet, daß diese Information vorhanden ist; sie ist zugänglich, und es besteht die prinzipielle Möglichkeit der Auswertung. Während die Nutzbarkeit ein objektives Kennzeichen ist, ist der Begriff wertvoll immer subjektiv bezüglich einer Person, eines Vorgangs, eines Vorhabens oder einer Zielsetzung zu sehen.

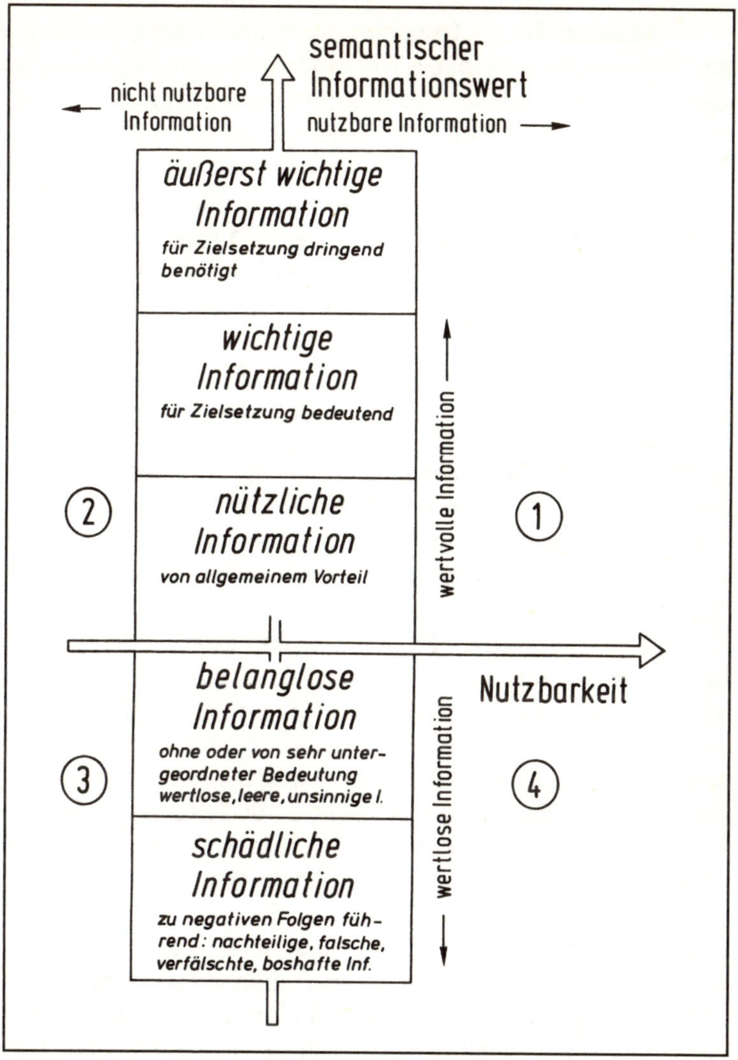

Bild 25: *Koordinatensystem zur Darstellung der Bewertungsstufen von semantischer Information unter dem Aspekt der Nutzbarkeit.*

Da die Achsen keine Bezifferung enthalten, geht es hier vorwiegend um eine qualitative Bewertung der semantischen Information. Wertvolle Information erhält ein positives und wertlose Information ein negatives Vorzeichen. Ebenso sind nutzbare und nicht nutzbare Information vorzeichenmäßig zu unterscheiden.

2. Quadrant: Dieser Quadrant bezeichnet zwar ebenso wie der 1. Quadrant »wertvolle Information«, aber sie ist im Gegensatz dazu nicht nutzbar. Die Nichtnutzbarkeit für diese Information kann verschiedene Gründe haben:

- Sie ist noch gar nicht vorhanden (z. B. Heilmittel für Krebs; noch nicht geschriebenes Buch über ein wichtiges Thema).
- Sie ist in der riesigen Informationsflut nicht auffindbar.
- Sie ist zwar bei einem Autor bekannt, aber noch nicht gesendet (nicht publiziert).
- Sie ist nicht mehr aktuell.

3. und 4. Quadrant: Dies ist der Bereich der wertlosen Information. Auf der Stufe der belanglosen Information ist es solche ohne oder von sehr untergeordneter Bedeutung, d. h. wertlose, leere oder gar unsinnige Information. In der verstärkten Form der schädlichen Information führt diese nachteilige, falsche (unbewußt), verfälschte (bewußt) oder boshafte Information bereits zu negativen Folgen. Der 4. Quadrant zeigt an, daß diese Information existiert, während der 3. Quadrant auf noch nicht vorhandene oder nicht zugreifbare Information dieser Art hinweist (z. B. nicht existierende Schundliteratur). Nach einer Statistik hat in Amerika ein Kind, bis es die Schule verläßt, 11 000 Schulstunden besucht, 22 000 Stunden vor dem Fernseher gesessen, 350 000 Werbespots gehört und 20 000 Morde gesehen. Das muß schädigende Spuren hinterlassen. Im menschlichen Bereich kommt es darauf an, sich dem gefährlichen 4. Quadranten nicht auszusetzen, und im technischen Bereich sind Sicherheitsvorkehrungen zu treffen, damit es nicht zu Schäden kommt (z. B. fehlererkennende Codes in EDV-Systemen; regelungstechnische Konzeptionen bei Verfahrensprozessen, die Instabilitäten vermeiden).

10 Einige Größen zur quantitativen Bewertung von Semantik

In den vorangegangenen Betrachtungen haben wir die wesentlichen Gesichtspunkte auf der semantischen Informationsebene herausgearbeitet, so daß wir nun an ihre quantitative Bewertung gehen können. Für den semantischen Informationswert *S*, der die Qualität von Information zahlenmäßig (quantitativ) erfassen soll, können wir sechs Einflußgrößen heranziehen, die wir mit den Stichworten semantische Qualität *q*, Relevanz *r*, Aktualität *a*, Zugriff *z*, Existenz *e* und Verständlichkeit *v* belegen. Diese Begriffe machen bereits deutlich, daß es hier vorwiegend um den Empfänger geht, der damit auch seine eigene Subjektivität mit einbringt. Sämtliche Einflußgrößen werden in normierter Form verwendet, d. h., sie liegen im Wertbereich zwischen Null und Eins. Während *r, a, z, e* und *v* stets positiv sind, kann *q* wegen der Überlegungen im vorigen Kapitel auch negative Werte annehmen. Diese sechs Variablen wollen wir im folgenden kurz erörtern:

1. Semantische Qualität *q* (subjektiver Begriff, empfängerorientiert): Das Qualitätsmaß *q* dient dazu, die Bedeutungsschwere einer Information zu erfassen. Je nach Zweck und Informationsart werden unterschiedliche Qualitäten berücksichtigt. In *Bild 22* sind insbesondere für Herstellungsinformation einige Merkmale aufgeführt. Für ein Computerprogramm sind z. B. folgende der Semantik und teilweise der Pragmatik zuzuordnende Kriterien ausschlaggebend:

- Effektivität des verwendeten Algorithmus (z. B. einfache Lösungsmethode, schnell konvergierendes Verfahren, keine Neigung zur Instabilität).
- Geringer Rechenzeitbedarf (dies ist ein entscheidender Kostenfaktor, wenn Rechenzeit zu bezahlen ist).
- Portabilität, d. h. das Programm kann leicht auf andere Rechenanlagen umgestellt werden.

– Zuverlässigkeit, d. h. das Programm ist ausgetestet und ausgereift und liefert mit hoher Sicherheit die gewünschten Ergebnisse.
– Verwendete Programmiersprache.

Wie stark die einzelnen Punkte in das Qualitätsmaß q eingehen, hängt sowohl von der objektiven als auch von der subjektiven Beurteilung ab. Für eine sinnlose (leere) Information wird $q = 0$ gesetzt, und die bestmögliche Information wird mit $q = 1$ bewertet.

2. Relevanz *r* (subjektiver Begriff, empfängerorientiert): Dieser Aspekt berücksichtigt insbesondere das individuelle Interesse. Hiermit wird die Bedeutung für die Erreichung eines Ziels erfaßt (z. B. ökonomisches, technisches oder strategisches Ziel, Sammlerwert, Lebensziel). Was für A äußerst wichtig ist ($r = 1$), kann für B total unwichtige Information ($r = 0$) sein. So hat für einen Mitteleuropäer der Wetterbericht von Australien keine Relevanz ($r = 0$). Das kann sich schlagartig ändern, wenn er eine Reise dorthin plant. Für einen Landwirt haben die Agrarnachrichten eine völlig andere Relevanz als die neuesten Forschungsergebnisse der Physik. Relevanz ist immer spezifisch empfängerorientiert. Die über Rundfunk gesendete Sturmflutwarnung hat für Halligbewohner eine erheblich höhere Relevanz als für Festländer. Das Hauptproblem der Relevanz ist ihre richtige Einschätzung. Die Folgen einer falsch eingeschätzten Relevanz können katastrophal sein. Die Zahl der kostspieligen Fehlentscheidungen aufgrund falsch erkannter Relevanz ist in der Geschichte der Menschheit Legion. Sie haben Milliarden und Abermilliarden an Sachwerten und Millionen von Menschenleben gekostet.

3. Aktualität *a* (subjektiver Begriff, empfängerorientiert): Für viele Bereiche ist es erforderlich, daß die relevante Information zum richtigen Zeitpunkt vorliegt. Diese Zeitabhängigkeit, die z. B. den Neuigkeitswert oder die aktuelle Wichtigkeit für ein Vorhaben beschreibt, wollen wir mit dem Begriff »Aktualität« erfassen. »Schnee von gestern«, d. h. früher aktuelle

Information oder solche ohne Neuigkeitsgrad erhält den Wert $a = 0$, und momentan hochaktuelle Information wird mit $a = 1$ bewertet. Wenn jemand im Regen steht und man sagt ihm, daß es regnet, so ist dieses aktuelle Ereignis des Regnens zwar gegeben, aber wegen des zu verneinenden Neuigkeitsgrades gilt auch hier $a = 0$.

4. Zugriff z (subjektiver Begriff, empfängerorientiert): Die wichtigste Information ist wertlos, wenn keine Möglichkeit zum Zugriff besteht. $Z = 0$ bedeutet »kein Zugriff« und $z = 1$ »voller Zugriff« des Empfängers auf die Information des Senders. Mit zunehmender Informationsflut spielt das »Gewußt-Wo« eine bedeutende Rolle. Hilfen zur Zugriffsverbesserung sind Stichwortregister, Lexika, Karteikartensysteme oder Datenbanken. Im Gegensatz zu den EDV-Speichern wären Assoziativspeicher günstig, aber dieses ideale Zugriffsprinzip gibt es nur beim Gehirn. In der Bundesrepublik existieren verschiedene öffentlich zugängliche Rechenzentren mit Online-Informationssystemen.

Über diese Datenbanken werden zu verschiedenen Themenkreisen Literaturrecherchen angeboten wie:

- INKA (Informationszentrum Karlsruhe),
- FIZ Technik, Physik, Werkstoffe (Fachinformationszentrum Frankfurt u. a.),
- GID (Gesellschaft für Information und Dokumentation, Frankfurt),
- BRZN (Bibliotheks-Rechen-Zentrum Niedersachsen, Göttingen),
- INFAS (Institut für Angewandte Sozialwissenschaften, Bonn).

Trotz vorhandener Information kann der Zugriff $z = 0$ sein, wenn

- die Information dem Empfänger nicht vorliegt (Ich verdurste in der Wüste in der Nähe einer Quelle, wenn ich nicht weiß, daß sie dort existiert.),
- die Information in einem Code vorliegt, dessen Vereinba-

rung der Empfänger nicht kennt (z. B. ein deutscher Tourist in China, der nicht chinesisch lesen kann),
- die Information zu verklausuliert oder zu fachbezogen (z. B. Juristentexte für Nichtjuristen, Mathematiktexte für Nicht-Mathematiker) ausgedrückt ist,
- der Sender die Information für einen bestimmten Empfängerkreis bewußt ausschließt (z. B. kryptographisch geschützte Geheimtexte, Datenschutz bei EDV-Anlagen, Versiegelung eines Briefes).

5. Existenz *e* (objektiver Begriff, empfängerorientiert): Während es beim Zugriffsaspekt um die individuelle Möglichkeit ging, an bestimmte vorhandene und prinzipiell verfügbare Information heranzukommen, geht es bei der »Existenz« um die grundsätzliche Frage, ob die Information überhaupt vorliegt. Zugriff ist somit eindeutig ein empfängerspezifischer Begriff, und Existenz bezieht sich ausschließlich auf den Sender. Der Wert für $0 \leq e \leq 1$ gibt an, wieviel von der überhaupt möglichen oder gewünschten Information zu dem jeweiligen Sachverhalt vorliegt (z. B. welcher Anteil bereits erforscht ist). Völlig offene Fragen werden mit $e = 0$ belegt, und voll bekannte Information erhält den Wert $e = 1$. Die früher offene Frage, ob es auf dem Mond Leben gibt ($e = 0$), ist heute voll beantwortet ($e = 1$). Die Information darüber, wie Leberkrebs therapiert wird, ist heute $e = 0$; für die Behandlung von Magenkrebs liegt e je nach Stadium zwischen 0 und 1. Die Ermittlung oder Abschätzung des Wertes für e ist meist schwierig, da die Gesamtinformation, auf die die momentan vorhandene Information zu beziehen ist, im allgemeinen nicht bekannt ist. Der große Physiker *Isaak Newton* (1642-1727) schätzte trotz seiner zahlreichen Forschungsarbeiten seinen Beitrag an der wissenschaftlichen Erkenntnisgewinnung mit einem äußerst kleinen Wert für e ein, wenn er sagte [M3]: »Ich weiß nicht, was die Welt von mir hält; aber mir selbst erscheine ich nur wie ein Knabe, der am Meeresstrand spielte und sich damit vergnügte, da und dort einen glatteren Kiesel oder eine hübschere Muschel als gewöhnlich zu finden, während der große Ozean der Wahrheit noch zur Gänze unentdeckt vor mir lag.«

6. **Verständlichkeit** v (subjektiver Begriff, sender- und empfängerorientiert): Dieser Faktor beschreibt die Verständlichkeit einer Information, wobei $v = 0$ völlig unverständlich und $v = 1$ sehr gut verständlich bedeutet. Wenn die vom Sender beabsichtigte Information den Empfänger nicht voll erreicht, können die Gründe auf beiden Seiten liegen: Entweder hat der Sender sich nicht klar genug ausgedrückt, so daß empfängerseitig auch bei hoher Intelligenz die beabsichtigte Semantik nur teilweise rüberkommt, oder die Intelligenz des Empfängers ist nicht ausreichend, um alles korrekt zu verstehen. Die Empfänger-Intelligenz ist noch aus einem anderen Grund von Bedeutung: Im allgemeinen enthält die verbal formulierte Information (expliziter Anteil) noch Mitteilungen, die »zwischen den Zeilen« stehen (impliziter Anteil). Den letzteren Informationsanteil gewinnt der Empfänger durch Nachdenken und Hintergrundwissen.

Anmerkung: Manche der oben genannten Faktoren sind nicht scharf voneinander zu trennen, so daß es auch zu Überschneidungen kommen kann. Hier wollen wir nicht weiter diskutieren, in welcher Weise die sechs Parameter verknüpfbar wären. Hier wartet eine lohnende Forschungsaufgabe.

11 Häufig gestellte Fragen zum Informationsbegriff

Nach Vorträgen an Universitäten und Technischen Hochschulen zum Informationsbegriff gibt es regelmäßig angeregte Diskussionen. Eine kleine Auswahl immer wieder gestellter Fragen sei hier genannt und kurz beantwortet:

F1: War ihr Vortrag ein moderner Gottesbeweis?

A1: Aus naturwissenschaftlichen Ergebnissen müssen wir immer unsere Schlußfolgerungen ziehen und die Gedankengänge weiterführen. Gott kann man zwar wissenschaftlich nicht beweisen, aber ohne Gott ist vieles in dieser Welt überhaupt nicht zu verstehen.

F2: Sind Ihre Aussagen nicht eine Widerlegung der Evolutionslehre?

A2: Die Informationssätze sind von ihrem Ansatz her Naturgesetze. Mit Naturgesetzen sind schon manche Irrtümer aufgedeckt worden. Das Grundproblem aller Evolutionsanschauungen ist die Herkunft der Information in den Lebewesen. Noch nie konnte in irgendeinem Labor der Welt gezeigt werden, wie ein Codesystem und semantische Information von selbst in der Materie entstehen. Daß dies auch niemals möglich sein wird, sagen die Informationssätze aus. Damit kommt eine rein materialistische Entstehung als Ursache für die Herkunft des Lebens nicht in Frage.

F3: Ist Information nicht definitionsabhängig und an ein Individuum gekoppelt? Information existiert doch im Gegensatz zu Materie und Energie »nicht an sich« und »nicht von alleine«?

A3: Ja, das stimmt. Stellen Sie sich vor: Hans, Karl und Egon wollen dem Fritz signalisieren, wer im Zimmer war. Untereinander haben sie vereinbart, daß jeweils eine Farbe sie charakterisiert: Hans = gelb, Karl = blau, Egon = rot. Als Fritz später den Raum betritt und einen blauen Zettel vorfindet, ist es für ihn eindeutig, daß Karl da war. Jeder Außenstehende wird den Zettel nicht als Information deuten. Nur zwischen Hans, Karl, Egon und Fritz aber gab es eine individuelle Codevereinbarung (siehe *Sätze 6, 7* und *9*). Daran wird deutlich, durch einen geistigen Prozeß wurde Information kreiert.

F4: Können Sie sehr kurz definieren, was Information ist?
A4: Das ist nicht möglich, weil das Wesen von Information sehr komplex ist. Das Fünf-Ebenen-Modell gibt einen Hinweis darauf, daß es keine Weltformel für Information geben wird.

F5: Ist es auch dann Information, wenn ich gleichzeitig Sender und Empfänger bin? Ich rufe beispielsweise gegen einen Berg und erhalte dann den Widerhall.
A5: Dies ist kein beabsichtigter Fall, wo ich mir selbst Information zukommen lassen möchte. Es gibt aber typische Fälle, bei denen ich zugleich selbst Sender und Empfänger bin: z. B. persönliche Notizen, Tagebucheintragungen.

F6: Ist ein Photo Information nach Ihrer Definition?
A6: Nein! Die Stellvertreterfunktion (Kap. 5) trifft hier zwar zu, denn das Bild steht stellvertretend für die bestimmte Person, aber es wird kein vereinbarter Code verwendet.

F7: Entsteht beim Ziehen der Lottozahlen nicht auch Information? Wenn ja, dann wäre das Information durch Zufall?
A7: Die vereinbarten Spielregeln sind Information. Darin wird eine Vorgehensstrategie festgelegt, die auch eine Apobetik kennt, nämlich Gewinn des Spiels. Das eigentliche Ziehen der Zahlen ist ein Zufallsprozeß, bei dem die Wirklichkeit direkt beobachtet wird. Nach den Aussagen des Kapitels 5 liegen wir damit außerhalb der Informationsdefinition. Die Weitergabe der Zahlen in schriftlicher oder mündlicher Form ist hingegen Information.

F8: Gibt es für Information auch einen Erhaltungssatz wie bei der Energie?

A8: Nein! Mit Kreide an die Tafel geschriebene Information kann ich auslöschen. Ein in Jahren erarbeitetes Buchmanuskript mit vielen neuen Gedanken ist unwiederbringlich verloren, wenn es jemand in den Ofen wirft. Wird eine Diskette mit einem umfangreichen Text formatiert, so ist diese Information auch verloren. Andererseits kann neue Information in einem kreativen Denkprozeß ständig erzeugt werden *(Satz 31)*.

F9: Hat Information etwas mit der Entropie des Zweiten Hauptsatzes zu tun?

A9: Nein! Der Zweite Hauptsatz (der Thermodynamik) gilt nur für die materielle Welt (unterste Ebene in *Bild 14*). Information aber ist eine geistige Größe (*Satz 15*). Im Bereich der *Shannonschen* Information (statistische Ebene) gibt es ebenfalls einen Begriff mit demselben Namen »Entropie« (siehe Anhang A1.1). Damit ist aber etwas völlig anderes gemeint als das, was die Physik Entropie nennt. Es ist schade, daß zwei so unterschiedliche Phänomene mit demselben Wort belegt sind.

F10: Die natürlichen Sprachen befinden sich in einem dynamischen Prozeß der Änderung. Widerspricht das nicht Ihrem Satz, daß die Codevereinbarung beibehalten werden muß?

A10: Immer wieder kommen neue Wörter hinzu, z.B. »Wendehälse, Solidarpakt, Blauhelmeinsatz« oder »Besserwessi« (als Wort des Jahres 1991 von der »Gesellschaft für deutsche Sprache, Wiesbaden« ermittelt) oder »Politikverdrossenheit« (Wort des Jahres 1992). Aber alle diese Wörter wurden in einem ganz bestimmten Kontext der Wirklichkeit gebildet und erläutert. So liegt diesen neuen Wörtern sehr wohl eine Bedeutungsvereinbarung zugrunde. Niemand würde Wendehälse für eine Puddingsorte oder einen Gardinenstoff halten. Wenn ich willkürlich neue Wörter an die Tafel schreiben würde, könnte niemand etwas damit anfangen. In diesem Fall würde die Vereinbarung in der Tat fehlen.

F11: Kann man die Zufälligkeit einer Folge beweisen?

A11: Es gibt eine Arbeit von *Chaitin* [C2], in der er nachgewiesen hat, daß die Zufälligkeit einer Zeichenfolge nicht algorithmisch entscheidbar ist. Über die Zufälligkeit braucht man eine Mitteilung (z. B. daß eine Folge per Zufallsgenerator zustandegekommen ist).

F12: Sind die Kriterien für Information nicht weitgehend subjektiv?

A12: Beim Sender spielen subjektive Aspekte eine nicht unwesentliche Rolle. Der Sender entscheidet sich für die Art des eingesetzten Codes. Er entscheidet, ob er das Telefon benutzen oder einen Brief schreiben will. Auch wie er sendet, ist stark durch seine Person und von den momentanen Umständen mitbestimmt: Sendet er freudig, stupide, ergriffen, gelangweilt oder mit besonderer Betonung?

F13: Ist die Synergetik von *Hermann Haken* nicht ein Hinweis dafür, daß aus Unordnung Ordnung entstehen kann und damit eine Evolution doch möglich wäre?

A13: Herr *Haken* nennt immer wieder dieselben Beispiele für das Entstehen von Ordnungsstrukturen. Nach einem Vortrag fragte ich ihn, ob er die Ordnungsgefüge speichern kann. Dies mußte er verneinen. Zur Speicherung eines gewonnenen Zustandes braucht man einen Code. Da es den aber nirgends in einem physikalischen System gibt, fällt jede Ordnung in sich zusammen, wenn der dazu erforderliche verursachende Gradient (z. B. eine bestimmte Temperaturverteilung) aufgehoben wird.

F14: Was sagen Sie zu den *Miller*-Experimenten, mit denen in jedem Schulbuch versucht wird, eine chemische Evolution zu belegen?

A14: Noch nie ist bei diesen Versuchen ein Funktionseiweiß entstanden, darum spricht man auch von Proteinoiden statt von Proteinen. Aber selbst wenn einmal ein geeigneter Eiweißstoff mit langer Aminosäurekette und richtiger optischer Drehung entstehen würde, wäre damit noch keine Evolution in

Gang gesetzt. Es müßte ein Codesystem vorhanden sein, das die Information über diesen Eiweißstoff festhält, so daß er später wieder hergestellt werden könnte. Ein Codesystem aber kann nie in der Materie entstehen. Der *Satz 11* schließt dies aus. So liefern die *Miller*-Experimente keinen Beitrag zur Erklärung der Entstehung des Lebens.

F15: Das SOS-Signal ist periodisch, dennoch ist das Information. Wird damit nicht ihre »notwendige Bedingung NB2 (Kap. 4.2)« widerlegt?

A15: OTTO ist auch »periodisch«, ebenso ist es Information. Bei kurzen Zeichenstücken können sehr wohl auch periodisch aussehende Abschnitte auftreten. Niemand wird die Zahl 12,12 als einen periodischen Bruch ansehen, nur weil in einem kurzen Stück eine Wiederholung vorkommt.

F16: Kann durch Mutation neue Information entstehen?

A16: Im Rahmen von Evolutionsvorstellungen spielt dieser Gedanke eine wesentliche Rolle. Durch Mutation gibt es keinen Informationszuwachs; es kann nur bereits vorhandene Information verändert werden. Im allgemeinen tritt dabei eine Verschlechterung des ursprünglichen Zustandes ein. Mutation ist somit keine Quelle neuer (kreativer) Information, wobei neue Baupläne für neue Funktionen oder neue Organe entstehen könnten.

F17: Wenn ein Physiker die Struktur eines Kristalles mikroskopisch untersucht, gewinnt er dadurch viel Information. Wo und wer ist in diesem Falle der Sender?

A17: In diesem Beispiel kommt kein Codesystem zum Einsatz. Hier wird die Wirklichkeit direkt beobachtet. Nach Kap. 5 liegt dieser Fall außerhalb des Definitionsbereiches unserer Information, weil die Stellvertreterfunktion fehlt, und darum sind die genannten Sätze hierauf auch nicht anwendbar.

F18: Ist Ihre Informationsdefinition nicht willkürlich gewählt? Gibt es auch andere Möglichkeiten?

A18: Natürlich kann man auch andere Definitionen wählen, wie dies ja auch verschiedentlich geschehen ist. Mir kam es darauf an, einen Bereich abzugrenzen, in dem Aussagen in naturgesetzlichem Sinne möglich sind. Nur auf diese Weise gelingt es, mit Hilfe von erkannten Erfahrungssätzen sichere Aussagen auch für unbekannte Fälle zu treffen. Der beschriebene Definitionsbereich ist somit gar nicht so willkürlich wie man voreilig annehmen könnte, sondern wird letztlich durch die Erfahrungswirklichkeit diktiert.

Teil III: Anwendung des Informationsbegriffes auf die Bibel

Im vorangegangenen Teil II haben wir uns in bewußter Ausführlichkeit mit dem *Informationsbegriff* befaßt und dabei zahlreiche allgemeingültige Sätze hergeleitet. Wir haben gesehen, daß dieser Zentralbegriff in nahezu allen wissenschaftlichen Disziplinen von Bedeutung ist. Im weiteren Verlauf wollen wir darauf eingehen, wie die dargelegten Wesens- und Unterscheidungsmerkmale von Information sich am Beispiel der Bibel mit großer Deutlichkeit aufzeigen lassen. Auf diese Weise ergibt sich ein neuartiger Zugang zur Botschaft der Bibel. Besonders herauszustellen ist, daß die Naturgesetze über Information sich nahtlos in die biblische Botschaft von der Erschaffung der Lebewesen einfügen.

12 Das Leben bedarf eines Senders

Sucht man nach einem gemeinsamen Kennzeichen aller Lebewesen, das vom Einzeller bis zum Menschen gültig ist, so ist es zweifelsohne die in allen Zellen enthaltene Information. In Berechnungen zur Ermittlung der Speicherdichte haben wir herausgefunden (siehe Anhang A1.2.3), daß eine so hohe statistische Informationsdichte sonst nirgends bekannt ist. Aus der Sicht der drei Erscheinungsformen (vgl. Kapitel 7) erweist sich die in lebenden Systemen installierte Information als *»Betriebsinformation«,* die auf die unzählbaren Lebensprozesse und -situationen genau zugeschnitten ist. Bezüglich der Herkunft ist alle diese Information *»Herstellungsinformation«* und zugleich *»kreative Information«* (vgl. Kapitel 7). In *Bild 26* sind die verschiedenen Informationsaspekte dargestellt, wobei der Einfachheit halber der statistische Aspekt weggelassen wurde. Diese Graphik ist von allgemeiner Art und darum auf jede nur vorkommende Information (Definitionsbereich siehe Kapitel 5) anwendbar; nur Sender, Empfänger und die spezifischen Angaben der Ebenen Syntax, Semantik, Pragmatik und Apobetik sind je nach betrachtetem Fall individuell zu bezeichnen. So enthält *Bild 26* neben den Blöcken mit den Informationsaspekten die für Lebewesen entscheidenden Merkmale. Auf der Empfängerseite sind die verschiedenen Informationsebenen durch naturwissenschaftliche Forschung prinzipiell zugänglich, auch wenn wir uns ehrlicherweise eingestehen müssen: Unsere bisherige Kenntnis hat die Oberfläche des Wissens nur angekratzt. Nach den Gesetzen über Information verlangt jede Information einen Sender. In *Bild 26* haben wir einen Bereich markiert, der naturwissenschaftlich prinzipiell nicht zugänglich ist: Es ist die Person des Senders. Die kurzschlüssige Folgerung, weil der Sender nicht mit den Arbeitsmethoden menschlicher Wissenschaft erkennbar ist, darum kann es ihn auch nicht geben, ist nach den Informationssätzen unhaltbar. Die Forderung nach einem personhaften Sender mit freiem

Willen für jede kreative Information ist eine unabdingbare Forderung. Dieser Sender (= Schöpfer) hat sich selbst offenbart, und darum liegt uns Information über ihn vor, denn »Er (= Jesus) war in der Welt, und die Welt ist durch ihn gemacht« (Joh 1,10). Daß aus dem ganzen Universum nichts ausgenommen ist, bezeugen uns die ersten Verse des Johannesevangeliums ebenso wie auch Kolosser 1,16:

»Denn in ihm ist alles geschaffen, was im Himmel und auf Erden ist, das Sichtbare und das Unsichtbare, es seien Throne oder Herrschaften oder Reiche oder Gewalten; es ist alles durch ihn und zu ihm geschaffen.«

In dem Kapitel 3.3 hatten wir auf die enge Verknüpfung von Information und Willen hingewiesen. Dieser Gedanke wird auch an zahlreichen Stellen der Bibel deutlich hervorgehoben. In Offenbarung 4,11 heißt es: »Du hast alle Dinge geschaffen, und durch deinen *Willen* haben sie das Wesen und sind geschaffen.« Die absichtsbedingte Voraussetzung jeder Information kommt auch in dem nach 1. Mose 1,26 formulierten Vorsatz zum Ausdruck: »Lasset uns Menschen machen, ein Bild, das uns gleich sei.«

Bei konsequenter Anwendung der Informationssätze sind alle materialistischen Evolutionsmodelle für die Praxis unbrauchbar und darum abzulehnen.[18] Wenn der britische Evolutionstheoretiker *Richard Dawkins* bezüglich des Ansinnens seines Buches »Der blinde Uhrmacher« schreibt »Der Sinn dieses Buches ist es, eine nicht-übernatürliche Erklärung für die Existenz komplexer Lebewesen zu liefern«, dann darf man in seiner Abhandlung (z. B. wegen *Satz 17*) keine naturwissenschaftlich begründete Antwort erwarten.

[18] **Evolutionskonzepte:** Mit diesem Satz sind alle jene Evolutionskonzepte gemeint, die eine Selbstorganisation in der Materie annehmen. In den Publikationen der Evolutionsvertreter ist dies die gängige Variante. Nur einige Namen unter vielen seien hier genannt: *Manfred Eigen, Bernd-Olaf Küppers, Carsten Bresch, Franz Wuketits, David Attenborough.* Daneben gibt es noch die theistische Evolutionsvariante, wonach Gott eine Evolution angestoßen und sie im Laufe von Jahrmillionen gelenkt haben soll. Diese Anschauung ist mit Hilfe der Informationssätze nicht widerlegbar. Sie steht aber im Widerspruch zur biblischen Offenbarung. In dem Buch »Schuf Gott durch Evolution?« [G14] findet sich eine detaillierte Behandlung und Widerlegung dieses Ansatzes.

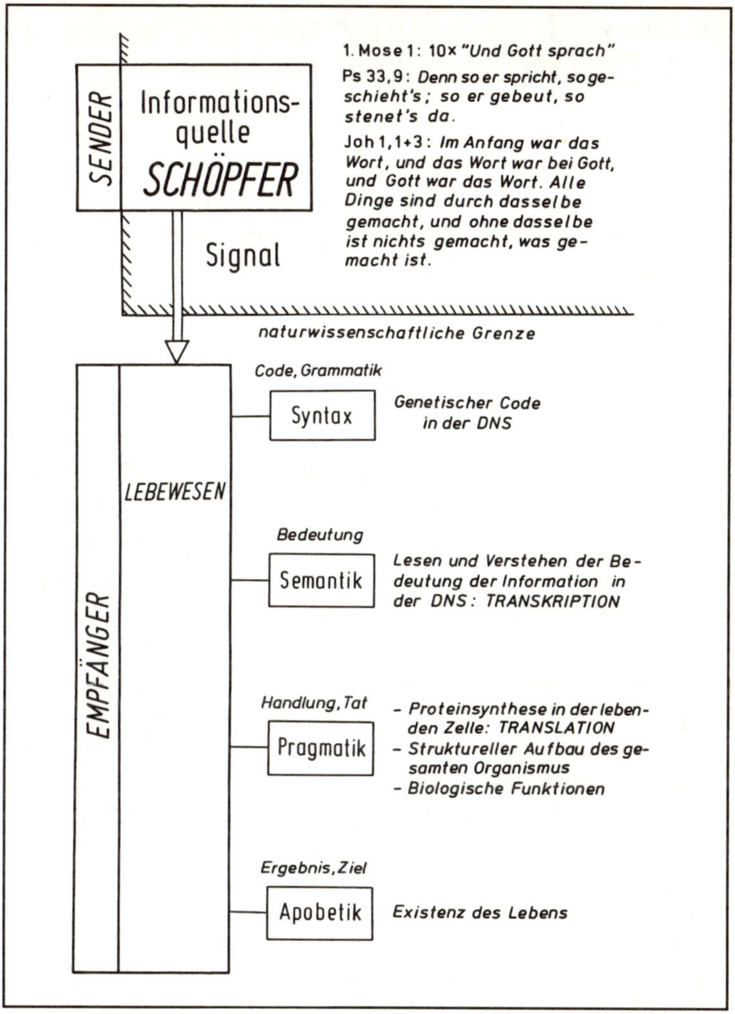

Bild 26: *Zur Herkunft des Lebens.*

Die biologische Information in den Lebewesen erweist sich als »Betriebsinformation« und kann empfängerseitig auf den bekannten Ebenen Syntax, Semantik, Pragmatik und Apobetik spezifiziert und wissenschaftlich untersucht werden. Fragt man nach der Herkunft dieser Information, so ist sie von ihrer Art her als »Herstellungsinformation« einzuordnen. Der wissenschaftlich vom Informationsbegriff her zu fordernde Sender ist uns nur durch die biblische Offenbarung zugänglich.

13 Qualität und Nutzbarkeit biblischer Information

In *Bild 25* hatten wir den semantischen Informationswert über der Nutzbarkeit graphisch aufgetragen und dabei vier verschiedene Bereiche (Quadranten) erhalten. An Hand der biblischen Aussagen stellen wir fest, daß Gott jegliche Information bewertet.

Wertlose Information: Die wertlose Information hatten wir in belanglose und schädliche unterteilt. In den Geboten gibt Gott einen bleibenden Maßstab: »Du sollst kein falsch Zeugnis reden wider deinen Nächsten« (2 Mo 20,16), denn »falsche Mäuler sind dem Herrn ein Greuel« (Spr 12,22). In Jeremia 8,6 werden solche Leute beschrieben: »Ich sehe und höre, daß sie nichts Rechtes reden. Keiner ist, dem seine Bosheit leid wäre und der spräche: Was mache ich doch! Sie laufen alle ihren Lauf wie ein grimmiger Hengst im Streit.« Die Zunge ist ein kleines Glied und richtet doch große Dinge an: »Siehe, ein kleines Feuer, welch einen Wald zündet's an« (Jak 3,5). Diese Textstellen beziehen sich auf den Fall, daß wir uns als Sender schädlicher Information betätigen. Gott möge uns aber auch davor bewahren, Empfänger solcher Information zu werden, und darum warnt er uns eindringlich vor dem Umgang mit solchen Sendern:

> Sprüche 1,10: »Mein Kind, wenn dich die bösen Buben locken, so folge nicht.«
> Sprüche 14,7: »Gehe von dem Narren, denn du lernst nichts von ihm.«
> Psalm 1,1: »Wohl dem, der nicht wandelt im Rat der Gottlosen, noch tritt auf den Weg der Sünder, noch sitzt, da die Spötter sitzen.«

Wir wollen in diesem Zusammenhang darauf aufmerksam machen, daß der Sündenfall eingeleitet wurde durch die boshafte Information »Sollte Gott gesagt haben?« (1 Mo 3,1). Das Eingehen der ersten Menschen auf diese Information, die Gottes Wort in Frage stellte, hatte unvorstellbare Konsequenzen: Krankheit und Schmerz, Tod und Leid, Krieg und Geschrei waren das Ergebnis, und wir alle leiden bis heute an den schrecklichen Folgen der Sünde. Der Mensch kann schädliche Information senden (lügen, hetzen, verleumden, spotten, verfluchen) oder empfangen (anhören, darauf eingehen). Gottes Wille richtet sich gegen beide Vorgänge. In den Informationsspeichern Gottes ist alles aufgezeichnet – diese Bücher werden einmal aufgetan (Offb 20,12) – und wir werden nach den Aussagen Jesu danach gerichtet werden: »Ich sage euch aber, daß die Menschen Rechenschaft geben müssen am Tage des Gerichts von einem jeglichen nichtsnützigen Wort, das sie geredet haben. Aus deinen Worten wirst du gerechtfertigt werden, und aus deinen Worten wirst du verdammt werden« (Mt 12,36-37).

Wertvolle Information: Die wertvollste Information, die je gesendet wurde, ist das Wort Gottes. Niemals ist den Menschen etwas Besseres und Frohmachenderes gesagt worden als diese Botschaft. Die Bibel enthält nirgends wertlose oder falsche Information, denn Gottes Wort ist absolut wahr: »Gott ist nicht ein Mensch, daß er lüge, noch ein Mensch, daß ihn etwas gereue. Sollte er etwas sagen und nicht tun? Sollte er etwas reden und nicht halten?« (4 Mo 23,19). Hier finden wir Verbindliches und Wahres, Ewiges und Göttliches. Keine andere Information ist darum dieser auch nur annähernd gleich. Der Psalmist hat das persönlich erfahren, wenn er bezeugt: »Ich freue mich über dein Wort wie einer, der eine große Beute kriegt« (Ps 119,162). Auch Paulus weiß um das Kostbare, das er gefunden hat: »Wir haben aber solchen Schatz in irdenen Gefäßen« (2 Kor 4,7). Gott möchte uns immer wieder als Empfänger und Sender dieser Information antreffen, denn er hat die allergrößten Verheißungen darauf gesetzt.

1. Empfänger: Viele Menschen belegen diverse Kurse und nehmen große Anstrengungen auf sich, um in ihrem privaten und beruflichen Leben erfolgreich handeln zu können. Schon im AT gibt Gott ein ebenso einfaches wie leicht anwendbares und wirkungsvolles Prinzip bekannt: »Und laß das Buch dieses Gesetzes nicht von deinem Munde kommen, sondern betrachte es Tag und Nacht, auf daß du haltest und tuest alle Dinge nach dem, was darin geschrieben steht. Alsdann wird es dir gelingen in allem, was du tust und wirst weise handeln können« (Jos 1,8). Am Umgang mit dem Wort des lebendigen Gottes ist alles gelegen: »Gehorchet meinem Wort, so will ich euer Gott sein, und ihr sollt mein Volk sein; und wandelt auf allen Wegen, die ich euch gebiete, auf daß es euch wohl gehe« (Jer 7,23). Das Wort macht klug (Ps 119,104), bewahrt vor falschen Wegen (Ps 119,104), erquickt (Ps 119,154) und erfreut (Ps 119,130) und weist uns den Weg der Errettung (Jak 1,21). Weil wir es hier mit der höchsten Bewertungsstufe für Information zu tun haben – äußerst wichtige Information nach *Bild 25* –, lautet der eindeutige Auftrag an uns: »Lasset das Wort Christi reichlich wohnen in euch!« (Kol 3,16). Nach einem Beitrag von *Helmut Matthies* [M1], dem Leiter des »Informationsdienstes der Evangelischen Allianz«, arbeitet der Bundesbürger 38,5 Stunden pro Woche und verbringt im Mittel 17,5 Stunden pro Woche am Fernseher. Dieser Wert ist sogar noch steigend. Welch einer unvorstellbaren Beeinflussung setzen sich die Menschen aus und vernachlässigen dabei das eine, das not tut. Der Wille Gottes ist ein anderer: Wir sollen uns prägen lassen von seiner ewigen Botschaft.

2. Sender: Wir werden in der Rolle des Senders nur solche Information weitergeben, von der wir zuvor selbst geprägt wurden. Jesus stellt diesen generellen Zusammenhang in Matthäus 12,34 heraus: »Wes das Herz voll ist, des geht der Mund über.« Der Psalmist hatte stets Umgang mit dem Wort, und nun kann und will er aus diesem Vorrat schöpfen: »Meine Zunge soll ihr Gespräch haben von diesem Wort« (Ps 119,172). Christen soll man an ihrer Quelle erkennen, aus der sie schöpfen. Das bedeutet nicht nur, daß negative Information nicht aus ihrem Munde kommen darf, sondern daß sie zu Boten guter Botschaft werden. Gott bringt seine Wertschätzung darüber zum Ausdruck, wenn er durch Jesaja 52,7 spricht: »Wie lieblich sind ... die Füße der Boten, die da Frieden verkündigen, Gutes predigen, Heil verkünden.« Diese gute Botschaft ist das Evangelium von Jesus Christus, das alle rettet, die daran glauben. Jesus hat mehrfach den Auftrag erteilt, als Sender dieser Botschaft tätig zu sein (Mt 28,19-20; Mk 16,15; Lk 10,3; Lk 12,8-9). Als die Samariterin am Jakobsbrunnen die Begegnung mit Jesus hatte und ihn als den Christus erkannte, ließ sie augenblicklich ihren Krug stehen und ging sofort in die Stadt, um den Leuten die heilsbringende Botschaft zu sagen (Joh 4,25-30). Auch Paulus sucht auf alle erdenkliche Weise, die unterschiedlichsten Menschen zu gewinnen (1 Kor 9,19-22). Er sagt von sich sogar: »Wehe mir, wenn ich das Evangelium nicht predige« (1 Kor 9,16). Auftrag und Inhalt faßt er so zusammen: »So sind wir nun Botschafter an Christi Statt: »Lasset euch versöhnen mit Gott!« (2 Kor 5,20). Diese Botschaft ist nicht nur die wichtigste und dringendste, sondern auch die gewisseste. So ruft uns der bekannte Erweckungsprediger *C. H. Spurgeon* (1834-1892) zu [S9]: »Wenn ihr kein ewiges Evangelium zu predigen habt, so ist euer Evangelium keine 20 Pfennig wert. Etwas Ungewisses könnt ihr anderswo und überall haben, ewige Dinge haben wir allein in der Bibel.«

14 Die Informationsaspekte in der Bibel

14.1 Gott als Sender – der Mensch als Empfänger

In Kapitel 4 hatten wir die fünf Informationsaspekte Statistik, Syntax, Semantik, Pragmatik und Apobetik behandelt und sie für jede Information sowohl auf der Sender- als auch der Empfängerseite für verbindlich erklärt. Es ist von besonderem Gewinn, die Bibel einmal unter diesen Gesichtspunkten zu betrachten.

Sender: Gemäß *Bild 27* ist Gott selbst die Informationsquelle (Sender) der biblischen Information. Das Wort Gottes liegt uns nach seinem Willen heute in abgeschlossener (Offb 22,18) und schriftlich fixierter Form vor (z. B. 2 Mo 17,14; Hes 37,16; 1 Kor 9,10; Offb 1,11), nachdem Gott auf mannigfache Weise zu uns geredet hat (Hebr 1,1-2). Auf das weite Spektrum der Redeweisen Gottes soll die folgende zehnfache Auflistung hinweisen:

1. durch die hörbare Stimme Gottes (2 Mo 19,19; Mt 3,17),
2. durch von Gott geschriebene Schrift (2 Mo 31,18),
3. durch Engel (Lk 2,10-12; Hebr 2,2),
4. durch Propheten (Jer 1,5; Hebr 1,1),
5. durch Träume (Dan 2; Mt 1,20),
6. durch Visionen (Hes 1,1),
7. durch Apostel (Apg 1,2),
8. durch Eingabe (2 Tim 3,16),
9. durch Offenbarung (Gal 1,12; Eph 3,3; Offb 1,1),
10. durch Jesus Christus, den Sohn Gottes (Hebr 1,2).

Auch wenn Gott immer wieder Menschen in den Dienst der Übermittlung genommen hat, so ist und bleibt er selbst der Sender. Wir Menschen haben dabei die Funktion des Empfängers. Alle Auffassungen zur Herkunft der Bibel – und mögen

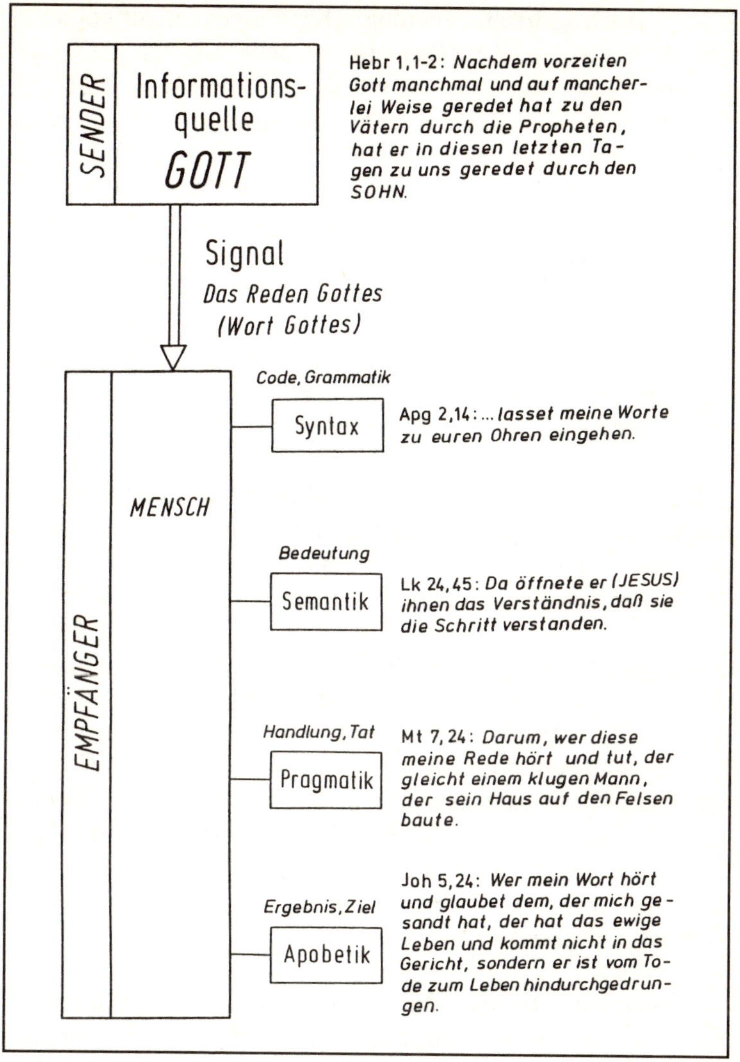

Bild 27: *Gott als Sender, der Mensch als Empfänger.*

Bei dem Reden Gottes in der Bibel haben wir es mit Gott als Informationssender zu tun. Die an uns gerichtete biblische Botschaft können wir auf der Empfängerseite nach den Informationsaspekten Syntax, Semantik, Pragmatik und Apobetik gliedern. Nur wenn wir alle Ebenen der Information durchlaufen, haben wir das von Gott beabsichtigte Ziel erreicht.

sie mit noch so großer theologischer Beredsamkeit vorgetragen werden –, die von einer nur menschlichen Quelle ausgehen, reden am Eigentlichen vorbei. So wird die Senderfrage zum Prüfstein für Glaube und Unglaube und damit für Leben und Tod. Für *Spurgeon* entscheidet sich die Senderfrage auch an der Wirksamkeit [S10]: »Unsere eigenen Worte sind bloße Papierkügelchen im Vergleich mit den Gewehrkugeln des Wortes Gottes.« Obwohl die Bibel über himmlische und geistliche und damit über göttliche Dinge redet, geschieht die Codierung dennoch nicht in himmlischer Sprache mit unaussprechlichen Worten (2 Kor 12,4), sondern in menschlicher Sprache und in vernünftigen Worten (Apg 26,25). Wir wenden uns nun den einzelnen Aspekten der Information zu:

1. Statistik: Die Bibel unter statistischen Gesichtspunkten zu betrachten, ist nur für Speicherzwecke von Interesse (siehe Anhang A1.2.1 sowie *Bild 35*). Weiterhin können Worthäufigkeiten für bestimmte Untersuchungen zweckmäßig sein.

2. Syntax: Die göttlichen Gedanken liegen uns in der Codierung menschlicher Sprache vor und wurden erstmals in Hebräisch und Griechisch gegeben. Diese Botschaft ist prinzipiell in jede beliebige andere natürliche Sprache übersetzbar. Weltweit tun viele Missionare den segensreichen Dienst der Übersetzung, bis in allen lebenden Sprachen das Heil verkündet werden kann. Sie erfüllen damit die prophetische Verheißung Jesu, daß vor seiner Wiederkunft allen Völkern das Evangelium gepredigt wird (Mt 24,14).

3. Semantik: Die in der Bibel dargelegten Inhalte machen sie zu einem einzigartigen und mit keinem anderen vergleichbaren Buch. So gibt die Bibel die Antwort auf alle lebenswichtigen Fragen in dieser Welt und ist ebenso der sichere Kompaß für die Ewigkeit. In Tausenden von Büchern haben Philosophen, Religionsstifter sowie Wissenschaftler aller Richtungen versucht, die großen Rätsel zu lösen wie: Woher kommen diese Welt und das Leben? Was ist der Mensch? Wer ist Gott? Gibt es ein Leben nach dem Tod? Niemand verfügt über die Kompetenz, etwas Verbindliches, Endgültiges und Wahres darüber zu sagen; nur die Bibel antwortet mit der Autorität und Wahrheit des lebendigen Gottes darauf. Fragt man nach der Semantik der Bibel und wie sie zu gewinnen ist, so gibt es auch hier einige grundsätzliche Unterschiede zu anderen Büchern:

Wissenschaftliche Erkenntnisse: Es ist hilfreich, sprachwissenschaftliche Erkenntnisse sowie historisches Hintergrundwissen einzubringen, um die Texte besser zu verstehen. Bei aller Gelehrsamkeit kann es dennoch sein, daß der Kern der Botschaft verschlossen bleibt. Wir weisen besonders darauf hin, daß die sog. *»historisch-kritische Methode«* ein ungeeigneter Zugang zur Bibel ist.

Geistliches Verstehen: Die Bibel ist ein geistliches Buch, das im Formulierungsprozeß unter Mitwirkung des Heiligen Geistes entstand. Somit ist auch der Verstehensprozeß dieser Information in erster Linie ein geistlicher Prozeß, der darum der Mitwirkung des Heiligen Geistes bedarf.

Persönliche Einstellung: Dem Suchenden (Mt 7,7; Lk 24,45) und Gehorsamen (2 Kor 10,5) öffnet der Herr das Verständnis der Schrift. Den sich weise dünkenden, hochmütigen und hartherzigen Leuten ist der Zugang aus eigener Verschuldung verwehrt (2 Mo 4,21; Jes 6,9-10; Hes 2,4; Mt 13,15; Joh 7,17).

Konzeption der Bibel: Das Gesamtkonzept der Bibel ist auf leichte Verständlichkeit angelegt (2 Kor 1,13). Jesus lehrte deshalb immer wieder in Gleichnissen[19] um auch schwierige geistliche Zusammenhänge einfach darzustellen. Denkt man an

[19] **Gleichnisse:** Ergänzend sei erwähnt, daß die Gleichnisse noch eine weitere zu dem obigen Aspekt genau entgegengesetzte Funktion haben. Es gibt eine Gruppe von Menschen, denen die Gleichnisse zum Gericht werden: »Dieses Volkes Herz ist verstockt, und ihre Ohren hören übel« (Mt 13,15). So haben die Gleichnisse je nach Herzenshaltung eine unterschiedliche Wirkung: »Euch ist's gegeben, daß ihr die Gleichnisse des Himmelreiches verstehet, diesen aber ist's nicht gegeben. Denn wer da hat, dem wird gegeben, daß er die Fülle habe; wer aber nicht hat, von dem wird auch genommen, was er hat.«

manche philosophischen Abhandlungen, juristische Verklausulierungen oder Äußerungen von Politikern, so gewinnt man nur allzu oft den Eindruck: Es wird mehr vernebelt als geklärt. Die Bibel hingegen ist so abgefaßt, daß schon ein Kind sie in den grundlegenden Aussagen verstehen kann und durch das Wort gesegnet wird. Die einzige Bedingung ist das geöffnete Herz, dann aber gilt: »Selig sind eure Augen, daß sie sehen, und eure Ohren, daß sie hören« (Mt 13,16). Natürlich gibt es auch schwierige Stellen in der Bibel. Wenn Gott in Jesaja 55,8 sagt »Meine Gedanken sind nicht eure Gedanken, und eure Wege sind nicht meine Wege ..., sondern soviel der Himmel höher ist denn die Erde, so sind auch meine Wege höher denn eure Wege und meine Gedanken denn eure Gedanken«, dann gilt das auch für sein Wort. Manche Passagen werden wir darum nicht sogleich verstehen; es wird uns aber erschlossen, wenn sich z. B. die prophetisch beschriebene Zeit erfüllt hat.

Gedankenfülle: Obwohl die Bibel von ihrem textlichen Umfang her recht begrenzt ist (783 173 Wörter in der englischen Version), ist ihre Gedankenfülle unermeßlich. Ein weltliches Buch liest man nur in seltenen Fällen zwei- oder dreimal, dann ist der Inhalt bekannt. Die Bibel hingegen ist unerschöpflich, und selbst beim hundertsten Mal offenbaren sich dem Leser neue Gedanken und Zusammenhänge. *Spurgeon* bezeugte nach langjährigem intensiven Umgang mit der Bibel [S10]: »Die Vielfalt des Wortes Gottes ist ebenso unendlich wie seine Fülle. In den vierzig Jahren meiner eigenen Predigttätigkeit habe ich nur den Saum des Gewandes göttlicher Wahrheit berührt, aber welche Kraft ist daraus geflossen! Das Wort ist wie sein Urheber: grenzenlos, unermeßlich und ohne Ende. Wäre es Ihre Aufgabe, in alle Ewigkeit zu predigen, Sie würden ein Thema vor sich haben, das den immerwährenden Anforderungen entspräche.«

Nicht auslotbar: Die semantische Ergiebigkeit der Bibel ist so hoch, daß kein Menschenleben ausreicht, um sie voll auszuschöpfen. Dennoch zieht sich durch die ganze Bibel ein »roter Faden«, der die Gedankenvielfalt zu einer Einheit verbindet.

4. Pragmatik: Der Informationsübertragungsvorgang vom Sender (Gott) zum Empfänger (Mensch) hat nicht das von Gott beabsichtigte Ziel erreicht, wenn der Empfänger der Botschaft diese auf der semantischen Ebene des Verstehens abbricht. Die Information der Bibel zielt beim Menschen auf eine beabsichtigte Handlung hin. Diesem Informationsaspekt der Pragmatik gibt Jesus ein äußerst starkes Gewicht: »Darum, wer diese meine Rede hört und tut, der gleicht einem klugen Mann, der sein Haus auf den Felsen baute« (Mt 7,24). Ohne Pragmatik wird uns das Wort zum Gericht. Im Gleichnis von den anvertrauten Pfunden wird dieser Informationsaspekt entfaltet. Jesus gibt dort den eindeutigen Auftrag: »Handelt damit, bis daß ich wiederkomme« (Lk 19,13). Die gehorsamen Knechte empfangen reichen Lohn. Dem ersten wird gesagt: »Ei, du frommer Knecht, weil du im Geringsten treu gewesen bist, sollst du Macht haben über zehn Städte« (Lk 19,17). Der Nichthandelnde wird verurteilt: »Aus deinem Munde richte ich dich, du böser Knecht. Du wußtest, daß ich ein harter Mann bin, nehme, was ich nicht hingelegt habe, und ernte, was ich nicht gesät habe« (Lk 19,22). Unsere Handlungsweise wird zum Maßstab der Beurteilung Gottes (Offb 20,12). Im Gericht Jesu nach Matthäus 25,31-46 gibt es nur zwei Gruppen von Menschen: die eine, die gehandelt hat, und die andere, die nichts getan hat. Die erste Gruppe erhält die Einladung zum Himmel: »Kommt her, ihr Gesegneten meines Vaters, ererbet das Reich, das euch bereitet ist von Anbeginn der Welt!« mit der Begründung: »Was ihr getan habt einem unter diesen meinen geringsten Brüdern, das habt ihr mir getan« (Mt 25,34+40). Die zweite Gruppe geht in die ewige Pein mit der Begründung der Tatenlosigkeit: »Was ihr nicht getan habt einem unter diesen Geringsten, das habt ihr mir auch nicht getan« (Mt 25,45). Im Angesicht dieser Worte wird deutlich, was Jakobus 1,22 meint: »Betrügt euch nicht selbst, indem ihr euch das Wort nur anhört. Ihr müßt es in die Tat umsetzen!« (Gute Nachricht 1982). *Heinrich Kemner* sagte zu Recht, daß wir im Jüngsten Gericht am meisten durch das schuldig werden, was wir nicht getan haben. »Wer nun weiß, Gutes zu tun, und tut's nicht, dem ist es Sünde« (Jak 4,17). Auch im Alten Testament gibt Mose im Auftrag Gottes die pragmatische Anweisung, von der das Leben abhängt: »Nehmet zu Herzen alle Worte, die ich euch heute bezeuge, daß ihr euren Kindern befehlt, daß sie halten und tun alle Worte dieses Gesetzes. Denn es ist nicht ein vergebliches Wort an euch, sondern es ist euer Leben« (5 Mo 32,46-47). An zwei eindrücklichen Beispielen wollen wir den falschen und richtigen pragmatischen Umgang mit der Bibel verdeutlichen:

Beispiel 1: Nach einer Anekdote aus meiner ostpreußischen Heimat[20] hatte der **Dorfschullehrer** im Religionsunterricht die Bergpredigt behandelt und dabei den Kindern das Wort nahegebracht: »Wenn dir jemand einen Streich gibt auf deine rechte Backe, dann biete ihm auch die andere dar« (Mt 5,39). Ein Bauer hatte sich darüber geärgert, als der Sohn zu Hause davon erzählte. Als er den Lehrer auf dem Feld antrifft, will er die Probe aufs Exempel machen. So fragt er den Lehrer, ob er zu dem stehe, was er die Kinder lehre. »Aber natürlich, es steht doch im Evangelium!« Darauf holt der Bauer kräftig aus und versetzt ihm einen heftigen Backenstreich. Als der Lehrer sich empört, zitiert der Bauer » . . . dann halte ihm auch die andere hin«, und er erteilt ihm mit nicht minderer Wucht einen Schlag auf die linke Backe. Als bibelfester Mann kontert der Lehrer: »Es steht aber auch geschrieben: ›Mit welcherlei Maß ihr messet, wird man euch wieder messen und man wird euch noch zugeben‹« (Mk 4,24) und holt mit dieser Begründung zum Gegenschlag aus. Es kommt auf diese Weise zu einem heftigen Schlagabtausch, wobei jeder Hieb mit einem Bibelwort begründet wird. Zur selben Zeit fährt der Gutsherr mit seinem Knecht die Straße entlang, und er bemerkt diese Schlägerei. Er läßt den Wagen sofort halten und sagt: »Johann, guck doch mal, was da mit den beiden eigentlich los ist.« Dieser eilt hin, schaut sich die Angelegenheit an und kommt dann gemächlichen Schrittes zurück und erklärt seinem erregten Herrn: »Ach, da ist weiter nichts los, die beiden legen sich nur gegenseitig die Heilige Schrift aus.«

[20] *Johann Peter Hebel* (1760-1826) hat unter dem Titel »Gutes Wort böse Tat« im »Schatzkästlein des Rheinischen Hausfreundes« eine ähnliche Geschichte erzählt.

Beispiel 2: Eine **blinde 70jährige Afrikanerin** besaß eine französische Bibel, die sie über alles liebte. Sie ging damit zum Missionar und bat ihn, die Textstelle von Johannes 3,16 rot zu markieren. Das tat er, ohne zu wissen, was die Blinde damit bezweckte. Die Frau setzte sich nun mit der Bibel an den Ausgang der Schule und fragte die herauskommenden Kinder, ob jemand Französisch könne. Das bejahten die Schüler, denn sie waren stolz auf ihre erlernten Sprachkenntnisse. Dann zeigte die Frau auf die angestrichene Stelle in der Bibel und bat die Kinder darum, daß man ihr diese vorlese. Die Kinder taten es gern. Die Blinde fragte die Schüler, ob sie auch verstanden hätten, was sie da vorlasen. »Nein!« Darauf erklärte die Frau die Bedeutung jener zentralen Bibelstelle: »Also hat Gott die Welt geliebt, daß er seinen eingeborenen Sohn gab, auf daß alle, die an ihn glauben, nicht verloren werden, sondern das ewige Leben haben.« Es ist bekannt, daß durch den Dienst dieser Frau 24 Männer zu Verkündigern des Evangeliums geworden sind [J2].

5. Apobetik: Ein Informationsübertragungsvorgang ist aus der Sicht des Senders nur dann erfolgreich abgeschlossen, wenn er beim Empfänger das beabsichtigte Ziel erreicht hat. Alle Informationsaspekte stehen in einem untrennbaren Zusammenhang, aus dem sie nicht herausgelöst werden dürfen. So genügt es nicht, wenn bis zu einer der unteren Ebenen alles korrekt abläuft, aber die Zielebene nicht erreicht wird. Streng genommen können wir sagen, daß jede darunterliegende Informationsebene nur Mittel zum Zweck der höheren Ebene ist: Die Sprache ist lediglich ein Mittel zum Zweck der Darstellung von Semantik. Auch die Semantik ist wiederum nur Zweck der Pragmatik, und letztlich ist diese nur ein erforderliches Zwischenglied zur Apobetik. Diesen Zielaspekt der Information hatten wir in Kapitel 4 sogar als den wichtigsten herausgestellt. Im besonderen gilt das für die Botschaft Gottes in der Bibel. Mit der Bibel verfolgt Gott Ziele, von denen wir einige besonders nennen wollen:

a) Erkenntnis: Wer ist Gott? Ohne die Bibel wüßten wir nur sehr wenig von Gott. Aus den Werken der Schöpfung könnten wir zwar auf einen Schöpfer und seine Kraft schließen (Röm 1,20), aber seine *Person* und sein *Wesen* blieben uns unbekannt. So hat die Bibel das Ziel, uns Gott bekanntzumachen. Wir erfahren, daß alle polytheistischen Vorstellungen der Menschen falsch sind: »Ich bin der Herr, und sonst keiner mehr; kein Gott ist außer mir« (Jes 45,5). Gottes Wesen ist Liebe (1 Joh 4,16), Leben (1 Joh 5,20) und Licht (1 Joh 1,5); er ist heilig (Jes 6,3) und haßt die Sünde so sehr, daß darauf das Gericht des Todes liegt (Röm 6,23). Wir werden ausgiebig informiert über den Sohn Gottes und seine Funktion als Heiland der Sünder und über den Heiligen Geist, der uns in alle Wahrheit leitet. Jesus ist der einzige Weg zu Gott. *Martin Luther* sagte einmal: »Wer Gott in Christus nicht findet, der findet ihn nimmermehr; er suche ihn, wie er wolle.«

b) Erkenntnis: Die Schöpfung ist zielgerichtet: Wer die ersten beiden Kapitel der Bibel liest, merkt, wie systematisch und zielorientiert die Schöpfung geplant und ausgeführt wurde. Der Mensch ist der Gipfelpunkt der Schöpfung. Die Antiapobetik *Nietzsches* »Der Mensch ist ein Seil, geknüpft zwischen Tier und Übermensch, ein Seil über einem Abgrunde« (Zarathustra) erweist sich im Licht der Bibel als leere Phrase ohne Wirklichkeitsbezug. Das NT zeigt uns hingegen, daß alles durch Jesus und zu ihm hin geschaffen wurde (Kol 1,16).

c) Erkenntnis: Wer ist der Mensch? Der Nobelpreisträger *Alexis Carrel* schrieb ein Buch mit dem Titel *»Der Mensch, das unbekannte Wesen«.* Wir sind nicht in der Lage, das Wesen des Menschen zu ergründen, nur die Bibel zeigt uns, wer wir wirklich sind. Der bekannte Schriftsteller *Manfred Hausmann* (1898-1986) hat dies zeugnishaft ausgedrückt: »Jedesmal wenn ich die Bibel aufschlage, staune ich von neuem über ihre Vielschichtigkeit und Tiefe. Das Bild des Menschen, das sie zeichnet, hat nirgends seinesgleichen. Es umfaßt den ganzen Menschen, seine Größe und Jämmerlichkeit, seine Zärtlichkeit und Brutalität, seinen Glanz und seine Finsternis. Kein anderes Buch weiß so bestürzende und so erhabene Dinge vom Menschen wie die Bibel. Die Geschichten, dic in ihr erzählt werden, sind unauslotbar in ihrer hintergründigen Bedeutungsfülle.« Aus der Bibel erfahren wir, daß wir uns im Sündenfall von Gott entfernten und nun zur Hölle unterwegs sind. Wir Menschen sind alle erlösungsbedürftig. Die Religionen ermuntern uns, über den eigenen Schatten der Selbsterlösung zu springen. Auf dem sicheren Weg zum Gerichtsvollzug begegnet uns aber der eine, der selbst das Gegengift der Sünde ist: Jesus! Wenn wir uns von daher begreifen, wissen wir, wer wir sind.

d) Gebrauchsanleitung für das Leben: Gott hat für unser irdisches Leben die erdenklich besten Zielvorstellungen und größten Segnungen bereit; er ist um unser Wohlergehen in Ehe, Familie, Beruf und als Volk bedacht und möchte uns Gelingen in allem schenken, so daß es von uns heißen kann »und was er macht, das gerät wohl« (Ps 1,3). Gott will unser Bestes. Die Verheißungen in dieser Richtung sind Legion. Den Aufrichtigen läßt er es gelingen (Spr 2,7), die auf ihn harren, kriegen neue Kraft (Jes 40,31), und die Mühseligen und Beladenen werden erquickt (Mt 11,28). Fragt man, warum Gott das tut, so gibt es dazu nur einen Grund: »Ich habe dich je und je geliebt« (Jer 31,3). Keine Maschine läuft nach dem vorgesehenen Willen des Erfinders, wenn man die Betriebsanleitung mißachtet. Wieviel mehr können wir unser Leben zu Schrott fahren, wenn wir nicht die Gebrauchsanweisung des Schöpfers für unser Leben beachten. Gemäß Kapitel 7 können wir diese Informationsart als *Betriebsinformation* einordnen. Die Bibel ist die einzige Anleitung für ein gesegnetes und erfülltes Leben. Die kürzeste als Bedingung gegebene Formel lautet: »Wenn er sich hält nach deinen Worten« (Ps 119,9).

e) Kompaß zum Himmel: Die höchste Zielvorstellung, die je formuliert wurde, ist die, daß Gott mit einem jeden von uns ewige Gemeinschaft haben möchte. Die irdischen Segnungen sind verglichen mit dem Reichtum der Ewigkeit nur ein kleiner Vorgeschmack. Wir sind Geladene des Himmels. Das Leiden und Sterben Jesu war der Preis der Sünde, damit wir nicht ewig verlorengehen. Mit der Auferstehung Jesu ist dieses Opfer von Gott anerkannt. Nun kann jeder in das Rettungsboot einsteigen, das das andere Ufer erreicht, denn Gott will nicht die Verdammnis des Sünders, sondern daß er sich bekehre und lebe (Hes 33,11). Für den rettenden Glauben hat Gott den Herrn Jesus hingestellt (Röm 3,25). Wer ihn anruft (Röm 10,13) und ihm das Leben voll anvertraut (Joh 1,12), ist vom Todesurteil über die Sünde zum ewigen Leben durchgedrungen (Joh 5,24). Der Weg zum Himmel ist ebenso einfach wie sicher: Die Bibel ist der *einzige Kompaß,* und Jesus ist der *einzige Weg.* Wer sich zu Jesus bekehrt, ist gerettet. Er wird dadurch ein Kind Gottes und gleichzeitig Erbe des Himmels (Titus 3,7). Dieser Schritt gestattet keinen Aufschub. *Bezzel* sagte einmal: »Die Gnade ist unerschöpflich in ihrer Vergebungskraft, aber sie hat ihre Sekunde.«

Missionar und Eingeborener: Ein Missionar rief nach jeder Predigt zur Entscheidung für Jesus auf. Ein langjähriger Zuhörer antwortete – auf seine Bekehrung angesprochen – immer wieder: »In einem Jahr!« Eines Tages wurde er schwer krank. Der Missionar brachte ihm die notwendige Medizin mit der Aufschrift »In einem Jahr einnehmen«. Darauf der Eingeborene: »Dann kann ich ja schon tot sein, ich brauche die Medizin jetzt.« Der Missionar: »Um deinen Leib bist du besorgt, aber um deine Seele kümmerst du dich nicht!«

Viele Menschen suchen ein Ziel für ihr Leben und haben Sorgen darum, daß es eine Fehlinvestition werden könnte. Unser Leben hat das höchste Ziel erreicht, wenn wir es an Gott binden. Damit ist es ganz ausgefüllt, so daß alle Suche ihr Ende hat. *Spurgeon* sagte einmal treffend [S9]: »Eines Menschen Herz hat nur Leben genug in sich, um *ein* Ziel ganz zu verfolgen. Niemand kann Gott und dem Mammon dienen, weil nicht Leben genug im Herzen ist, um beiden dienen zu können.«

Bild 28 zeigt ein besonders markantes Beispiel aus der Bibel, wie jemand zum Glauben kommt und dabei in für uns leicht nachvollziehbarer Weise alle Informationsaspekte nacheinander durchläuft. Dieser Kämmerer aus dem Mohrenland ist ein gutes Vorbild dafür, wie man durch Schrifterkenntnis zu Jesus findet und bei ihm Rettung erfährt.

Gleichnis vom Säemann: Ein weiteres sehr leicht nachzuvollziehendes Beispiel bezüglich der Informationsebenen ist das Gleichnis vom Säemann (Mt 13,3-23). Jesus erzählt dieses Gleichnis, das von einer allseits geläufigen Situation des Alltagslebens ausgeht, um den Menschen das Reich Gottes nahe zu bringen. Auf der semantischen Ebene kommt die Information in vollendeter Weise rüber. Die Auswirkung des Wortes Gottes (Saat) zeigt sich in vier unterschiedlichen Verhaltensweisen der Menschen (Pragmatik auf der Empfängerseite). Nur bei einer Gruppe wird das vom Sender (= Jesus) beabsichtigte Ziel auch beim Empfänger erreicht (Apobetik des Empfängers).

14.2 Der Mensch als Sender – Gott als Empfänger

In den *Bildern 26* und *27* hatten wir das Informationsübertragungssystem betrachtet, bei dem Gott der Sender und der Mensch der Empfänger ist. Es stellt sich die Frage, ob diese Funktionen auch vertauschbar sind, d. h. der Mensch wird zum Sender, und Gott ist der Empfänger der vom Menschen ausgesandten Information. In der Tat ist dieses System gemäß *Bild 29* nicht nur denkbar, sondern sogar von Gott gewollt. Wir können uns mit allerlei Zielvorstellungen an Gott, den Vater, oder an Jesus Christus, den Sohn Gottes, wenden. Das Signal, mit dem wir senden, ist das Gebet. Diese Signalübertragung ist aus der Sicht der Nachrichtentechnik ein mehrfacher Weltsuperlativ:

- Es ist die allersicherste Verbindung, die es gibt, denn niemand (auch keine Technik) ist in der Lage, diese Leitung zu unterbrechen. Sie ist somit jederzeit betriebsbereit.
- Diese »drahtlose Telegraphie« kann durch keine Materie abgeschirmt werden. Als die Astronauten den Mond umkreisten, herrschte Funkstille, als sie sich auf der erdabgewandten Seite des Mondes befanden. Unabhängig davon, wo wir auch sind – ob 1000 Meter unter der Erde, 10 000 Meter unter der Meeresoberfläche oder jenseits des Mondes – das Gebet ist durch kein Hindernis abzublocken. Dieses Signal erreicht mit absoluter Sicherheit den Empfänger.

– Bei allen technischen Übertragungssystemen tritt das Problem der Störeinflüsse auf. Das ursprünglich gesendete Signal kann durch äußere Einwirkungen gestört und damit verändert werden, d. h. Zeichen gehen verloren oder werden sinnentstellend verfälscht. Die Gebetsverbindung jedoch ist prinzipiell nicht störbar. Jedes Signal trifft beim Empfänger unverändert ein.

Die Informationsübertragungsstrecke vom Menschen zu Gott ist also die beste, die es in dieser Welt überhaupt gibt. Sie wird nur dann übertroffen, wenn im Himmel der Glaube zum Schauen kommt. Wir wollen nun noch die einzelnen Informationsaspekte (außer Statistik) auf der Seite Gottes betrachten:

2. Syntax: Auf dieser Informationsebene gibt es keine Codeeinschränkung, da Gott jede beliebige Sprache versteht. Die schwierigste Indianersprache ist ihm ebenso unproblematisch wie sämtliche Tonsprachen. Jede nur vorstellbare Ausdrucksform – und sei es nur ein Stoßseufzer – ist für Gott decodierbar. Ja sogar unformulierte Gedanken sind für ihn lesbar.

3. Semantik: Der Psalmist betete »du verstehst meine Gedanken von ferne«, d. h. der Verstehensprozeß unserer Gedanken ist absolut gesichert. Es gibt keine semantischen Mißverständnisse. Selbst wenn wir mit unseren sprachlichen Formulierungen nicht das treffen, was wir wirklich meinen, so kommt dennoch unser tatsächliches Empfinden bei Gott an (1 Sam 16,7: »Der Herr aber sieht das Herz an«). Hierzu gibt es auf der semantischen Ebene noch eine Steigerung: Der Heilige Geist kompensiert unsere Schwachheit und die Unvollkommenheit unserer gesendeten Information: »Der Geist hilft unserer Schwachheit auf. Denn wir wissen nicht, was wir beten sollen, wie sich's gebührt; sondern der Geist selbst vertritt uns mit unaussprechlichem Seufzen« (Röm 8,26).

4. Pragmatik: Die zentralen Stellen der Bibel weisen Gott als einen Herrn der Tat aus: »Ich bin der Herr, der solches alles tut« (Jes 45,7). In den Schöpfungszeugnissen der Bibel wird

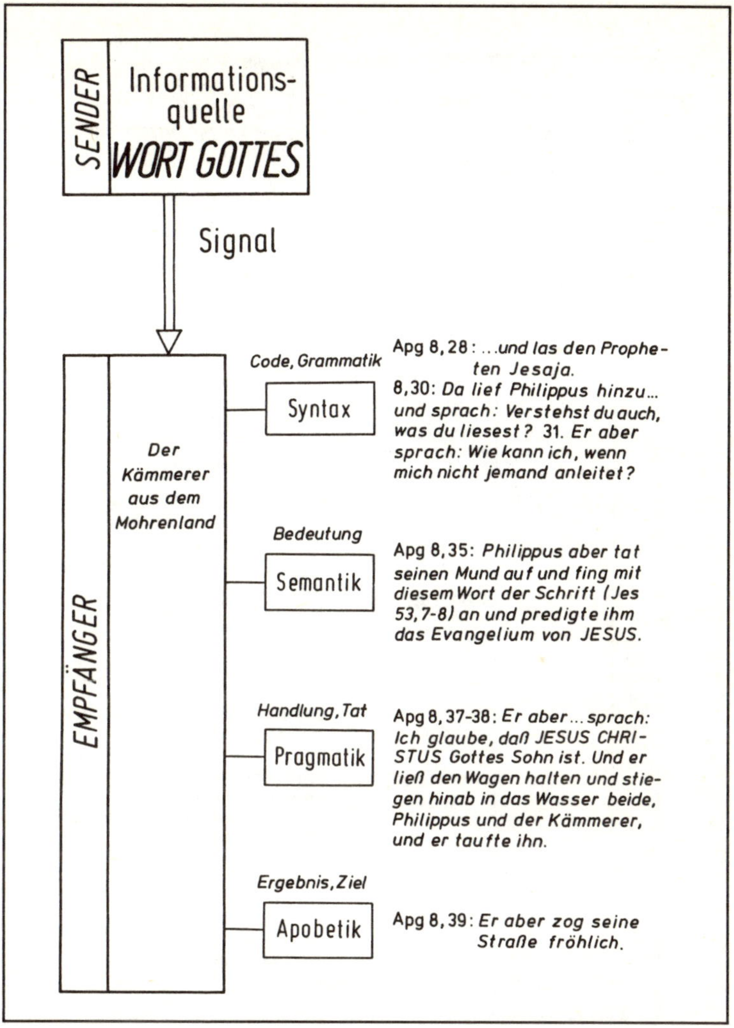

Bild 28: *Gottes Wort als Sender; ein Suchender als Empfänger.*

Diese Graphik zeigt eine spezielle Anwendung der allgemeinen Darstellung von Bild 27. Am Beispiel der Person des Kämmerers aus dem Mohrenland (= Finanzminister aus Äthiopien) können wir sehr eindrücklich das konsequente Durchlaufen der einzelnen Informationsaspekte nachvollziehen (Apg 8,26-39). Die Botschaft der Bibel hatte ihn voll erreicht, er war zum Glauben an Jesus Christus gekommen und hatte dadurch ewiges Leben erhalten. Mit dem Finanzminister ist uns ein Vorbild gegeben.

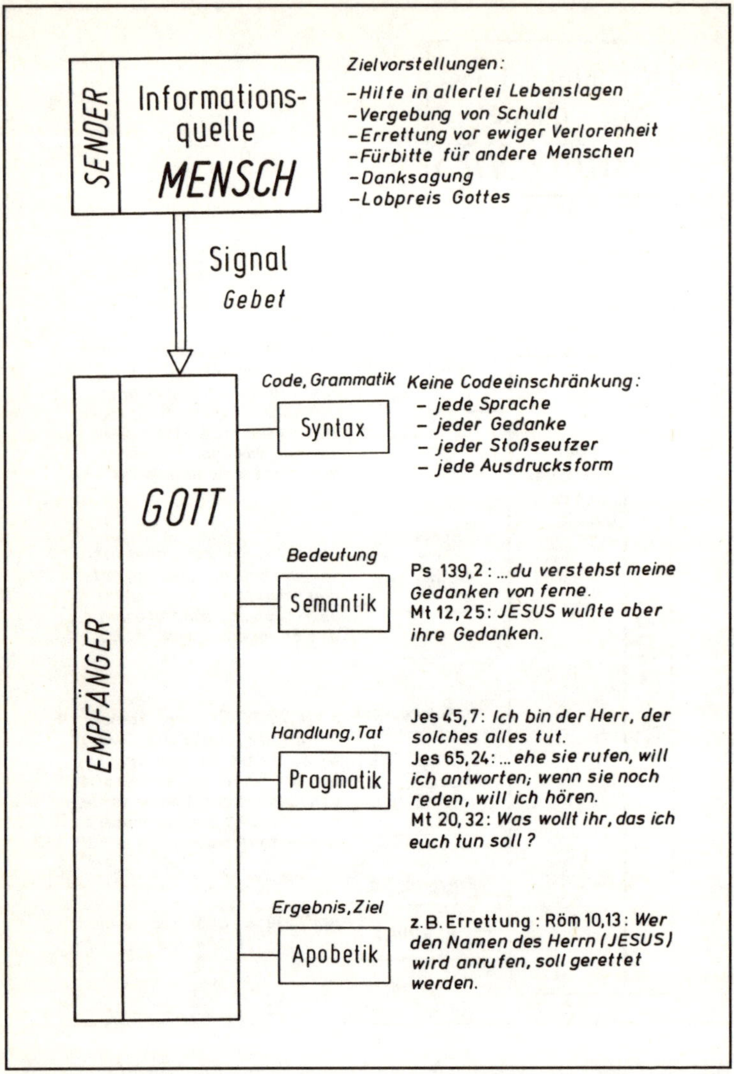

Bild 29: *Der Mensch als Sender, Gott als Empfänger.*

Dieses Informationsübertragungssystem ist technisch gesehen ein Superlativ, denn ein vollkommeneres gibt es nicht: Jedes beliebige Signal des Senders erreicht den Empfänger ohne Störung und Verlust. Es gibt keine Bedeutungsmißverständnisse, und wir haben es hier mit den größten Verheißungen bezüglich der Pragmatik und Apobetik zu tun.

deutlich, wie sehr sein Wort Tat ist, und die ganze Bibel könnte den Untertitel tragen: »Die großen Taten Gottes«. Das Leben Jesu auf dieser Erde war ein einziges Tatzeugnis. Er predigte nicht nur in Vollmacht, sondern er handelte bei allen nur erdenklichen Gelegenheiten: Er heilte Krankheit, er erweckte vom Tode, er vergab Sünde, er trieb Dämonen aus, er speiste riesige Zuhörerschaften, und er gebot dem Unwetter. Den Augenzeugen blieb nur das Staunen: »Wer ist der? Selbst Wind und Meer sind ihm gehorsam!« (Mk 4,41). Die größte Tat Jesu war jedoch das Erlösungswerk von Golgatha. Schon beim Propheten Jesaja (43,24) spricht Gott davon: »Ja, mir hast du Arbeit gemacht mit deinen Sünden und hast mir Mühe gemacht mit deinen Missetaten.« Nun reicht die Vergebungskraft für jeden Sünder aus. Es muß niemand mehr verlorengehen. Wir müssen uns nur an den dafür Zuständigen wenden, an Jesus Christus. Er hat noch nie jemanden von sich gewiesen, der ihn aufrichtig darum gebeten hat. Auf unsere Gebete handelt Gott immer so, wie es für uns am besten ist. Den richtigen Zeitpunkt weiß Gott besser als wir, auch die Handlung, die uns am meisten hilft, weiß er. Bei *einem* Gebet aber handelt Gott augenblicklich; hier gibt es keinen Verzug und keine bessere Lösung: Es ist das Gebet des Sünders um Errettung. Wer aus diesem Grunde den Namen des Herrn Jesu anruft, wird sofort angenommen (Röm 10,13). Hier gibt es keine Millisekunde an zeitlicher Verschiebung zwischen Anruf und Erhörung: »Und es soll geschehen: ehe sie rufen, will ich antworten; wenn sie noch reden, will ich hören« (Jes 65,24). Als der Schächer am Kreuz sich an den Sohn Gottes wandte: »Jesus, gedenke an mich, wenn du in dein Reich kommst!« erhielt er die an keine Bedingung geknüpfte augenblicklich wirksame Zusage: »Wahrlich, ich sage dir: Heute wirst du mit mir im Paradiese sein« (Lk 23,42-43).

5. Apobetik: Im Vaterunser gibt Gott uns Zielvorgaben für unser Gebet, die mit seinen übereinstimmen: »Dein Wille geschehe« (Mt 6,10). Gottes Wille ist es, uns zum Ziel zu bringen. »Er will, daß allen Menschen geholfen werde« (1 Tim 2,4). Gott identifiziert sich mit unseren Zielvorstellungen, wenn sie seinem Wort entsprechend sind. *Bonhoeffer* sagte einmal treffend, daß Gott zwar nicht alle unsere Wünsche erfüllt, aber alle seine Verheißungen. Wer weiß ihre Zahl? Es gibt sage und schreibe 1260 Zusagen Gottes in der Bibel! Neben tausenderlei Hilfen, die er uns in allen Lebenslagen zukommen lassen will (Ps 50,15), möchte er uns zum ewigen Ziel bringen. »Diesen ewigen Vorsatz hat Gott ausgeführt in Christus Jesus, unserem Herrn« (Eph 3,11). Gott ist mit uns zum Ziel gekommen, wenn Jesus der Herr und Verfüger über alle Bereiche unseres Lebens geworden ist. Dann gilt uns die Anrede: »So seid ihr nun nicht mehr Gäste und Fremdlinge, sondern Mitbürger der Heiligen und Gottes Hausgenossen, erbaut auf den Grund der Apostel und Propheten, da Jesus Christus der Eckstein ist« (Eph 2,19-20). Ohne Jesus sind wir mit unserem Leben am Ziel vorbeigetrieben, und davor warnt die Bibel sehr eindrücklich (Kol 2,18; Hebr 2,1).

14.3 Superlative von Informationsdichten

Der Anhang Kapitel A1 befaßt sich mit der statistischen Informationsdichte. Dabei kommt heraus, daß in den DNS-Molekülen der lebenden Zelle der höchste Wert realisiert ist. Es ist legitim, nach der Informationsdichte auch auf den anderen Ebenen der Information zu fragen. Ohne Zahlenrechnungen auszuführen, wollen wir bei der Anwendung auf die Bibel einige Abschätzungen vornehmen:

1. Semantische Informationsdichte: Als semantische Informationsdichte können wir die Gedankenfülle oder »Bedeutungsschwere« pro Satz oder pro Textabschnitt definieren. In unzähligen wissenschaftlichen wie auch populären Abhandlungen haben die Menschen z. B. über die Herkunft des Lebens und dieser Welt nachgedacht. Niemand kennt die Zahl der Bücher, die sich mit der Herkunft des Menschen befassen. Das meiste Schriftgut geht dabei von evolutiven Vorstellungen aus, und niemand kann die echten Fragen beantworten. In Anbetracht dessen ist es bemerkenswert, daß die Bibel die Herkunft des Menschen mit einem einzigen Vers vollständig beschreibt: »Und Gott der Herr machte den Menschen aus einem Erdenkloß und blies ihm den lebendigen Odem in seine Nase. Und also ward der Mensch eine lebendige Seele« (1 Mo 2,7). Diese wenigen Worte enthalten eine bemerkenswerte Informationsfülle, denn sie sind die Antwort auf zahlreiche Fragen:

- Der Mensch stammt nicht aus einem evolutiven Zufallsprozeß, sondern er wurde von einem persönlichen Schöpfer gebildet.
- Der Mensch hat entgegen allen Behauptungen seine Wurzeln nicht im Tierreich, denn er wurde separat geschaffen.
- Es wurde zunächst nur ein einziger Mensch erschaffen.
- Der Mensch besteht nicht nur aus Materie, sondern er erhielt durch den Odem Gottes die entscheidende nichtmaterielle Komponente, den Geist.
- Durch die Vereinigung des materiellen und nichtmateriellen Teils wird der Mensch zu einer lebenden Seele.

Hier erlangt das Sprichwort Bedeutung: »Die Wahrheit bedarf nicht vieler Worte, die Lüge kann nie genug haben.« Der o.g. Vers hat trotz der semantischen Fülle nur einen erstaunlich geringen Codebedarf. Keine andere Beschreibung der Herkunft des Menschen ist so wahr und so kurz formuliert. Mit Recht können wir sagen, diesbezüglich die höchste semantische Informationsdichte vor uns zu haben. Würden wir andere Themen der Bibel nennen, so kämen wir auch dort zu Superlativen semantischer Informationsdichte (z. B. Joh 3,16 enthält die vollständige Information, wie der Mensch gerettet wird).

2. Pragmatische Informationsdichte: Als pragmatische Informationsdichte können wir das Maß der Auswirkung A eines Tuns bezüglich des Einsatzes E definieren, wobei die Anregung für E aus einer gesendeten Information stammt. So zeigt uns z. B. das *»Guinness-Buch der Rekorde«* [G13], welch unvorstellbarer Einsatz oft gebracht wird, nur um eine Eintragung in diese Sammlung zu erreichen. Wie kurz ist z. B. dieser zweifelhafte »Ruhm«, wenn schon bald der Rekordhalter im Bratwürstchenessen mit 96 Stück und 4:29 Minuten [G13] überboten wird? Viele Taten der Menschen dienten nur der eigenen Ehre, sie sind längst vergessen und bedeutungslos geblieben. Die Bibel weist unser Sinnen in eine ganz andere Richtung. Alles, was wir in dem Namen Jesu tun (Kol 3,17), hat Ewigkeitsbedeutung (Mt 6,20). Selbst der gereichte Becher kalten Wassers geht in Ewigkeit nicht verloren und wird gelohnt (Mt 10,42). Wo gibt es bei so niedrigem Einsatz einen unvergänglichen Lohn? Solche Auswirkungen nennt nur die Bibel. Paulus vergleicht die Handlungen des an Christus orientierten Menschen, der im Namen Jesu wirkt, mit denen der Sportler in der Kampfbahn (1 Kor 9,24-25). Die letzteren kämpfen, »daß sie einen vergänglichen Kranz erlangen, wir aber einen unvergänglichen« (1 Kor 9,25b). Wir kommen somit zu einem weiteren Superlativ, nämlich zu der höchstmöglichen pragmatischen Informationsdichte.

3. Apobetische Informationsdichte: Die apobetische Informationsdichte ist ein Maß dafür, wie hoch das erreichte Ziel ist, das aus einer gesendeten Information folgt. Eine Begebenheit aus der Zeit der Herrschaft der Spartaner zeigt uns unterschiedliche apobetische Informationsdichten:

Beispiel: Als in einer **von Sparta beherrschten Landschaft** eine Hungersnot ausbrach, entsandten die Bewohner einen redebegabten Boten zu den Spartanern. Stumm lauschten sie seiner langen – und wie er selbst meinte – bewegenden Rede, mit der er um Getreide ersuchte. Die Spartaner entließen den Mann jedoch mit dem abweisenden Urteil: Sie hätten den Anfang seiner Rede vergessen und daher das Ende nicht verstanden. Bald darauf wurde ein zweiter Bote geschickt, der völlig anders vorging: Er brachte einen leeren Sack mit, wendete ihn vor aller Augen und sprach kurz und knapp: »Er ist leer, tut etwas hinein!« Dieser Bote erhielt das gewünschte Getreide, doch die Spartaner merkten an: Er hätte sich kürzer fassen sollen. Daß der Sack leer sei, habe man gesehen, daß er dessen Füllung begehre, verstehe sich von selbst; ein andermal möge er sich weniger weitschweifig ausdrücken.

Diese Begebenheit demonstriert uns, wie der eine trotz sicherlich großer Gedankenfülle in seiner Rede sein Ziel nicht erreichte, während der andere es mit wenig, aber treffendem Informationseinsatz sofort schaffte. Wir haben es hier also mit unterschiedlichen apobetischen Informationsdichten zu tun, wobei der Vorschlag der Spartaner zu einem noch höheren Wert geführt hätte.

Betrachten wir uns als Empfänger der biblischen Botschaft, so können wir zur höchstmöglichen apobetischen Informationsdichte kommen. Dazu verweisen wir auf den einen Vers aus Johannes 3,36: »Wer an den Sohn glaubt, der hat das ewige Leben. Wer dem Sohn nicht glaubt, der wird das Leben nicht sehen, sondern der Zorn Gottes bleibt über ihm.« Diese kurzgefaßte Information kann in ihrer Gedankenschwere nur in der Bibel stehen (hohe semantische Informationsdichte). Ebenso hoch ist das darin ausgedrückte Ziel: *das ewige Leben!* Da es nichts Höherwertiges gibt – nach dem Urteil Jesu ist die ganze Welt dagegen wertlos (Mt 16,26) –, hat derjenige, der sich Jesus im Glauben anvertraut, die *höchstmögliche apobetische Informationsdichte* erreicht.

15 Die Einflußgrößen zur Bewertung von Information und ihre Anwendung auf die Bibel

In Kapitel 10 haben wir die sechs Einflußgrößen erörtert, die für eine quantitative Bewertung von Information (insbesondere Semantik) als geeignet erscheinen: semantische Qualität, Relevanz, Aktualität, Zugriff, Existenz und Verständlichkeit. Wir wollen nun darauf eingehen, wie sich diese Parameter in der Bibel darstellen.

1. Semantische Qualität *q*: Die besondere semantische Qualität der Bibel ist dadurch gekennzeichnet, daß sie

– *göttlicher Art ist:* »Dies ist das Wort, das vom Herrn geschah« (Jer 7,1). »Ich tue euch kund, daß das Evangelium nicht menschlicher Art ist. Denn ich habe es von keinem Menschen empfangen noch gelernt, sondern durch eine Offenbarung Jesu Christi« (Gal 1,11-12).
– *reine Wahrheit ist:* »Wohlan denn, o Herr Jahwe, du bist Gott, und deine Worte sind Wahrheit« (2 Sam 7,28; *Jerusalemer*). »Dein Wort ist die Wahrheit« (Joh 17,17).
– *die Rettungsbotschaft für den Menschen enthält:* »In ihm (Jesus) seid auch ihr, die ihr gehört habt das Wort der Wahrheit, nämlich das Evangelium von eurer Seligkeit« (Eph 1,13).

2. Relevanz *r*: Die biblische Botschaft ist für jeden Menschen relevant, denn Gott hat für alle dasselbe Urteil: »Kein Lebendiger ist gerecht« (Ps 143,2); »sie sind allzumal Sünder und mangeln des Ruhmes, den sie bei Gott haben sollten« (Röm 3,23). Ebenso hat Gott für alle Menschen denselben Rettungsweg durch seinen Sohn Jesus bereitet: »In keinem andern ist das Heil, ist auch kein anderer Name unter dem Himmel den Menschen gegeben, darin wir sollen selig werden« (Apg 4,12). Zahlreiche andere Belegstellen weisen in dieselbe Richtung: Joh 3,16; Joh 3,18; Joh 14,6; 1 Joh 5,12. Der Gewinn ist am größten, wenn wir die Relevanz richtig einschätzen. Das Verhalten der Gemeinden zu Thessalonich (1 Thess 1,4 - 9) und zu Philadelphia (Offb 3,7-11) wird in diesem Sinne gelobt. Die Bibel warnt sehr eindrücklich vor der Fehleinschätzung ihrer Relevanz, denn diese führt zum größten Verlust überhaupt. So wird in Apostelgeschichte 13,46 den Zuhörern gesagt: »Euch mußte zuerst das Wort Gottes gepredigt werden. Weil ihr es aber abweist, erachtet ihr euch selbst des ewigen Lebens nicht wert« (*Jerusalemer*). Der reiche Kornbauer machte seine Lebensrechnung ohne Gott, und so wird ihm gesagt: »Du Narr! Diese Nacht wird man deine Seele von dir fordern« (Lk 12,20). Auch der reiche Mann in der Hölle (Lk 16,19-31) ging nicht wegen seines Reichtums verloren – Abraham und Hiob hatten wohl einen noch größeren Besitz –, sondern wegen falsch eingeschätzter Relevanz.

3. Aktualität ***a:*** Bestimmte Bibelteile gehören zu den ältesten bis heute erhalten gebliebenen Schriften, die die Menschheit kennt. Bis auf Lukas gehören alle Schreiber einem unauffälligen kleinen Volk im Nahen Osten an. Angesichts solcher Fakten könnte man meinen, daß ein derartiges Buch nur noch von historischem Interesse sei und sein Inhalt sich längst überholt habe. Eine gewisse Bedeutung als Kulturgut wäre noch in jenem Volk zu erwarten, deren Angehörige zu den Schreibern gehörten. Entgegen all solchen Überlegungen befassen sich Millionen von Menschen mit diesem Buch. Unabhängig von Alter, Sprache und Bildungsstand wird es geliebt und gelesen. Kein Buch der Weltgeschichte ist so hochaktuell. Woran liegt das? *Luther* sagte von diesem einmaligen Buch: »Die Bibel ist nicht antik, auch nicht modern, sie ist ewig.« Die Botschaft der Bibel spricht in jede Zeit hinein. Ihr Wort ist von bleibender Aktualität; es hat eine ewigkeitliche Dimension. Jesus verweist darauf in Matthäus 24,35: »Himmel und Erde werden vergehen; aber meine Worte werden nicht vergehen.« In dieser Welt ist alles dem Vergehen preisgegeben, nur das Wort nicht: »Das Gras verdorrt, die Blume verwelkt; aber das Wort unseres Gottes bleibt ewiglich« (Jes 40,8). Wegen dieser ausgezeichneten Wesensart des Wortes Gottes bleibt es immer gleich aktuell. Das oft zitierte *»Heute«* hat darum seine Bedeutung über Jahrtausende nie eingebüßt. Den damaligen Ruf Josuas an das Volk »so erwählet (= entscheidet) euch *heute*, wem ihr dienen wollt« (Jos 24,15a) richtet Gott auch heute an uns. Welch ein Segen, wenn wir dieselbe Antwort geben: »Ich aber und mein Haus wollen dem Herrn dienen« (Jos 24,15b). Als Zachäus in der Begegnung mit Jesus die entscheidende Wende seines Lebens erfuhr, erhielt er den aktuellen Zuspruch; »*Heute* ist diesem Haus Heil widerfahren« (Lk 19,9). Dieses Heil wird auch uns im Heute geschenkt, wenn wir unser Leben auf Jesus ausrichten. Wer so zu ihm gefunden hat, lebt von dem Wort Gottes als der ständig aktuellen Speise: »Der Mensch lebt nicht vom Brot allein, sondern von einem jeglichen Wort, das durch den Mund Gottes geht« (Mt 4,4).

4. Zugriff *z:* Das Gesamtwissen verdoppelt sich heute alle sieben Jahre, das Wissen in der Elektrotechnik alle fünf Jahre, und in der Informationstechnik ist diese Zeitspanne noch erheblich kürzer. Ein Wissenschaftler, der in seinem Fachgebiet auf dem laufenden bleiben will, müßte etwas Unmögliches tun, nämlich 100 Stunden pro Tag nur lesen! Bei der heutigen Wissensexplosion wird es nicht nur zunehmend schwieriger, zuweilen sogar unmöglich, die relevante Information zu finden. So wird der Zugriff zum Problem Nummer Eins. Anders ist es bei der Bibel: Ihre *Weisheit* ist etwas Abgeschlossenes und Bleibendes und daher wesensmäßig von unserem menschlichen Wissen unterschieden. Die Information von Gott ist auf ein einziges Buch begrenzt, so daß wir leichten und völligen Zugriff darauf haben. Dieser Zugriff, d. h. der ständige Gebrauch, ist uns durch göttliche Weisung aufgetragen:

Josua 1,8: »Und laß das Buch dieses Gesetzes nicht von deinem Munde kommen, sondern betrachte es Tag und Nacht!«

Jeremia 22,29: »O Land, Land, Land, höre des Herrn Wort!«

Kolosser 3,16: »Lasset das Wort Christi reichlich wohnen in euch!«

1. Petrus 2,2: »Seid begierig nach der vernünftigen, lauteren Milch wie die neugeborenen Kindlein, auf daß ihr durch dieselbe zunehmet zu eurem Heil!«

Weiterhin werden wir durch das vorbildliche Zeugnis von Menschen zum Lesen ermuntert. Die Leute von Beröa »nahmen das Wort ganz willig auf und forschten täglich in der Schrift« (Apg 17,11). Der Psalmist sehnt sich nach dem Wort (Ps 119,82), denn dort findet er Erquickung (Ps 119,25), Stärkung (Ps 119,28), Hoffnung und Heil (Ps 119,81).

5. Existenz *e:* Es stellt sich nun doch noch eine wichtige Frage: Enthält die Bibel wirklich alle Information, um Gott und uns selbst kennenzulernen, um ein an den Maßstäben Gottes orientiertes Leben zu führen und um das ewige Ziel zu erreichen? Die Bibel stellt sich schon im AT als ein in diesem Sinne vollständiges Buch dar: »Suchet in dem Buch des Herrn und leset! Es wird nicht an einem derselben fehlen; man vermißt auch nicht dies noch das« (Jes 34,16). Alle wichtigen Fragestellungen finden ihre klare und eindeutige Antwort. Ungewißheit und Vernebelung bringen nur Kritiker und Zweifler hinein. *Spurgeon* beobachtete richtig, wenn er feststellte: »Nichts ist ja leichter als zu zweifeln. Ein Mensch bloßer Halbbildung und von mäßigen Fähigkeiten kann mehr bezweifeln als die klügsten Männer der Wissenschaft auf der ganzen Welt zu erklären und festzustellen vermögen.« Wegen des Vollständigkeitscharakters der biblischen Botschaft dürfen wir von diesem Wort weder etwas abtun noch dazutun (Offb 22,18-19), und bei aller Auslegung gilt der Grundsatz: »Nicht über das hinaus, was geschrieben steht« (1 Kor 4,6).

6. Verständlichkeit *v:* Hierüber wurde bereits in Kapitel 14.1 unter dem Absatz »Konzeption der Bibel« geschrieben.

Bei der zusammenfassenden Bewertung der biblischen Information kommen wir zu eindrucksvollen Ergebnissen:

- Die Bibel enthält die *wichtigste Information,* die es gibt. Sie ist göttlicher Art und weist uns den Weg ins Vaterhaus.
- Die Information der Bibel ist für jeden Menschen von höchster Relevanz ($r = 1$). Sie ist der beste Ratgeber für dieses Leben und der einzige Kompaß zum Himmel.

– Die Information der Bibel ist von *höchster Aktualität* ($a = 1$). Die meisten wissenschaftlichen Arbeiten sind schon nach zehn Jahren überholt [21], das Wort Gottes veraltet nie.
– Zur Information der Bibel haben wir *leichten Zugriff* ($z = 1$). Sie ist in unserem Land überall erhältlich, und sie ist leicht verständlich.
– Die Information der Bibel ist *vollständig und abgeschlossen* ($e = 1$).
– Die Bibel enthält keine falsche Information. Sie ist das einzige Buch der Wahrheit (Joh 17,17).
– In der Bibel finden wir die höchste semantische Informationsdichte, die beste pragmatische Information (Gebote, Lebensregeln, Verhalten zu Gott und Menschen) und die höchste Zielvorgabe (Apobetik), die es gibt (Einladung zum Himmel!).

[21] Neulich sagte mir ein bekannter Physiker, der sich auf die Pensionierung vorbereitete: »Mit der Wissenschaft ist es wie mit einem Moor. Nur die Oberfläche ist brauchbar. Zehn Zentimeter darunter ist alles tot. Da ist alles veraltet, und man kann nichts mehr davon gebrauchen.«

16 Die vier Grundgrößen Masse, Energie, Information und Wille in biblischer Analogie

Die vier Grundgrößen in der Schöpfung: In Kapitel 3.3 haben wir die vier Grundgrößen Masse (bzw. Materie), Energie, Information und Wille betrachtet, wobei wir die beiden letztgenannten als nichtmateriell herausstellten. Für die materiellen Größen Masse und Energie gibt es in unserer Welt Erhaltungssätze (bzw. den Äquivalenzsatz $E = m \cdot c^2$), d. h. sie können weder neu erzeugt werden noch verlorengehen. Sind Masse und Energie darum ewig? Nun, alle jetzt beobachteten Naturgesetze waren weder immer vorhanden noch werden sie immer gültig sein. Sie sind durch die Schöpfung gegebene Phänomene (siehe Satz **N10b** in Kap. 2.3) und haben ihre in Weisheit erdachte Funktion, seitdem es heißt: »Und also vollendete Gott am siebenten Tag seine Werke, die er machte« (1 Mo 2,2). Fragen wir nach der Herkunft der Materie und der Energien, mit denen wir es in der Schöpfung zu tun haben, so gibt uns bereits der erste Vers der Bibel die verbindliche Auskunft: von Gott! Durch seine unvorstellbare Kraft (Jer 10,12; Röm 1,20) ist alles geworden. Der Ausführende des Schöpfungsvorganges war Jesus, denn Gott »hat durch ihn die Welt gemacht« (Hebr 1,2). Ebenso ist Jesus der Erhalter dieser Schöpfung, denn »er trägt alle Dinge mit seinem kräftigen Wort« (Hebr 1,3). Das Schöpfungs- und Erhaltungshandeln Jesu bezieht sich nicht nur auf Materie und Energie, sondern ebenso auf die in den biologischen Systemen enthaltene Information. Somit können wir feststellen (vgl. Joh 1,1-3; Kol 1,16; Hebr 1,2):

– Jesus ist die Quelle aller Energie,
– Jesus ist die Quelle aller Materie,
– Jesus ist die Quelle aller biologischen Information.

Die Gesamtheit der in den Lebewesen enthaltenen Information *I* repräsentiert einen Wert, der sowohl durch hohe Qualität als auch durch große Menge charakterisiert ist. Information benötigt am Anfang einen Willen. Die Bibel spricht davon, wie Wille und Weisheit gepaart sind:

– »Du hast alle Dinge geschaffen, und durch deinen Willen haben sie das Wesen« (Offb 4,11).
– »Herr, wie sind deine Werke so groß und viel! Du hast sie alle weislich geordnet, und die Erde ist voll deiner Güter« (Ps 104,24).
– »In Christus liegen verborgen alle Schätze der Weisheit und der Erkenntnis« (Kol 2,3).

Weiterhin können wir sagen (Kol 1,17; Hebr 1,3): Jesus ist auch der Erhalter aller Energie, aller Materie und aller biologischen Information (d.h. Erhalter des Lebens). Alles hat in Jesus seinen Bestand und seine letzte Ursache. Vertreter der Evolutionslehre hingegen leugnen jede zielorientierte und auf Zweck abgerichtete Ursache und jeden dahinterstehenden persönlichen Erhaltungswillen für diese Welt. Damit mußten sie sich zwangsläufig auf jenen Irrweg begeben, Information zu einer materiellen Größe und Ursache zu erklären. Wir haben ausführlich dargelegt, warum dieser Ansatz naturwissenschaftlich unhaltbar ist.

Gott hat uns seinem Willen gemäß zahlreiche schöpferische Gaben mitgegeben. Der freie Wille versetzt uns in die Lage, zu einem kreativen Handeln zu gelangen. Mit der Gabe der Sprache verfügen wir über jenes Instrument, das uns dazu befähigt, neue Information (kreative Information!) zu schaffen. Nur zweierlei können wir nicht: Wir können weder Masse noch Energie schaffen oder vernichten.

Die vier Grundgrößen in geistlicher Deutung: Es ist bemerkenswert, daß die o. g. vier Grundgrößen in der Bibel eine geistliche Dimension in bezug auf den Menschen besitzen, die wir in Analogie zu dem zuvor Gesagten betrachten können. Gemäß 1. Korinther 2,14-15 wird zwischen dem natürlichen und dem geistlichen Menschen unterschieden. Der *natürliche Mensch* ist ausschließlich irdisch gesinnt, und er steht der Botschaft der Bibel gleichgültig gegenüber. Er orientiert sich an einer Lebensphilosophie ohne Gott, und darum fragt er weder nach Jesus Christus noch nach seiner Rettungsabsicht. Er geht ohne den Heiland der Sünder ewig verloren. Paulus beschreibt seine Situation mit den Worten: »Denn das Wort vom Kreuz ist eine Torheit denen, die verloren werden; uns aber, die wir selig (= gerettet) werden, ist's eine Gotteskraft« (1 Kor 1,18). Der geistliche Mensch hingegen lebt in enger Gemeinschaft mit Gott (Eph 5,18-20). Im NT gibt es die 196mal vorkommende kurze Formel »in Christus« (z. B. Joh 15,4; Röm 8,1; 1 Kor 1,30; Gal 3,28) für diesen Menschen, der sein Leben an Jesus festgemacht hat und der die Gewißheit seines ewigen Lebens hat (1 Joh 5,13). Er hört und liest gern Gottes Wort (Offb 1,3) und hat Zugang zu der geistlichen Dimension der Bibel. In *Bild 30* sind die vier Grundgrößen Masse, Energie, Information und Wille skizziert, wobei wegen der biblischen Analogie beim geistlichen Menschen jeweils das Attribut »geistlich« hinzugefügt ist. Wie bereits dargelegt, haben diese vier Größen in der Schöpfung ihre Ursache in Gott, dem Schöpfer. Wenn aus dem natürlichen Menschen der geistliche wird, so ist dies ebenfalls ein Schöpfungsvorgang Gottes, den er durch Jesus wirkt: »Darum, ist jemand in Christus, so ist er eine neue Kreatur; das Alte ist vergangen, siehe, es ist alles neu geworden!« (2 Kor 5,17). Diesen Schöpfungsvorgang vom alten zum neuen, vom natürlichen zum geistlichen, vom verlorenen zum geretteten Menschen bezeichnet die Bibel mit Bekehrung (Lk 22,32; Apg 3,19) und Wiedergeburt (Joh 3,3; 1 Petr 1,23). Zu dieser Handlung aber kommt es nicht ohne unseren Willen (z. B. Mt 23,37b; Lk 19,14b). Unsere Bereitschaft oder Ablehnung entscheiden über Leben und Tod, sie liegen in der Spannweite zwischen Himmel und Hölle. Für den wiedergeborenen, gläubigen oder geistlichen Menschen spielen die vier geistlichen Grundgrößen eine zentrale Rolle:

1. Geistliche Information: Schon im AT sagt uns Gott in gleichnishafter Weise, daß er sein Wort mit einer festen Zielabsicht (Apobetik) an den Empfänger sende: »Gleichwie Regen und Schnee vom Himmel fallen und dorthin nicht zurückkehren, ohne die Erde zu tränken, zu befruchten und sie sprossen

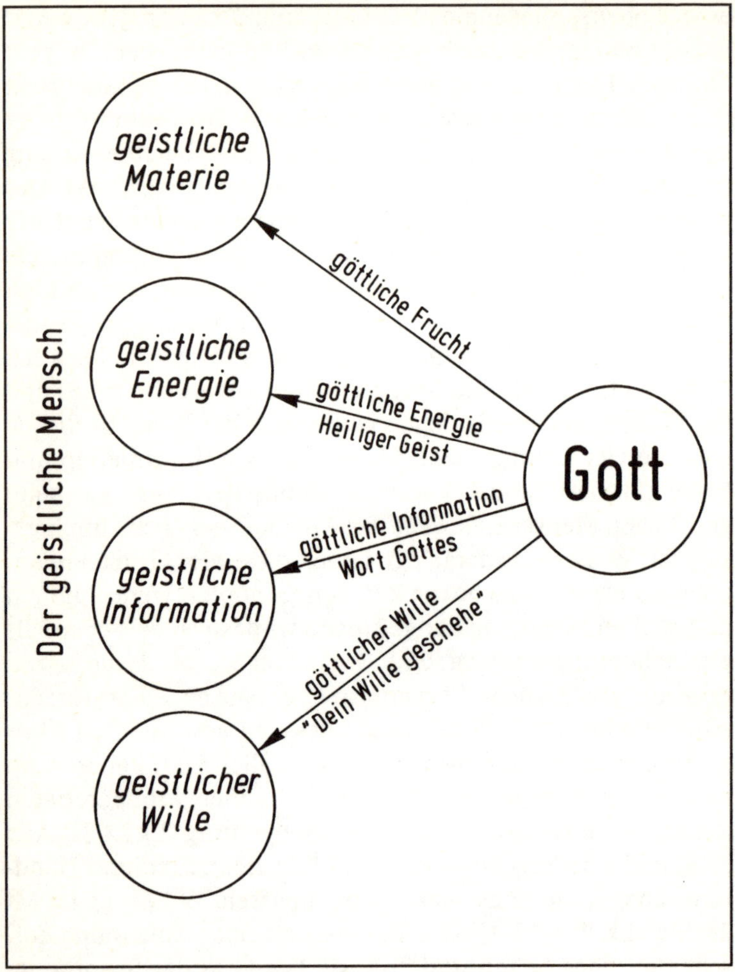

Bild 30: *Grundgrößen im Leben des geistlichen Menschen.*

Die gemäß Bild 8 behandelten vier Grundgrößen Masse, Energie, Information und Wille sind in der Natur bezüglich ihrer Herkunft eine Schöpfung Gottes. Beim gläubigen Menschen finden wir eine geistliche Analogie zu diesen Größen, die die Bibel als göttlicher Art ausweist.

zu lassen, so daß sie Samen den Säenden und Brot den Essenden gibt, so verhält es sich mit meinem Wort, das aus meinem Mund hervorgeht: Es kommt nicht leer zu mir zurück, ohne vollbracht zu haben, was ich wollte, und ausgeführt zu haben, wozu ich es sandte« (Jes 55,10-11; *Jerusalemer*). Hieran wird die ausrichtende und uns dienende Wirkung der göttlichen Information deutlich. Wir werden an Hand verschiedener technischer und biologischer Beispiele zeigen (siehe Anhang A3), daß durch die jeweilige Information in dem betrachteten System

- Energie *gespart* wird,
- vor Energieverschwendung *bewahrt* wird,
- Energie *genutzt* wird,
- der Energieverbrauch *optimiert* wird.

In analogem Sinne wirkt sich die göttliche (geistliche) Information auf uns aus, indem sie

- uns Irrwege *erspart*,
- vor Vergeudung des Lebens *bewahrt*,
- die Gaben (natürliche Veranlagungen, Zeit, Geld) in unserem Leben *nutzt*,
- unsere Lebensbereiche (Ehe, Beruf, Freizeit) *optimiert*,
- unser Leben vom Verderben *rettet* und uns ewiges Leben gibt.

2. Geistlicher Wille: Im Sprichwort heißt es: »Wer tut, was er will, tut oft, was er nicht soll«, und *Luther* stellte fest: »Wenn der freie Wille das tut, was in ihm ist, so begeht er eine Todsünde.« Selbst der Völkerapostel Paulus bekennt von sich selbst: »In meinem Fleische wohnt nichts Gutes. Wollen habe ich wohl, aber vollbringen das Gute finde ich nicht. Denn das Gute, das ich will, das tue ich nicht; sondern das Böse, das ich nicht will, das tue ich« (Röm 7,18-19). Mögen wir aus noch so wohlgemeinten ethischen Gründen das Gute wollen, wir bringen es aus eigener Kraft nicht fertig. Der Egoismus ist die gewisseste Eigenschaft des Menschen. Treffender als alle Philosophen, Humanisten und Psychologen hat Jesus unseren Willen und unser Wesen charakterisiert: »Der Geist ist willig; aber das Fleisch ist schwach« (Mt 26,41). In uns steckt das tödliche Gift der Sünde, das uns vom Sündenfall her so unausweichlich infiziert hat, daß wir im wahrsten Sinne des Wortes »unter die Sünde verkauft sind« (Röm 7,14). Hier bringt uns kein »guter« Wille heraus. Wir brauchen die Erlösung durch den, der die Sünde besiegt hat. Der Befehl »verändert euch durch Erneuerung eures Sinnes« (Röm 12,2) geschieht nicht aus eigener Kraft, sondern nur in der festen Bindung an Jesus und durch die stete Einwirkung des Wortes Gottes auf unser Denken. Damit gilt nicht mehr das von *Goethe* genannte Prinzip »Und bist du nicht willig, so brauch ich Gewalt« (Erlkönig), sondern wir unterstellen uns gern dem Willen Gottes, wie es Jesus uns im Vaterunser gelehrt hat und wie er es bis zum Weg ans Kreuz vorgelebt hat: »doch nicht mein, sondern dein Wille geschehe!« (Lk 22,42). Der in seinem Gewissen an Gottes Wort gebundene Wille ist nicht mehr egozentrisch (z.B. Jes 53,6: »ein jeglicher sah auf seinen Weg«), sondern christozentrisch (z.B. Kol 3,23: »Alles, was ihr tut, das tut von Herzen als dem Herrn und nicht den Menschen«) orientiert.

3. Geistliche Energie: Wie es keine Maschine gibt, die ohne Energiezufuhr betrieben werden kann, so ist auch der geistliche Mensch kein Perpetuum mobile. Seine geistliche Energiequelle ist der Heilige Geist, ohne den niemand Jesus seinen Herrn nennen kann (1 Kor 12,3). So war der Verkündigungsdienst der Jünger nicht im Eigenen begründet, sondern in der ihnen geschenkten göttlichen Energie: »Ihr werdet aber die Kraft des Heiligen Geistes empfangen, welcher auf euch kommen wird, und werdet meine Zeugen sein« (Apg 1,8). In welchem Ausmaß uns diese Energie zur Verfügung steht, bringt Paulus in Epheser 1,19-20 zum Ausdruck, wenn er darauf hinweist, »was da sei die überschwengliche Größe seiner Kraft an uns, die wir glauben, weil die Macht (griech. *energeia* = Wirksamkeit, Energie) seiner Stärke bei uns wirksam wurde, die er in Christus wirken ließ«. Obwohl Paulus körperlich schwach war (2 Kor 12,9), konnte er geistlich Unvergleichbares leisten:

»daran ich auch arbeite und ringe in der Wirkung (griech. *energeia*) des, der in mir kräftig wirkt« (Kol 1,29). Auch uns gilt der Zuruf Gottes: »Seid stark in dem Herrn und in der Macht seiner Stärke!« (Eph 6,10).

4. Geistliche Materie: Sieht man von dem Massendefekt bei kernphysikalischen Prozessen einmal ab, so gibt es für die Materie einen Erhaltungssatz. Sucht man nach etwas Bleibendem im Leben eines Menschen, so ist es nach der Bibel nur die Frucht, die unser Leben erbracht hat. *Heinrich Kemner* hat immer wieder auf den Unterschied zwischen Erfolg und Frucht hingewiesen. Der natürliche Mensch sucht die Erfüllung seines Lebens im Erfolg, der geistliche Mensch findet sie in der Frucht. Erfolg liegt weitgehend in unserer Hand, Frucht hingegen ist Gnade und wächst nur in der Kopplung des Lebens an Jesus. Im Gleichnis vom Weinstock hat Jesus uns dieses Geheimnis erschlossen: »Gleichwie die Rebe kann keine Frucht bringen von sich selber, sie bleibe denn am Weinstock, so auch ihr nicht, ihr bleibet denn an mir. Ich bin der Weinstock, ihr seid die Reben. Wer in mir bleibt und ich in ihm, der bringt viel Frucht: denn ohne mich könnt ihr nichts tun« (Joh 15,4-5). Im Gericht Gottes werden einmal alle unsere Werke offenbar werden. Was wir vielleicht als große Erfolgsleistungen unseres Lebens deuteten, wird im prüfenden Feuer Gottes verbrennen; nur die Frucht in Jesus wird sich bewähren und zum Lohn führen (1 Kor 3,11-14). Es ist der erklärte Wille Gottes, daß wir unser Leben auf Frucht buchen (Joh 15,2; Röm 1,13b; Gal 5,22; Phil 4,17; Kol 1,10); denn Jesus sagt: »Ich habe euch erwählt und gesetzt, daß ihr hingehet und Frucht bringet und eure Frucht bleibe« (Joh 15,16).

Anhang

A1 Statistische Betrachtung von Information

A1.1 Shannonsche Informationstheorie

Claude E. Shannon (*1916) war der erste, der mit seiner bekannten Arbeit »A mathematical theory of communication« [S7] im Jahre 1948 eine mathematische Definition des Informationsbegriffes entwarf. Sein Informationsmaß, das in »Bit« (binary digit) angegeben wird, erbrachte den Vorteil, quantitative Aussagen über Zeichenketten anzugeben. Der Nachteil ist ebenso offensichtlich: Information nach *Shannon* umfaßt – wie wir noch ausgiebig darlegen werden – nicht die Information von ihrem ganzen Wesensgehalt her, sondern beschränkt sich auf einen ganz speziellen Aspekt, der insbesondere für ihre Übertragung und Speicherung bedeutsam ist. Ob ein Text sinnvoll, verständlich, richtig oder falsch ist oder keinerlei Bedeutung enthält, wird dabei überhaupt nicht erfaßt. Ebenso bleiben auch die wichtigen Fragen ausgeklammert, woher die Information stammt (Sender) und für wen sie bestimmt ist (Empfänger). Es ist für den *Shannonschen* Informationsbegriff völlig ohne Belang, ob eine Buchstabenreihe einen äußerst bedeutsamen und sinnvollen Text darstellt oder ob sie durch Würfeln zustandegekommen ist. Ja, so paradox es klingt, eine Zufallsfolge von Buchstaben enthält – informationstheoretisch betrachtet – sogar das Maximum an Informationsgehalt, während der entsprechende Zahlenwert für einen gleich langen, aber sprachlich sinnvollen Text kleiner ist.

Shannons Konzept: Das Grundkonzept der *Shannonschen* Informationsdefinition geht von einem Problem der Nachrichtenübermittlung aus (Bestimmung der optimalen Übertragungsgeschwindigkeit). Da Inhaltsschwere und Tragweite von Nachrichten für ein technisches Übertragungssystem unwichtig sind, bleiben diese Gesichtspunkte unbeachtet. *Shannon* beschränkt sich auf nur einen Aspekt der Information, nämlich daß durch sie etwas Neues ausgedrückt wird. Kurz: Informationsgehalt = Gehalt an Neuem. Das Wort »Neues« meint nicht eine neue Idee, einen neuen Gedanken oder eine neue Nachricht – das wäre bereits ein Bedeutungsaspekt –, sondern lediglich den größeren Überraschungseffekt, der durch ein selteneres Zeichen bewirkt wird. Information liegt für *Shannon* nur dann vor, wenn sie nicht vollständig vorhersagbar ist. Information ist somit ein Maß für die Unwahrscheinlichkeit eines Ereignisses. Einer sehr unwahrscheinlichen Nachricht mißt man darum einen entsprechend hohen Informationsgehalt zu. Die Nachricht, daß jemand unter zwei Millionen Spielern das große Los gezogen hat, ist für ihn »gehaltvoller« als die Nachricht von einem Gewinn, der auf jedes zehnte Los fällt. Das erste Ereignis ist sehr viel unwahrscheinlicher.

Bevor eine diskrete Zeichenquelle (Achtung: nicht Informationsquelle!) ein Zeichen abgibt *(Bild 31)*, besteht eine gewisse Unsicherheit darüber, welches spezielle Zeichen a_i aus dem verfügbaren Zeichenvorrat (z. B. Alphabet mit N Buchstaben $a_1, a_2, a_3, \ldots, a_N$) abgegeben wird. Erst nach dem Eintreffen des Zeichens wird die vorherige Unsicherheit beseitigt. Nach *Shannonscher* Vorgehensweise gilt also: Information ist diejenige Unsicherheit, die durch das Erscheinen des betreffenden Zeichens gerade beseitigt wird. Einer großen »Überraschung« wird also mehr Information zugeschrieben als einer gewissen »Sicherheit« des Auftretens eines Zeichens. Für den mathematisch interessierten Leser wollen wir hier einige Grundformeln *Shannonscher* Information herleiten, um die Denkweise besser zu verstehen.

1. Informationsgehalt einer Zeichenfolge: Wie wir im folgenden noch deutlicher erkennen werden, interessiert sich *Shannon* nur für die Auftrittswahrscheinlichkeit der Zeichen. Darum erfaßt er lediglich die statistische Dimension der Information. Der Begriff Information wird dadurch auf einen bedeutungsfreien Aspekt eingeengt. Setzt man voraus, daß die Wahrscheinlichkeit für das Auftreten der einzelnen Zeichen voneinander unabhängig ist (z. B. nach einem »q« muß kein »u« folgen) und jedes der N verschiedenen Zeichen gleich wahrscheinlich ist, dann gilt: Die Wahrscheinlichkeit für das Auftreten irgendeines beliebigen Zeichens x_i ist $p_i = 1/N$. Der Informationsgehalt wird nach *Shannon* gerade so definiert, daß drei Bedingungen zu erfüllen sind:

i) Die Informationsgehalte von k voneinander unabhängigen Nachrichten[22] (Zeichen oder Zeichenketten) sollen sich addieren, d. h. es soll eine Beziehung der Form $I_{ges} = I_1 + I_2 + \cdots + I_k$ gelten. Diese Summationsbedingung faßt Information als etwas Mengenmäßiges auf.

[22] **Nachricht:** Unter Nachricht wird im *Shannonschen* Informationszusammenhang nicht eine bedeutungstragende Botschaft verstanden, sondern nur ein einzelnes Zeichen (z. B. Buchstabe) oder eine Folge von Zeichen (z. B. Wort). In diesem Sinne ist auch der Begriff »Nachricht« in DIN 44 300 genormt: »Zeichen und kontinuierliche Funktionen, die zum Zweck der Weitergabe Informationen auf Grund bekannter oder unterstellter Abmachungen darstellen.«

ii) Der einer Nachricht zuzuschreibende Informationsgehalt soll mit zunehmender Überraschung steigen. Der Überraschungseffekt für das seltenere *»y«* (geringe Wahrscheinlichkeit) ist größer als für das häufigere *»e«* (hohe Wahrscheinlichkeit). Daraus folgt: Mit abnehmender Wahrscheinlichkeit p_i eines Zeichens x_i soll sein Informationsgehalt gerade ansteigen. Mathematisch bedeutet das eine umgekehrte Proportionalität: $I \sim 1/p_i$.

iii) Im einfachsten symmetrischen Fall, wenn der Zeichenvorrat aus nur zwei Zeichen besteht (z. B. »0« und »1«), die zudem gleich häufig auftreten ($p_1 = 0,5$ und $p_2 = 0,5$), soll dem Informationsgehalt I eines solchen Zeichens gerade die Einheit 1 Bit zugeordnet werden.

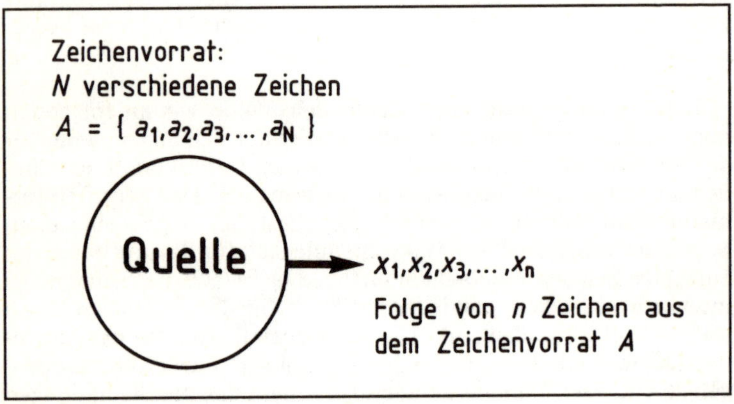

Bild 31: *Modell einer diskreten Quelle zur Erzeugung von Zeichenfolgen.*

Die Quelle verfügt über einen Vorrat von N verschiedenen Zeichen (z. B. Alphabet mit N = 26 Buchstaben), aus der zeitlich nacheinander eine lange Folge von n Zeichen gesendet wird. Die Quelle kann ein Zeichengenerator sein, der gemäß einer bestimmten Wahrscheinlichkeitsverteilung in zufälliger Folge Zeichen erzeugt oder auch ein auf Magnetband gespeicherter unbekannter Text, der sequentiell (d. h. Zeichen für Zeichen) ausgegeben wird.

Nach den Gesetzen der Wahrscheinlichkeitsrechnung ist die Wahrscheinlichkeit zweier voneinander unabhängiger Ereignisse (z. B. Würfeln mit 2 Würfeln) gleich dem Produkt der Einzelwahrscheinlichkeiten:

$$p = p_1 \cdot p_2 \qquad (1)$$

Die erste Forderung (i) $I(p) = I(p_1 \cdot p_2) = I(p_1) + I(p_2)$ ist mathematisch erfüllbar, wenn Gleichung (1) logarithmiert wird. Die zweite Forderung (ii) wird eingehalten, indem man statt der Wahrscheinlichkeiten p_1 und p_2 ihre Kehrwerte $1/p_1$ und $1/p_2$ verwendet:

$$I(p_1 \cdot p_2) = \log (1/p_1) + \log (1/p_2). \qquad (2)$$

Die noch offene Basis b des Logarithmus in Gleichung (2) beinhaltet die Maßstabsfrage und wird durch die dritte Forderung (iii) festgelegt

$$I = {}^{b}\log (1/p) = {}^{b}\log (1/0{,}5) = {}^{b}\log 2 = 1 \text{ bit}. \qquad (3)$$

${}^{b}\log 2 = 1$ gilt für den Logarithmus mit der Basis $b = 2$ (dualer Logarithmus ${}^{2}\log = \text{ld}$; es gilt: $\text{ld}\, x = \log x/\log 2$) erfüllt. Somit lautet also die Definition des Informationsgehaltes I für ein **einzelnes** Zeichen mit der Auftrittswahrscheinlichkeit p

$$I(p) = \text{ld}\,(1/p) = -\,\text{ld}\, p \geq 0. \qquad (4)$$

Nach dieser Definition ist der Informationsgehalt einer einzelnen Nachricht (je nach Betrachtungsweise: Symbol, Zeichen, Silbe, Wort) ein Maß für die Unsicherheit vor ihrem Empfang. Da die Wahrscheinlichkeit nur Werte unter oder höchstens gleich Eins ($0 \leq p \leq 1$) annehmen kann, ist gemäß Gleichung (4) $I(p) \geq 0$, d. h., der Zahlenwert des Informationsgehaltes ist immer positiv. Der Informationsgehalt mehrerer Nachrichten (z. B. Zeichen) ergibt sich entsprechend der ersten Forderung (i) durch Summation der Werte für die Einzelnachrichten

$$I_{\text{ges}} = \text{ld}\,(1/p_1) + \text{ld}\,(1/p_2) + \cdots + \text{ld}\,(1/p_n) = \sum_{i=1}^{n} \text{ld}\,(1/p_i) \qquad (5)$$

Gleichung (5) kann – wie in [G7] gezeigt – in die folgende mathematisch äquivalente Beziehung umgeformt werden:

$$I_{\text{ges}} = n \cdot \sum_{i=1}^{N} p(x_i) \cdot \text{ld}\,(1/p(x_i)) = n \cdot H \qquad (6)$$

Der Unterschied von n und N in den Summenzeichen ist zu beachten. Während die Summe in Gleichung (5) über alle n Glieder der

Zeichenkette geht, wird in Gleichung (6) nur über die Anzahl N des Zeichenvorrats summiert.

Bedeutung der Formelzeichen:
n = Anzahl der Zeichen in einer langen Zeichenkette (z. B. Anzahl der Buchstaben in einem Text)
N = Anzahl der verschiedenen Zeichen eines Elementarvorrats
(z. B.: $N = 2$ bei Binärzeichen: 0 und 1;
beim Morsecode: · und –
$N = 26$ beim lateinischen Alphabet: A, B, C, ..., Z
$N = 26 \cdot 26 = 676$ Bigramme beim lateinischen Alphabet: AA, AB, AC, ..., ZZ
$N = 4$ beim genetischen Code: A, C, G, T)
x_i ; $i = 1$ bis N, Folge der N verschiedenen Zeichen
I_{ges} = Informationsgehalt der gesamten Zeichenkette
H = mittlerer Informationsgehalt eines Zeichens (oder auch Bigramms, Trigramms; siehe *Tabelle 4*); Mittelwert des Informationsgehaltes für ein einzelnes Zeichen, der durch Mittelung über eine längere Zeichenkette oder gar der ganzen Sprache (Auswertung zahlreicher Texte aus verschiedenen Literaturgattungen) gewonnen wurde.

Die *Shannonschen* Gleichungen (6) und (8), mit deren Hilfe der (statistische!) Gesamtinformationsgehalt einer Zeichenkette (z. B. eines Satzes, eines Kapitels oder eines Buches) ermittelt werden kann, besteht aus zwei ihrem Wesen nach zu unterscheidenden Teilausdrücken:

a) dem Faktor n, der zum Ausdruck bringt, daß der Informationsgehalt direkt mit der Anzahl der Zeichen zunimmt. Wie unangemessen ein solcher Zusammenhang den wirklichen Informationsgehalt beschreibt, wird an folgender Situation deutlich: Wenn jemand mit viel Worten kaum etwas aussagt, so wird nach *Shannon* diesem Beitrag entsprechend der großen Buchstabenzahl ein sehr hoher Informationsgehalt zugewiesen, während ein anderer, der es versteht, in knappen Worten das inhaltlich Wesentliche auszudrücken, nur auf einen sehr geringen Informationsgehalt kommt.

b) dem Ausdruck H, der sich in Gleichung (6) als Summenausdruck über den elementaren Zeichenvorrat erstreckt. H berücksichtigt die unterschiedliche Häufigkeitsverteilung der Buchstaben und stellt damit ein generelles Spezifikum der verwendeten Sprache dar. Bei gleichem verwendeten Zeichenvorrat (Sprachen mit lateinischem Alphabet) hat die Sprache A gegenüber B dann einen höheren Wert für H, wenn ihre Häufigkeitsverteilung der Gleichverteilung ähnlicher ist. Im Grenzfall der Gleichverteilung nimmt $H = \mathrm{ld}\, N$ den Maximalwert an.

Der Sonderfall gleichwahrscheinlicher Zeichen: Wir wollen nun den Informationsgehalt einer Zeichenfolge mit gleichwahrscheinlichen Zeichen betrachten. In manchen Zeichenketten ist die Auftrittswahrscheinlichkeit der einzelnen Zeichen gleich groß, wie z. B. bei einer gleichverteilten binären Quelle mit Nullen und Einsen. Die Wahrscheinlichkeit dafür, daß zwei bestimmte Zeichen (z. B. G, G) nacheinander auftreten, ist p_2 ; ihr Informationsgehalt I hingegen verdoppelt sich wegen des logarithmischen Zusammenhangs. Der Informationsgehalt einer beliebig langen Zeichenfolge (n Zeichen) aus einem Elementarvorrat (z. B. Alphabet) mit gleichwahrscheinlichen Zeichen

$p_1 = p_2 = \cdots = p_N = p$ ergibt sich entsprechend Gleichung (5) zu

$$I_{ges} = \sum_{i=1}^{n} \text{ld } (1/p_i) = n \cdot \text{ld } (1/p) = -\ n \cdot \text{ld } p. \qquad (7)$$

Bei gleicher Häufigkeit aller unterschiedlichen N Zeichen ist die Auftrittswahrscheinlichkeit $p = 1/N$. Setzt man diesen Wert in Gleichung (7) ein, so ergibt sich die wichtige Gleichung

$$I_{ges} = n \cdot \text{ld } N = n \cdot H. \qquad (8)$$

2. Mittlerer Informationsgehalt eines *einzelnen* Zeichens in einer Folge: Sind die einzelnen Zeichen einer langen Zeichenfolge nicht gleichwahrscheinlich (z. B. Buchstabenfolgen eines Textes in deutscher Sprache), so interessiert der durchschnittliche Informationsgehalt pro Zeichen in dieser Folge oder die Mittelung über die ganze Sprache. Anders ausgedrückt: Welches ist für diesen Fall der mittlere Informationsgehalt bzw. die mittlere Unsicherheit eines einzelnen Zeichens?

Um den durchschnittlichen Informationsgehalt pro Zeichen I_{mittel} zu erhalten, müssen wir den Betrag nach Gleichung (6) noch durch die Anzahl der beteiligten Zeichen teilen:

$$I_{mittel} = I_{ges}/n = \sum_{i=1}^{N} p(\mathrm{x}_i) \cdot \text{ld } (1/p(x_i)) \qquad (9)$$

Wertet man Gleichung (9) – wie in *Tabelle 1* geschehen – mit den entsprechenden Buchstabenhäufigkeiten der deutschen Sprache aus, so findet man als durchschnittlichen Informationsgehalt für einen Buchstaben den Wert $I_{mittel} = 4{,}11295$. Der entsprechende Wert für die englische Sprache lautet $I_{mittel} = 4{,}04577$.

Der nach Gleichung (9) berechenbare Wert I_{mittel} *(x)* ist also das arithmetische Mittel über alle Einzelwerte *I(x)*. In *Tabelle 1* sind für verschiedene Zeichensysteme (deutsches und englisches Alphabet) die mittleren Informationsgehalte eines Zeichens angegeben; statt I_{mittel} schreiben wir vereinfacht *i* als Kleinbuchstabe. Der durchschnittliche Informationsgehalt pro Zeichen $I_{mittel}(x) \equiv i$ ist also dasselbe wie der *Erwartungswert*[23] des Informationsgehaltes eines Zeichens aus einer langen Zeichenfolge. Diese Größe wird auch als Entropie[24] *H* der Nachrichtenquelle oder der verwendeten Sprache bezeichnet ($I_{mittel} \equiv i \equiv$ H). Gleichung (9) stellt eine grundlegende Gleichung der *Shannonschen* Information dar. Wir können diese Gleichung auf verschiedene Weise interpretieren:

a) Informationsgehalt pro Zeichen: H ist der durchschnittliche Informationsgehalt $I_{mittel}(x)$ eines Zeichens x_i aus einer langen Zeichenkette mit *n* Zeichen. *H* ist somit bei hinreichend groß gewähltem *n* auch eine kennzeichnende Größe für eine Sprache. Wegen der unterschiedlichen Buchstabenhäufigkeit in den verschiedenen Sprachen wird *H* zu einem sprachspezifischen Kennwert (z. B. Deutsch; $H_1 = 4{,}11295$; Englisch: $H_1 = 4{,}04577$).

b) Erwartungswert des Informationsgehaltes eines Zeichens: H kann auch als der Erwartungswert des Informationsgehaltes eines Zeichens angesehen werden, das aus einer ständig sendenden Quelle gerade eintreffen wird.

[23] **Erwartungswert:** Der Erwartungswert *E* ist ein in der Wahrscheinlichkeitsrechnung definierter Begriff für Zufallsgrößen. Für eine bestimmte diskrete Verteilung *g(x)* mit den Abszissen x_k und den Ordinaten p_k (= Auftrittswahrscheinlichkeit für die Werte x_k) nennt man die Summe $\Sigma\, p_k \cdot g(x_k)$ über alle *k* Einzelwerte den Erwartungswert *E* der Wahrscheinlichkeitsverteilung. Dieser Wert heißt auch Mittelwert oder mathematische Hoffnung.

[24] **Entropie:** Der Begriff der Entropie wurde erstmals um 1850 von *R. Clausius* in der Thermodynamik eingeführt. Später hatte *L. Boltzmann* (1877) gezeigt, daß die Entropie dem Logarithmus der Wahrscheinlichkeit des Zustandes eines Systems proportional ist. Wegen des formal gleichen Aufbaus der mathematischen Formeln für die physikalische Entropie und für den Informationsgehalt nach Gleichung (9) belegte *Shannon* (1948) diese Größe ebenfalls mit dem Begriff Entropie. Leider hat die Wortgleichheit für so grundverschiedene Phänomene auch zu mancherlei Fehlschlüssen geführt. So bringt die Anwendung des Zweiten Hauptsatzes der Thermodynamik, der auch als Entropiesatz bekannt ist, nur Verwirrung, wenn man ihn leichtfertig auf die *Shannonsche* Information überträgt. Die thermodynamische Entropie ist eine temperaturabhängige Größe, was von der Informationsentropie keineswegs gesagt werden kann.

	deutsch			englisch		
Nr.	Buchstabe	p_i	$p_i \cdot \text{ld}\frac{1}{p_i}$	Buchstabe	p_i	$p_i \cdot \text{ld}\frac{1}{p_i}$
1	–	0,1515		–	0,2000	0,46439
2	E	0,1470	0,40662	E	0,1050	0,34141
3	N	0,0884	0,30938	T	0,0720	0,27330
4	R	0,0686	0,26518	O	0,0654	0,25732
5	I	0,0638	0,41248	A	0,0630	0,25128
6	S	0,0539	0,22711	N	0,0590	0,24091
7	T	0,0473	0,20822	I	0,0550	0,23014
8	D	0,0439	0,19797	R	0,0540	0,22739
9	H	0,0436	0,19705	S	0,0520	0,22180
10	A	0,0433	0,19613	H	0,0470	0,20733
11	U	0,0319	0,15855	D	0,0350	0,16928
12	L	0,0293	0,14922	L	0,0290	0,14813
13	C	0,0267	0,13956	C	0,0230	0,12517
14	G	0,0267	0,13956	F	0,0225	0,12316
15	M	0,0213	0,11828	U	0,0225	0,12316
16	O	0,0177	0,10302	M	0,0210	0,11704
17	B	0,0160	0,09545	P	0,0175	0,10214
18	Z	0,0142	0,08716	Y	0,0120	0,07657
19	W	0,0142	0,08716	W	0,0120	0,07657
20	F	0,0136	0,08432	G	0,0110	0,07157
21	K	0,0096	0,06435	B	0,0105	0,06902
22	V	0,0074	0,05238	V	0,0080	0,05573
23	Ü	0,0058	0,04309	K	0,0030	0,02514
24	P	0,0050	0,03822	X	0,0020	0,01793
25	Ä	0,0049	0,03760	J	0,0010	0,00997
26	Ö	0,0025	0,02161	Q	0,0010	0,00997
27	J	0,0016	0,01486	Z	0,0010	0,00997
28	Y	0,0002	0,00246			
29	Q	0,0001	0,00133			
30	X	0,0001	0,00133			
		$\sum_{i=1}^{30} p_i = 1$			$\sum_{i=1}^{27} p_i = 1$	

Tabelle 1: *Wahrscheinlichkeiten p_i für das Auftreten der Buchstaben in der deutschen und englischen Sprache sowie deren Entropien. Die Zeichen sind nicht alphabetisch, sondern nach der Auftrittshäufigkeit sortiert.*

$$H_{1d} = \sum_{i=1}^{30} p_i \,\text{ld}\frac{1}{p_i} = 4{,}11295$$ Buchstabenentropie (deutsch)

$$H_{1e} = \sum_{i=1}^{27} p_i \,\text{ld}\frac{1}{p_i} = 4{,}04577$$ Buchstabenentropie (englisch)

c) Mittlerer Entscheidungsgehalt pro Zeichen: H wird auch bezeichnet als der mittlere Entscheidungsgehalt pro Zeichen. Die Zeichen einer Nachrichtenquelle können immer umcodiert werden in eine Folge von Binärzeichen (0 und 1). Bezeichnet man mit Binärwort die Codierung eines Zeichens (im allgemeinen nicht gleichlang), dann kann H auch wie folgt interpretiert werden: Es ist die mittlere Wortlänge des zur Binärcodierung der Nachrichtenquelle erforderlichen Codes. Will man z. B. die vier Buchstaben des genetischen Codes zum Zweck einer Untersuchung auf einer Rechenanlage mit möglichst geringem Speicherbedarf codieren, so ist eine Wortlänge von $H = \mathrm{ld}\ 4 = 2$ Binärstellen erforderlich (z. B.: 00 = A, 01 = C, 10 = G, 11 = T).

Der Sonderfall gleichwahrscheinlicher Zeichen: Von Bedeutung ist noch der wichtige Sonderfall, daß alle N Zeichen des Alphabets oder eines sonstigen Elementarvorrats mit gleicher Wahrscheinlichkeit $p(x_i) = 1/N$ auftreten. Für die Ermittlung des mittleren Informationsgehaltes eines einzelnen Zeichens ist die rechte Seite von Gleichung (8) durch n zu dividieren:

$$H \equiv I_{\text{mittel}}(x) \equiv i = \mathrm{ld}\ N. \qquad (10)$$

Diese Aussage wollen wir als besonderen Satz festhalten:

Satz A1: Bei Zeichenketten mit gleichwahrscheinlichen Zeichen (z. B. Ziffern mit Gleichverteilung aus einem Zufallszahlengenerator) ist der durchschnittliche Informationsgehalt pro Zeichen gleich dem Informationsgehalt jedes einzelnen Zeichens.

A1.2 Mathematische Erfassung statistischer Information

A1.2.1 Das Bit: Maßeinheit für statistische Information

In den Naturwissenschaften und in der Technik ist man darum bemüht, die Forschungsergebnisse möglichst durch Zahlen und Formeln zu erfassen. Dabei spielen Meßgrößen eine wichtige Rolle. Diese bestehen aus zwei Anteilen: der Maßzahl oder Größe und der Maßeinheit. Die Maßeinheit ist eine einheitlich festgelegte Vergleichsgröße (z. B. Meter, Sekunde, Watt), um andere gleichartige Meßgrößen zahlenmäßig angeben zu können.

Bit (aus dem Englischen von *binary digit* abgeleitet, duale Ziffer) ist die Maßeinheit zur quantitativen Angabe des Informationsgehaltes.

Die Anzahl der Bits ist identisch mit der Anzahl der Binärzeichen. In Datenverarbeitungsanlagen wird Information in Form von Signalen elektrischer, optischer oder mechanischer Art dargestellt und verarbeitet. Hierbei ist es technisch äußerst vorteilhaft und darum üblich, nur zwei definierte (binäre) Zustände bzw. Signale zu verwenden. Binär oder zweiwertig bezeichnet die Eigenschaft, genau eines von zwei Binärzeichen als Wert anzunehmen. Dabei wird der eine Zustand binär Eins (1) und der andere binär Null (0) genannt. Auch 0 und L, JA und NEIN, RICHTIG und FALSCH, 12 V und 2 V können Paare von Binärzeichen sein. In der Rechentechnik bezeichnet man mit Bit auch die Binärstelle in einem Maschinenwort. Damit ist ein Bit die kleinste in einem Digitalrechner darstellbare Information. Gibt man einen Text in eine EDV-Anlage ein, so wird dieser entsprechend einem vorgegebenen Code in binärer Form abgespeichert. Die Speicherung eines Buchstabens geschieht in der Regel in Einheiten von 8 Binärstellen, die man Byte nennt. Der Informationsgehalt (= Speicherbedarf) eines Textes ist dann mit der Anzahl der benötigten Bits beschrieben. Gleichlangen, aber unterschiedlichen Texten wird auf diese Weise der gleiche Informationsgehalt zugeschrieben. Sinn und Bedeutung der Information werden dabei nicht erfaßt. Die Anzahl der Bits ist daher nur ein Maß für die statistische Informationsmenge, nicht aber für ihre Bedeutungsschwere.

An Hand zweier Rechenbeispiele gewinnen wir einen Eindruck von den Vorteilen (z. B. Bemessung der Speichergröße von Information) und Nachteilen (z. B. Nichterfassung semantischer Gesichtspunkte) der *Shannonschen* Informationsdefinition:

Beispiel 1: Biologische Informationsspeicher: Das DNS-Molekül des Menschen ist in gestreckter Form etwa zwei Meter lang und enthält etwa $6 \cdot 10^9$ Nukleotide (chemische Buchstaben: Adenin, Cytosin, Guanin, Thymin). Wieviel statistische Information (d. h. Information nach *Shannon*) ist das? Da die $N = 4$ chemischen Buchstaben A, C, G, T etwa gleichverteilt auftreten, ist ihr mittlerer Informationsgehalt nach Gleichung (10) $H = \text{ld}\, 4 = \log 4/\log 2 = 2$ bit. Für die gesamte DNS ergibt sich damit eine Speicherfähigkeit von $I_{ges} = 6 \cdot 10^9$ Nukleotide $\cdot$ 2 bit/Nukleotid $= 1{,}2 \cdot 10^{10}$ bit. Das entspricht der Informationsmenge von 750 000 Schreibmaschinenseiten.

Beispiel 2: Statistischer Informationsgehalt der Bibel: Die englische Bibel *(King James Version)* enthält 3 566 480 Buchstaben und 783 137 Wörter [D1]. Rechnet man die Leerzeichen zwischen den Wörtern mit, so ergeben sich $n = 3\,566\,480 + 783\,137 - 1 = 4\,349\,616$ Zeichen. Unter Berücksichtigung der Buchstabenhäufigkeit (einschließlich der Leerzeichen) in der englischen Sprache beträgt der mittlere Informationsgehalt eines einzelnen Buchstabens (auch Entropie genannt) $H = 4{,}046$ bit (siehe *Tabelle 1*). Somit ergibt sich für den gesamten statistischen Informationsgehalt der Bibel $I_{ges} = 4\,349\,616 \cdot 4{,}046 = 17{,}6$ Millionen bit. Da die deutschsprachige Bibel mehr Buchstaben enthält als die englische, hat diese nach *Shannonscher* Rechenweise trotz des gleichen Bedeutungsinhaltes einen höheren Informationsgehalt. Extrem wird der Unterschied, wenn man zum Vergleich die Sprache der *Shipipo*-Indianer heranzieht (siehe *Bild 32* und *Tabelle 2*). Diese Indianerbibel hat (vereinfacht hochgerechnet) einen 994/191 = 5,2mal so hohen Informationsgehalt wie die englische Bibel. An dieser Betrachtungsweise wird die Problematik der *Shannonschen* Informationsdefinition erneut deutlich. Bei völlig gleichem Bedeutungsinhalt der Information (hier: die Bibel) liegen nach *Shannon* beträchtliche Unterschiede dazwischen. Das liegt daran, daß das *Shannonsche* Informationsmaß – abgesehen von dem sprachspezifischen Faktor *H* in Gleichung (6) – nur von der Anzahl der Buchstaben abhängig ist. Ein die Bedeutung erfassendes Informationsmaß würde in solchen Fällen den gleichen Zahlenwert liefern, unabhängig davon, in welcher Sprache die Aussage formuliert ist.

Die *Tabelle 2* gibt die ersten vier Verse des Johannesevangeliums in drei afrikanischen und vier amerikanischen Sprachen an. In Ergänzung dazu sind für 47 verschiedene europäische Sprachen dieselben Verse in dem Buch »So steht's geschrieben« [G12, 95-98] aufgeführt. Die Angabe »86 W, 325 B« bedeutet, daß der genannte Text aus 86 Wörtern und 325 Buchstaben besteht. Die siebente dort angegebene Sprache (Mazateco) ist eine Tonsprache. Für 54 Sprachen sind in *Bild 32* die jeweiligen Werte von B und W gegeneinander aufgetragen.

In der Graphik nach *Bild 32* sind für 47 verschiedene europäische Sprachen (kursive Schrift) und sieben ausgewählte afrikanische und amerikanische Sprachen (gerade Schrift) für die ersten vier Verse des Johannesevangeliums B und W gegeneinander aufgetragen. Es ist bemerkenswert, daß die Koordinatenpunkte für fast alle europäischen Sprachen sich innerhalb der gezeichneten Ellipse befinden. Maltesisch kommt unter den genannten Sprachen mit der geringsten Buchstaben- und Wörterzahl aus, während die entsprechenden Werte für die Sprache der Shipipo-Indianer am größten sind, um dieselbe semantische Information darzustellen.

Vom *Shannonschen* Informationsgehalt zu unterscheiden ist der Speicherbedarf für die Zeichenfolge. Ein Speichermedium fragt nicht nach der Wahrscheinlichkeit des Auftretens eines Zeichens, sondern nur nach der absoluten Zeichenzahl. Speichert man Texte in EDV-Anlagen, so werden hierzu im allgemeinen 8 bit (= 1 Byte) für ein Zeichen benötigt. Für die 4 349 616 Zeichen (ohne Satzzeichen) der englischen Bibel wäre somit ein Speicherraum von $4\,349\,616 \cdot 8 = 34{,}8$ Millionen bit erforderlich.

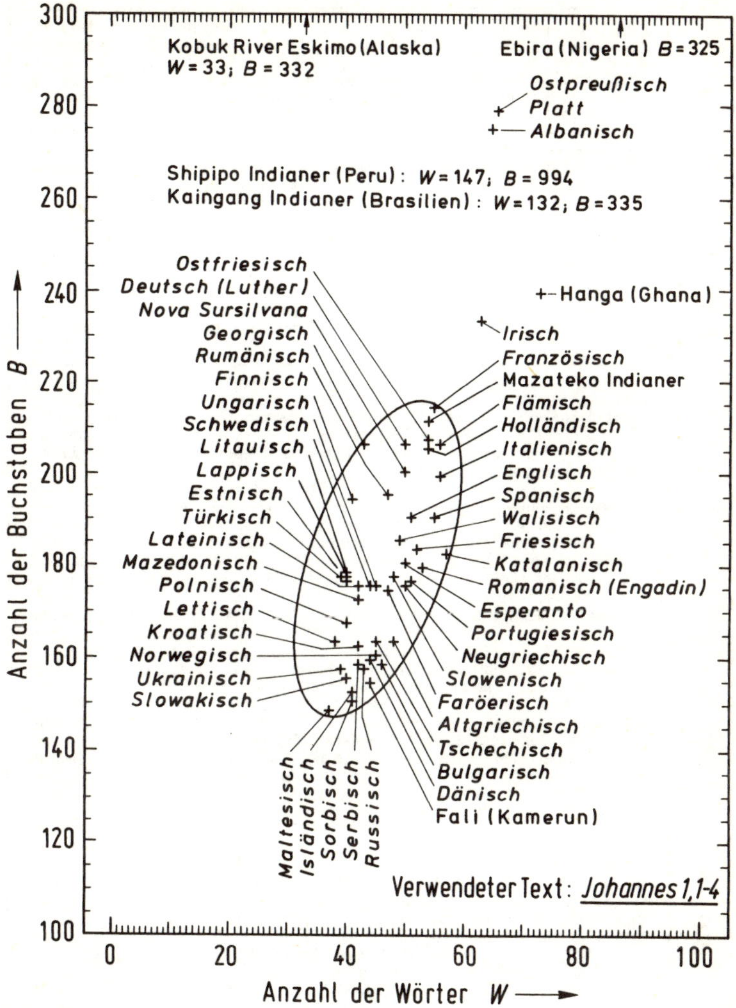

Bild 32: *Buchstabenzahl B und Wörterzahl W bei inhaltlich gleichen Texten als statistische Kennzahlen für verschiedene Sprachen.*

Nr.	*Afrikanische und amerikanische Sprachen*
1	1 Hụrẹ ụmọrụmọ, d'a va yẹ ka aa mẹ ẹhẹ, Ịrẹyị Ohomorihi hụrẹ yà ịzọọ nị. Ịrẹyị ọnọọ vị ana yà ịda Ohomorihi, Ịrẹyị ọnọọ gẹdẹ-gẹdẹ vị Ohomorihi. 2 Hụrẹ ụmọrụmọ ọnọọ, Ịrẹyị ọnọọ hụrẹ yà ịda Ohomorihi nị. 3 Ini ozẹ Ịrẹyị ọnọọ Ohomorihi zị mẹ avaba ịsa nị. Ịnị avaba ịsa on'Ohomorihi tụ́ saka-saka, ayị nyị ikonya ẹnẹ ẹ̀yị vị ini oze Ịrẹyị ọnọọ ọ yà tụ́ọọ. 4 Ịrẹyị ọnọọ ọ mẹ ka ịsavị-savị ẹ̀ yàra nị. Ọyịyàra ọnọọ aa sị etohueyii zù aza nị. (EBIRA, Nigeria; 86 W, 325 B)
2	1 Bunso zaa piiligu, so ba n boona Yelibii n daa n na, o ba Naawun saani, ka o ni Naawunni niŋi lunko, 2 ka o ni Naawunni daa n ba niŋi piiligu maa. 3 O zu n na, bunso zaa daa n maali, ka pa o zu, bunso zaa daa n ki maali. 4 A kpali o zu, bunso zaa n daa n maali la marini nyevuri, ka nyevuri maa mi ti nisaaldima paaligu, ba nyaara. (HANGA, Ghana; 73 W, 240 B)
3	1 A ɗaarra jày pî yèy tâaye nà, tâanjirre nà ni Fay. Yèy gi tâage Fay. 2 A ɗaarra tâanji ni Fay. 3 Jày pî mbangsi ni erra. Cen jày mbangsi, to naa ni erra gi ba. 4 E hîige gûyrra. Gûyrra maan tâage kayang da nit ây. (FALI, Kamerun; 44 W, 155 B)
4	1 Aullaġniisaqqaaġataqman ittuq uqałiq, uqałiq iqataupluni Agaayutmi, suli uqałiq Agaayutaupluni. 2 Ilaa piqatauniqsuq Agaayutmi aullaġnii-saqqaaġatałiġmi. 3 Ilaa piqatigiplugu Agaayun iñiqtaqaqtuq supayaamik. Atausriq-unniiñ iluqaaniñ iñiqtaġikkaŋaniñ iñiqtauŋġitchuq piiḷaaġlugu. 4 Uqałiq iñugutiqaqhuni iŋmiñi, taavruma iñuułhum iñuich qaġgutigai, kaŋiqsiłiksraŋatnun Agaayutmik. (KOBUK RIVER ESKIMO, Alaska; 33 W, 332 B)
5	1 Ja Joi Ibo yoiquinra, en mato yoiai. Jabichoressiqui, jahuequescarin Dios išhon, jan jato quiquinshamanhaquin onanmai; noa yoyo icatoninbi huetsabaon non icábo onancanai quescáaquin. Ja Joi Ibora, Diosen nato nete joniaamatianbi jaa iqui. Jara jatíbitian Dios betanbishaman jacon-hirai jaque. Jainoašh jaribi iqui, Dios betan senenribi. 2 Jascara iquenra, en mato banebainquin yoiai. Ja Joi Ibora, Diosen nete joniaama-tianbi jaa iqui. Jascara icašhšha, jaribi iqui Dios, jainoašh ja betan-bishamanribi jatíbitian jaque. 3 Ja Joi Ibo betan rabéanan jatíbi jahuéquibo jonianošhonra, Diosen shinana iqui. Jascara icašhšhiqui, jatíbi non oinai jahuéquiboyabi nato neten jaa jahuéquibo, ja Joi Ibon joniaabires; jascáanon išhon Diosenbi imaa icašh. Jatíbi jan joniayama-quetianra, jahuebi yamaqueanque. 4 Jascati jatíbitian jaa išhonra, joniboribi jan joniaa iqui. Jascara išhonra, jatíbitianbiressibi noa jatíbi jonibo jan jamai. Jascáaquin noa jatíbitian jan jamai išhonra, jatíbi noabo jan acai noa aconquin onanmaquin; jahuequescarin Dios išhon. Nato netemea jahuéquibo joecan tenaquetian non oinai quescáa-quinra, jan noa Dios onanmai. (SHIPIPO-CONIBO, Indianer, Peru; 147 W, 944 B)
6	1 Topẽ tỹ nén ũ kar han ja tũg ki tóg nĩ ja nĩ, ẽg tỹ ũ to: "Topẽ vĩ," he mũ ẽn ti, hã to ẽg: Jesus, he mũ. Topẽ mré tóg nĩ nĩ. Topẽ vỹ tỹ ti nĩ gé. 2 Topẽ tỹ nén (ũ) kar han tũg ki tóg Topẽ mré nĩ nĩ. 3 Ti hã tugrĩn tóg nén ũ kar han, Topẽ ti, ẽg tỹ ũ to: "Topẽ vĩ," he mũ ẽn tugnĩn. Ã pir mỹ Topẽ tóg nén ũ han tũ nĩ, ti hã mre tóg nén kar han kãn. 4 Ẽg tỹ ũ to: "Topẽ vĩ," he mũ ẽn vỹ rĩr nĩ, hã kỹ tóg ẽg rĩnrĩr han mũ gé. Jẽngrẽ ri ke ti nĩ, ũ tỹ ẽg rĩnrĩr han mũ ẽn ti. Ti tỹ ẽg kanhrãn to ken hã vẽ. (KAINGANG, Indianer, Brasilien; 132 W, 335 B)
7	1 Cʔia^{4} nca^{3} to^{2}tsʔin^{3}-le^{4} cjoa^{4} to^{4}cʔoa^{4} ti^{1}jna^{3} je^{2} en^{1}. Je^{2} en^{1} ti^{1}-jna^{3}tʔa^{3} Ni^{3}na^{1}. Je^{2} en^{1} ña^{3}qui^{3} Ni^{3}na^{1} ni^{1}. 2 Je^{2}-vi^{4} xi^{3} ti^{1}jna^{3}tʔa^{3} Ni^{3}na^{1} cʔia^{4} nca^{3} to^{2}tsʔin^{3}-le^{4} cjoa^{4}. 3 Je^{2} tsa^{3}cʔe^{1}nta^{3} nca^{3}yi^{3}je^{3} tso^{3}jmi^{2}. Tsa^{2} tsin^{2} je^{2}, ni^{4}to^{4}jme^{3}-jin^{2} xi^{3} tjin^{1} xi^{3} qui^{3}sʔe^{3}nta^{3}. 4 Je^{2} xi^{3} tjin^{1}-le^{4} cjoa^{4}vi^{3}jna^{3}chon^{3}. Je^{2} cjoa^{4}vi^{3}jna^{3}chon^{3} je^{2} lʔi^{1} xi^{3} si^{1}ʔi^{3}sen^{3}-le^{4} cho^{4}ta^{4}. (MAZATECO, Indianer, Mexiko; 54 W, 212 B)

Tabelle 2: *Johannes 1,1-4 in verschiedenen Sprachen.*

(Für die Mithilfe bei der Beschaffung der Bibeltexte möchte der Verfasser Herrn *A. Holzhausen* (Wycliff Bibelübersetzer, Burbach) besonders danken.)

A1.2.2 Die Informationsspirale

In *Tabelle 3* finden wir eine Fülle von Beispielen aus den Bereichen der natürlichen Sprachen, des Alltags, der Datenverarbeitung und des biologischen Lebens, bei denen die Informationsmengen in der Einheit Bit angegeben sind. Will man den großen Zahlenbereich mit Hilfe eines Diagramms veranschaulichen, so müssen über 24 Zehnerpotenzen erfaßt werden. Wir wählen hier zur Veranschaulichung eine Spirale mit logarithmischer Teilung. Die Werte von einem Teilstrich bis zum nächsten unterscheiden sich jeweils um den Faktor 10. In *Bild 33* ist eine Auswahl der in *Tabelle 3* genannten Beispiele enthalten.

In diesem Zusammenhang wollen wir auf zwei unterschiedliche Bereiche hinweisen, die in *Bild 34* zu erkennen sind. Zwei verschiedene Speichermedien erkennen wir dort: Die biologische Informationsspeicherung in den DNS-Molekülen – repräsentiert durch die Ameise – und die Speichertechnik modernster Rechenanlagen, durch den Mikrochip veranschaulicht.

1. Computertechnik: Als Pionier der programmgesteuerten Rechner gilt der deutsche Erfinder *Konrad Zuse* (*1910), der 1941 die erste betriebsfähige elektrische Rechenanlage Z3 baute. Sie enthielt 600 Telefonrelais im Rechenwerk und 2000 Relais im Speicherwerk. Die Speicherkapazität betrug 64 Zahlen zu je 22 Dualstellen. Pro Sekunde konnte dieser Rechner 15 bis 20 arithmetische Operationen ausführen, und eine Multiplikation dauerte 4 bis 5 Sekunden. Einen weiteren Schritt in der Rechnertechnik brachte der Einsatz von Elektronenröhren (Rechner der 1. Generation). 1946 wurde der ENIAC-Rechner mit über 18 000 Elektronenröhren und anderen Bauelementen, die mit mehr als einer halben Million Lötstellen verbunden waren, betriebsfertig. Eine Addition konnte in 0,2 und eine Multiplikation in 2,8 Tausendstel Sekunden ausgeführt werden. Diese Anlage hatte eine *Wortlänge*[25] von 10 Dezimalstellen, wog 30 Tonnen und verbrauchte 150 kW elektrische Leistung. Jahrelange Versuchsreihen führten 1947 zur Erfindung des Transistors, der 1955 die 2. Computergeneration einleitete. Statt Röhren wurden Transistoren als die neuen, wesentlich kleineren und schnelleren Schaltelemente eingesetzt. Ein weiterer Meilenstein auf dem Wege zu den heutigen Hochleistungsrechnern war die Herstellung einer Schaltung aus verschiedenen Komponenten, die aber bemerkenswerterweise alle aus

[25] **Wortlänge:** Die Folge von Bits, die von den Befehlen einer Datenverarbeitungsanlage zusammenhängend verarbeitet werden, nennt man Wort. Der darstellbare Zahlenbereich sowie die Anzahl der verwendeten Stellen von Daten hängen von der Länge des Wortes und seiner Struktur ab (siehe auch *Tabelle 3*).

Bit	Vergleich verschiedener Informationsmengen
Bit	I = statistischer Informationsgehalt i = statistischer Informationsgehalt pro Zeichen S = Speicherraum v = Übertragungsgeschwindigkeit
	Übliche Informationseinheiten:
1	1 bit
1024	1 Kbit = 2^{10} bit = 1024 bit
$1{,}049 \cdot 10^{6}$	1 Mbit = 2^{20} bit = $1024 \cdot 1024$ bit = 1 048 576 bit
$1{,}074 \cdot 10^{9}$	1 Gbit = 2^{30} bit = 1024^{3} bit = 1 073 741 824 bit
$1{,}100 \cdot 10^{12}$	1 Tbit = 2^{40} bit = 1024^{4} bit= 1 099 511 627 776 bit
8	1 Byte = 8 bit (= 1 Oktade = 2 Tetraden)
$8{,}192 \cdot 10^{3}$	1 Kbyte = 1024 Byte = 8192 bit
$8{,}389 \cdot 10^{6}$	1 Mbyte = 1 048 576 Byte = 8 388 608 bit
$8{,}590 \cdot 10^{9}$	1 Gbyte = $1{,}073742 \cdot 10^{9}$ Byte = $8{,}5899 \cdot 10^{9}$ bit
$8{,}796 \cdot 10^{12}$	1 Tbyte = $1{,}099512 \cdot 10^{12}$ Byte = $8{,}796 \cdot 10^{12}$ bit
	Informationsgehalt eines einzelnen Buchstabens: im Alphabet mit 27 Zeichen (26 Buchstaben, 1 Leerzeichen):
4,755	a) gleiche Häufigkeit aller Buchstaben: i = ld 27 = log 27/log 2 = 4,755 bit/Buchstabe
4,133	b) Berücksichtigung der Häufigkeitsverteilung der Buchstaben in der deutschen Sprache (siehe Tab. 1): $i = \sum p_i \cdot \mathrm{ld}\,(1/p_i)$ = 4,113 bit/Buchstabe
4,05	c) Berücksichtigung der Häufigkeitsverteilung der Buchstaben in der englischen Sprache (s. Tabelle 1): $i = \sum p_i \cdot \mathrm{ld}\,(1/p_i)$ = 4,05 bit/Buchstabe
3,32	d) Berücksichtigung von Gruppen zweier Buchstaben (siehe Tabelle 4; Bigramme): i = 3,32 bit/Buchstabe
3,1	e) Berücksichtigung von Gruppen dreier Buchstaben (siehe Tabelle 4; Trigramme): i = 3,1 bit/Buchstabe
1 bis 2	f) Berücksichtigung der Redundanz der Sprache [B5]: i = 1 bis 2 bit/Buchstabe

Tabelle 3

Bit	Vergleich verschiedener Informationsmengen
	Informationsgehalte einer Ziffer in verschiedenen Zahlensystemen:
1	a) Dualsystem: 2 verschiedene Ziffern (0 und 1) i = ld 2 = 1 bit/Ziffer
3,32	b) Dezimalsystem: 10 verschiedene Ziffern (0,1,2,...,9) i = ld 10 = log 10/log 2 = 3,32 bit/Ziffer
4	c) Sedezimalsystem: 16 verschiedene Ziffern (0,1,2,3,4,5,6,7,8,9,A,B,C,D,E,F) i = ld 16 = 4 bit/Ziffer
	Genetischer Code:
	Im DNS-Molekül gibt es vier chemische Buchstaben (Nukleotide): A, C, G, T, wobei ein Triplett von 3 Nukleotiden jeweils eine Aminosäure codiert.
2	a) Informationsgehalt eines Buchstabens (gleiche Häufigkeit) i = ld 4 = 2 bit/Nukleotid
6	b) Informationsgehalt eines Tripletts im DNS-Molekül: i = 3 Buchstaben/Triplett·2 bit/Buchstabe = 6 bit/Triplett
4,32	c) Informationsgehalt einer Aminosäure von 20 möglichen (hier: vereinfachend Gleichverteilung angesetzt!): i = ld 20 = 4,32 bit/Aminosäure
1,44	d) Informationsgehalt eines Buchstabens, wenn man von demjenigen der Aminosäure ausgeht: i = 4,32 bit/Aminosäure = 4,32 bit/Triplett = = 1,44 bit/Buchstabe
	Aus dem Bereich des Alltäglichen:
198	Eine Minute Abzählen von Zahlen: v = 3,3 bit/s = 198 bit/min
960	Eine Minute Schreibmaschine schreiben: v = 16 bit/s = 960 bit/min
1320	Eine Minute Klavierspielen: v = 22 bit/s = 1320 bit/min
$3{,}5 \cdot 10^4$	Informationsaufnahme des menschlichen Ohres in 1 s: $v = 3{,}5 \cdot 10^4$ bit/s

Bit	Vergleich verschiedener Informationsmengen
$1{,}6 \cdot 10^4$	1 Schreibmaschinenseite DIN A4 mit 2000 Zeichen: S = 2000 Zeichen·8 bit/Zeichen = 16 000 bit
$1{,}28 \cdot 10^4$	Bildschirminhalt eines EDV-Terminals: S = 20 Zeilen·80 Zeichen/Zeile = 1600 Zeichen S = 1600 Byte = $1{,}28 \cdot 10^4$ bit
$3{,}1 \cdot 10^5$	Fernsehbild: 300 Kbit in 1/30 Sekunde: $v = 300 \cdot 1024$ = 307 200 bit in 1/30 s
$3{,}1 \cdot 10^5$	Telefongespräch 300 Kbit/min: $v = 300 \cdot 1024$ = 307 200 bit/min
	Telefonate über Satelliten:
$1{,}843 \cdot 10^7$	a) Erster Nachrichtensatellit Telstar (1962): 60 Telefongespräche I = 60·307 200 bit/min = $1{,}843 \cdot 10^7$ bit/min
$7{,}373 \cdot 10^7$	b) Erster voll kommerziell genutzter Satellit (Early Bird = Intelsat I; 1965): 240 Telefonate gleichzeitig I = 240 · 307 200 bit/min = $7{,}373 \cdot 10^7$ bit/min
$1{,}014 \cdot 10^{10}$	c) Intelsat VI (1986): 33 000 Telefonate gleichzeitig I = 33 000·307 200 bit/min = $1{,}014 \cdot 10^{10}$ bit/min
$2 \cdot 10^6$	HIFI-Schallplatte: 2 Mbit in 1 min
$1{,}5 \cdot 10^{10}$	Compact Disk (CD): $15 \cdot 10^9$ bit
	Aus dem Bereich der Computer:
$1{,}6 \cdot 10^4$	Arbeitsspeicher des EDSAC-Rechners der ersten Computergeneration: 2 000 Byte = 16 000 bit
$1{,}214 \cdot 10^6$	5 ¼' Diskette für PC: 1,2 Mbyte = 1 213 952 bit
$1{,}174 \cdot 10^7$	3 ½' Diskette: 1,4 Mbyte = $1{,}4 \cdot 8{,}388 \cdot 10^6$ bit = = $1{,}174 \cdot 10^7$ bit
$1{,}258 \cdot 10^7$	Arbeitsspeicher früherer Großrechner (z. B. TR440; 1970): 256 KWorte à 48 bit = 12 582 912 bit
$4{,}54 \cdot 10^7$	Speicherfähigkeit eines Magnetbandes: 720 m lang, 1 600 bit per inch Zeichendichte S = 1 600 bpi·$720 \cdot 10^3$ mm/(25,4 mm/inch) = $4{,}54 \cdot 10^7$ bit

Bit	Vergleich verschiedener Informationsmengen
$9{,}6 \cdot 10^7$	Stündliche Leistung eines Schnelldruckers: 1250 Zeilen/min; 160 Zeichen/Zeile maximal $\nu = 1250 \cdot 160 \cdot 60 \cdot 8 = 9{,}6 \cdot 10^7$ bit/h
$1{,}34 \cdot 10^8$	Arbeitsspeicher heutiger Personalcomputer (PC): 16 Mbyte = 16 · 1 048 567 Byte = 16 777 216 Byte = $1{,}34 \cdot 10^8$ bit
$4{,}194 \cdot 10^9$	Festplatte heutiger PCs: 200 bis 500 Mbyte 500 · 8 388 608 bit = $4{,}194 \cdot 10^9$ bit
$1{,}678 \cdot 10^{10}$	Arbeitsspeicher heutiger Großrechner: 2000 Mbyte = 16 777 216 000 bit
10^{12}	Theoretische Kapazität für holografische Speicher: 10^{12} bit/cm^3
	Aus dem Bereich der Wissenschaften und Literatur:
$4{,}8 \cdot 10^6$	Fachausdrücke der Elektrotechnik: 60 000 Termini (*Großer Duden*, Bd. 1), ca. 10 Buchstaben/Wort $S = 60\,000 \cdot 10 \cdot 8 = 4{,}8 \cdot 10^6$ bit
$1{,}28 \cdot 10^7$	Meyers Großes Universallexikon in 15 Bänden: 200 000 Stichwörter = $200\,000 \cdot 8 \cdot 8 = 1{,}28 \cdot 10^7$ bit
$2 \cdot 10^7$	Fachausdrücke der Medizin: 250 000 Termini (laut *Duden*, Bd. 1) $S = 250\,000 \cdot 10 \cdot 8 = 2 \cdot 10^7$ bit
$4{,}2 \cdot 10^8$	Benennungen in der organischen Chemie: 3,5 Millionen (laut *Duden*, Bd. 1), 15 Buchstaben/Benennung angenommen; $S = 3{,}5 \cdot 10^6 \cdot 15 \cdot 8 = 4{,}2 \cdot 10^8$ bit
$3{,}47 \cdot 10^7$	Bibel, englische *King James Version:* 783 137 Wörter, 3 566 480 Buchstaben $I = (3\,566\,480 + 783\,137 - 1)$ Zeichen·4,05 bit/Zeichen = $= 17{,}6 \cdot 10^6$ bit $S = (3\,566\,480 + 783\,137 - 1) \cdot 8 = 34{,}72$ Millionen bit
$8 \cdot 10^8$	100 Aktenordner = 50 000 Schreibmaschinenseiten $I = 50\,000 \cdot 2\,000 = 10^8$ Zeichen $= 8 \cdot 10^8$ bit

Bit	Vergleich verschiedener Informationsmengen
$5{,}76 \cdot 10^{12}$	Derzeitige Anzahl wissenschaftlicher Zeitschriften: 100 000 [B1] Annahmen: 100 Seiten/Zeitschrift; 6000 Zeichen/Seite, monatliche Erscheinungsweise. Jährlicher Informationszuwachs: $S = 100\,000 \cdot 100 \cdot 6\,000 \cdot 12 \cdot 8 = 5{,}76 \cdot 10^{12}$ bit
$3{,}5 \cdot 10^{11}$	Bücher auf der 44. Frankfurter Buchmesse 1992 350 000 Bücher insgesamt, davon 101 000 Neuerscheinungen $I = 350\,000$ Bücher$\cdot 10^6$ bit/Buch $= 3{,}5 \cdot 10^{11}$ bit
$6{,}2 \cdot 10^{11}$	620 000 Bücher sind momentan in Deutschland erhältlich: $I = 620\,000$ Bücher$\cdot 10^6$ bit/Buch $= 6{,}2 \cdot 10^{11}$ bit Jedes Jahr werden mehr als 60 000 neue Titel auf den Markt gebracht.
10^{13}	Kongreßbibliothek der USA (Washington): 10^7 Bände [S3] $I = 10^7$ Bände$\cdot 10^6$ bit/Buch $= 10^{13}$ bit
10^{18}	Gesamtwissen der Menschheit in Büchern: 10^{18} bit Vergleich: 1 Buch mit 100 Schreibmaschinenseiten = = 200 000 Zeichen = $1{,}6 \cdot 10^6$ bit 10^{18} bit entsprechen dann 625 Milliarden solcher Bücher. Nimmt man für ein Buch eine Dicke von 1,5 cm an, so errechnet sich folgende Regalbreite B: $B = 625 \cdot 10^9$ Bücher$\cdot 1{,}5$ cm/Buch $= 937{,}5 \cdot 10^9$ cm = = 9,4 Millionen km = 235 x Äquatorlänge
$9{,}06 \cdot 10^{12}$	Tägliche Datenmenge von Satellitenbildern: Übertragungsrate: 100 Mbit/s $I = 100 \cdot 1{,}048 \cdot 10^6 \cdot 86\,400 = 9{,}055 \cdot 10^{12}$ bit/Tag
	Aus dem Bereich des Lebens:
$3{,}9 \cdot 10^6$	Wortgedächtnis des Menschen nach Küpfmüller [S3]: 100 000 Wörter der Muttersprache (Vergleich: Volksbrockhaus hat 250 000 Wörter) Auswahl eines Buchstabens: 1,5 bit für Sprechweise 5 bit (= ld 32) für Schreibweise bei 6 Buchstaben/Wort: $S = 100\,000 \cdot 6 \cdot (5 + 1{,}5) = 3{,}9 \cdot 10^6$ bit

Bit	Vergleich verschiedener Informationsmengen
10^{14}	Gedächtniskapazität des menschlichen Gehirns bei rein materieller Betrachtungsweise gemäß [50]: a) *Mc Cullach:* 10^{13} bis 10^{15} bit b) *Küpfmüller:* $3{,}9 \cdot 10^6$ bit (Nur Wortgedächtnis) c) *Müller:* 1 500 bit/Komplex·1 000 Wissenskomplexe = $= 1{,}5 \cdot 10^6$ bit d) *v. Neumann:* 10^{10} Nervenzellen im Gehirn, 14 bit/s für Standardrezeptor, in 60 Jahren: $S_{max} = 10^{10} \cdot 14$ bit/s·60 Jahre·365 Tage/Jahr · · 24h/Tag·3 600 s/h $S_{max} = 2{,}65 \cdot 10^{20}$ bit Wie in [G10] ausführlich dargelegt, ist die Informationsspeicherung beim Menschen nicht allein durch die Neuronenschaltungen des Gehirns erklärbar.
10^{21}	Speicherungsmöglichkeit in 1 cm^3 DNS: 10^{21} bit (DNS = Desoxyribonucleinsäure)
$3{,}4 \cdot 10^{24}$	Unbewußte tägliche Informationsflüsse im menschlichen Körper [S3] wie z. B. die riesige Produktion von Makromolekülen: $\nu = 3{,}9 \cdot 10^{19}$ bit/s $= 3{,}37 \cdot 10^{24}$ bit/Tag
$7{,}9 \cdot 10^8$	Vom menschlichen Auge aufgenommenes Bild bei 14 Bildern pro Sekunde [S3]: $\nu = 10^{10}$ bit/s $I = (10^{10}$ bit/s)/(14 Bilder/s) $= 7{,}86 \cdot 10^8$ bit/Bild
$1{,}2 \cdot 10^{10}$	Menschliche Keimzelle: $6 \cdot 10^9$ Nukleotide in der DNS $I = 6 \cdot 10^9$ Nukleotide·2 bit/Nukleotid $= 1{,}2 \cdot 10^{10}$ bit
$8 \cdot 10^6$	DNS-Molekül von Escherichia coli. Dieses Bakterium wiegt 10^{-13} g und ist nur 2 μm lang. Sein DNS-Molekül ist ausgestreckt 1 mm lang und enthält 4 Millionen Buchstaben (Nukleotide). $I = 4 \cdot 10^6$ Nukleotide·2 bit/Nukleotid $= 8 \cdot 10^6$ bit Die Zellteilung dauert etwa 20 Minuten; das bloße Erkennen der Buchstaben geht sogar noch 1 000mal schneller vor sich. Das bedeutet eine Lesegeschwindigkeit von $8 \cdot 10^6$ bit·1 000/(20·60) = $= 6{,}6 \cdot 10^6$ bit/s

Tabelle 3: Vergleich verschiedener statistischer Informationsmengen.

Die Tabelle enthält eine Auswahl von Informationsmengen aus folgenden Bereichen: Buchstaben natürlicher Sprachen und des genetischen Codes, Computertechnik, Wissenschaft und Literatur, biologisches Leben. Alle in der linken Spalte genannten Zahlenwerte beziehen sich auf die Einheit Bit und sind damit als statistisches Informationsmaß ausgewiesen. Zum besseren Verständnis ist in manchen Fällen eine kurze rechnerische Herleitung angegeben.

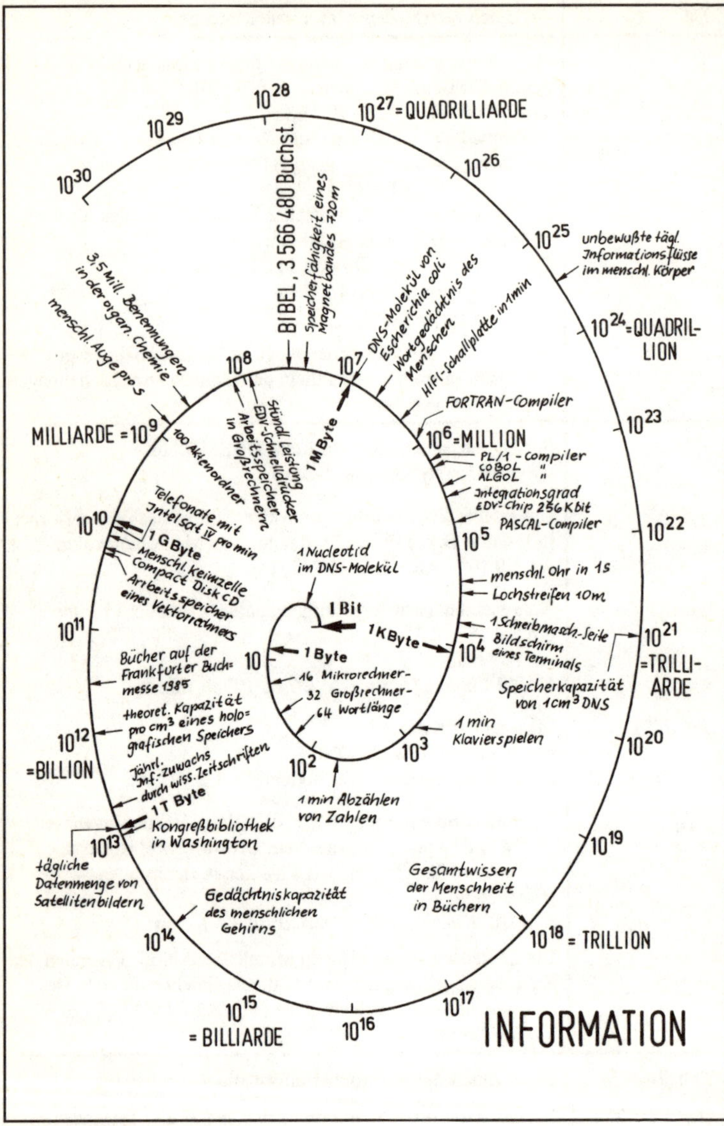

Bild 33: *Die Informationsspirale.*

Bild 34: *Die Ameise und der Mikrochip.*

Mikrochips sind die heutigen Speicherelemente moderner Computeranlagen. Ihre Details sind kaum sichtbar, denn die Strukturbreiten liegen bei einem Millionstel Meter. Was 1946 der 30-Tonnen-Rechner an der Universität von Pennsylvania (USA) leistete, vollbringt heute ein Chip von weniger als sechs Quadratmillimetern. Noch vor wenigen Jahren galten Chips als revolutionär, die den Text von vier Schreibmaschinenseiten speichern konnten. Heute sind sie in der Lage, sämtliche Telefonnummern der Stadt Braunschweig auf einem Chip zu speichern. Dabei arbeiten sie so schnell, als läse ein Mensch in einer Sekunde 200mal die Bibel. Nur eines werden alle Chips der Welt nie können – nämlich das, was eine Ameise ausmacht, und was sie vermag.

(Quellennachweis: Werkbild Philips; mit freundlicher Genehmigung des Valvo Unternehmensbereichs Bauelemente der Philips GmbH, Hamburg)

dem gleichen Material bestanden. Diese neuartige Integrationsidee von *Kilby und Hoerni* führte 1958 zu der ersten integrierten Schaltung (IC: *Integrated circuit).* Die weitere Entwicklung sowie die stete Zunahme der Schaltelemente pro Siliziumchip (engl. *chip* = Scheibchen, Plättchen) leitete die dritte Rechnergeneration ein. Es setzte eine rasche Entwicklung von der ersten integrierten Schaltung im Jahre 1958 bis zum heutigen 64 -Megabit-Chip ein. Je nach Anzahl der Komponenten pro Baustein unterscheidet man:

SSI (Small Scale Integration) 1 bis 10
MSI (Medium Scale Integration) 10 bis 10^3
LSI (Large Scale Integration) 10^3 bis 10^4
VLSI (Very Large Scale Integration) 10^4 bis 10^6
GSI (Grand Scale Integration) 10^6 und größer

Die Großintegration, bei der zwischen 500 und 150 000 Transistorelemente auf einem Siliziumplättchen von 5 bis 30 mm^2 realisiert werden, führte zur Entwicklung von Mikroprozessoren. Mit Hilfe dieser Technik war es möglich, vollständige Zentraleinheiten und Speichereinheiten von Rechnern auf einem einzigen Chip unterzubringen. Fast alle zwei Jahre verdoppelte sich die Anzahl der Schaltfunktionen je Chip. 1984 wurde von IBM erstmals ein experimenteller Speicherchip entwickelt, der die Millionengrenze überschritt: Mehr als 1 Million Bit (1 Megabit = 2^{20} bit = 1 048 576 bit) waren auf einer Siliziumfläche von 10,5 mm x 7,7 mm = 80,85 mm^2 ausgeführt. Auf diesem Megabitchip war eine Speicherdichte von 13 025 bit/mm^2 realisiert. Die Zugriffszeit zu Daten auf diesem Chip betrug 150 Nanosekunden (1 ns = 10^{-9} s = 1 Milliardstel Sekunde). Die Integrationsdichte konnte in den Folgejahren ständig weiter gesteigert werden.

Es stellt sich die Frage, ob die Integrationsdichte beliebig gesteigert werden kann. In einem Beitrag in »Elektronische Rechenanlagen« [F4] hat *O. G. Folberth* auf die Hürden zukünftiger Entwicklungen hingewiesen (Herstellungstechnologie, Komplexität des Designs, Testprobleme), die aber nicht grundsätzlich unüberwindlich sind. Daneben gibt es jedoch harte physikalische Grenzen mit Endgültigkeitscharakter, die auch durch noch so viel Aufwand nicht überschreitbar sein werden (geometrische, thermische und elektrische Grenzen). Die maximal mögliche Integrationsdichte kann jetzt schon angegeben werden; sie liegt bei der heutigen Silizium-Technologie bei $2{,}5 \cdot 10^5$ Gattern/mm^2.

Durch die Verbesserung der Hardware-Bauelemente war erreichbar, daß heutige Workstations und Personal-Computer die Leistung früherer Großrechner erbringen. Einer der derzeit schnellsten Computer ist die CRAY C916/16 aus der C-90-Serie. Die erreichte Verarbeitungsgeschwindigkeit dieser 16-Prozessor-Maschine liegt bei 10 GFLOPS (= 10 Giga-FLOPS). Ein FLOPS (Floating Point Operations per Second) bedeutet die Ausführung einer Gleitkommaoperation pro Sekunde; 10 GFLOPS sind damit 10 Milliarden ausgeführte Rechenschritte (z. B. Addition, Multiplikation).

2. Integrationsgrad in der lebenden Zelle: Wir haben uns einen Eindruck von dem Fortschritt des zunehmenden Integrationsgrades (Anzahl der Bauelemente auf einem Chip) und der Integrationsdichte (Miniaturisierungsgrad; d. h. Bauelemente pro Flächeneinheit) der Bauelemente in modernen Rechenanlagen verschafft und sind dabei auf eine beispiellose stürmische Entwicklung gestoßen, die in keinem Bereich der Technik ihresgleichen hat. Jede lebende Zelle enthält in den DNS-Molekülen eingespeicherte Information, die grundlegend ist für die unzähligen gesteuerten Prozesse mit ihren komplexen Einzelfunktionen. Beim Menschen ist das DNS-Molekül in gestreckter Form etwa zwei Meter lang und enthält $6 \cdot 10^9$ chemische Buchstaben. Es stellt sich die Frage, welcher Integrationsgrad bei diesem Speichermedium realisiert ist. Den Zahlenwert dafür können wir leicht ermitteln. Gemäß *Tabelle 3* beträgt der Informationsgehalt eines Nukleotids zwei Bit. Somit kommen wir für die gesamte DNS auf $12 \cdot 10^9$ bit. Da 1 Kbit = 1024 bit sind, läßt sich der Integrationsgrad mit $12 \cdot 10^9/1024 = 11{,}72$ Millionen Kbit angeben. Diese Zahl übertrifft den bislang höchstintegrierten Speicherchip (64-Megabitchip) noch um den Faktor 180. Auf die Integrationsdichte des DNS-Moleküls gehen wir im folgenden Unterkapitel noch ausführlich ein.

Bei dieser Gegenüberstellung wird drastisch offenbar, daß uns von der Evolutionsanschauung intellektuell Unzumutbares abverlangt wird. Tausende von Mannjahren an Forschung und ein unvorstellbarer technologischer Aufwand waren notwendig, um zu dem Megabitchip zu gelangen. Bei dem Speicherprinzip DNS mit dem wesentlich höheren Integrationsgrad hingegen hält man es für denkbar, daß dieses nach Zufallsmechanismen aus sich selbst überlassener Materie entstehen konnte. Wie töricht ist doch eine solche »Theorie«!

A1.2.3 Die höchste statistische Informationsdichte

Die höchste uns bekannte Informationsdichte ist in den DNS-Molekülen der lebenden Zellen realisiert. In *Bild 35* sind die Abmessungen dieses chemischen Speichermediums mit $2 \text{ nm} = 2 \cdot 10^{-9}$ m Durchmesser und 3,4 nm Ganghöhe der Helix (griech. *hélix* = Windung, Spirale) angegeben. Daraus errechnet sich das Zylindervolumen ($V = h \cdot d^2 \cdot \pi/4$) zu

$$V = 3{,}4 \cdot 10^{-7}\text{ cm} \cdot (2 \cdot 10^{-7}\text{cm})^2 \cdot \pi/4 = 10{,}68 \cdot 10^{-21}\text{ cm}^3 \text{ pro Gang.}$$

Pro Gang der Doppelspirale befinden sich 10 chemische Buchstaben (Nukleotide), so daß sich eine statistische Informationsdichte von

$$\varrho = 10 \text{ Buchstaben}/(10{,}68 \cdot 10^{-21}\text{ cm}^3) = 0{,}94 \cdot 10^{21}\text{ Buchstaben/cm}^3$$

ergibt. Bezieht man den ermittelten Informationsbedarf von 4,32 bit für eine Aminosäure (siehe Kap. 6) auf einen Buchstaben (Nukleotid) des genetischen Codes, so kommt man bei dieser Rechnungs-

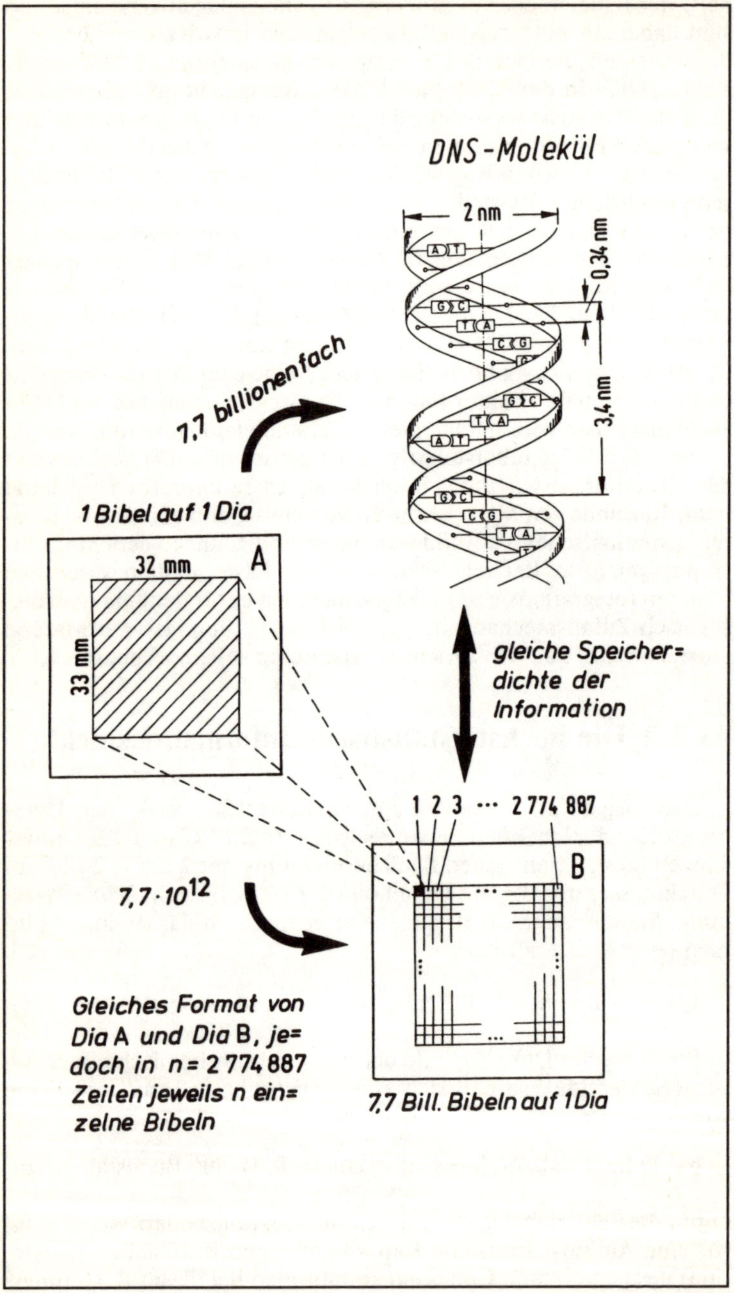
DNS-Molekül
2 nm
0,34 nm
3,4 nm
A T
G C
T A
C G
7,7 billionenfach
1 Bibel auf 1 Dia
32 mm
A
33 mm
gleiche Speicher=
dichte der
Information
1 2 3 ··· 2 774 887
B
7,7 · 10^12
Gleiches Format von
Dia A und Dia B, je=
doch in n = 2 774 887
Zeilen jeweils n ein=
zelne Bibeln
7,7 Bill. Bibeln auf 1 Dia

weise auf 4,32:3 = 1,44 bit/Buchstabe. Wir wollen nun die statistische Informationsdichte der DNS mit den soeben ermittelten Werten ausdrücken, wobei wir hier für den Informationsgehalt pro Buchstabe den Wert 2 bit/Buchstabe (siehe auch *Tabelle 3*, Genetischer Code, Fall a) verwenden:

$$\varrho = 0{,}94 \cdot 10^{21} \text{ Buchstaben/cm}^3 \cdot 2 \text{ bit/Buchstabe}$$
$$\varrho = 1{,}88 \cdot 10^{21} \text{ bit/cm}^3.$$

Diese Informationsdichte ist so unvorstellbar groß, daß wir sie uns nun mit Hilfe eines anschaulichen Vergleichs zugänglich machen wollen. In *Bild 35* sind die Abmessungen eines Dias A [M4] angegeben, auf dem die ganze Bibel von 1. Mose 1 bis Offenbarung 22 nach einem speziellen Mikroverfahren photographisch festgehalten ist. Gemäß der ausgeführten Rechnung in [G11, 78-81] repräsentiert das DNS-Molekül eine 7,7billionenfache Speicherdichte gegenüber der kompletten Bibel auf dem Dia. Dieser Vergleich wird noch staunenswerter, wenn man sich einmal vorstellt, wie eng Information auf einem Dia B stehen müßte, damit die DNS-Informationsdichte gerade erreicht würde. Auf der gleichen Fläche des Dias A müßten bei B 2,77 Millionen Zeilen und 2,77 Millionen Spalten angeordnet sein, wobei in jedem sich ergebenden Kästchen wiederum eine komplette Bibel (lesbar!) abgebildet sein müßte. Auf diese Weise würde man gerade erst jene Dichte erreichen, die die Informationsträger jeder Zelle aufweisen. Dabei ist noch zu bedenken, daß bei Dia B eine technologische Unmöglichkeit gefordert wird, denn jede photographische Technik wäre eine makroskopische Speichertechnik und nicht eine solche, bei der einzelne Moleküle als Speichereinheit dienen. Selbst wenn eine derartige Fototechnik überhaupt möglich wäre, hätten wir nur eine statische und damit vom DNS-Speicherprinzip qualitativ grundverschiedene Speichertechnik. Das DNS-Molekül ist jedoch ein dynamischer Speicher, denn die eigene Infor

Bild 35: *Vergleich statistischer Informationsdichten.*

Die höchste bekannte statistische Informationsdichte finden wir im DNS-Molekül. Diese besonders geniale Speichermethode reicht bis an die Grenze des physikalisch Möglichen, nämlich herunter bis zum einzelnen Molekülbaustein als Informationsträger, und beträgt über 10^{21} bit/cm^3. Diese immense Informationsdichte übertrifft die der Bibel auf dem Dia A noch um das 7,7-billionenfache. Erst wenn man ein Dia B herstellen könnte (nur gedanklich möglich!), das auf gleicher Fläche ein Netz von 2,77 Millionen Zeilen und 2,77 Millionen Spalten enthielte und man in jedem dadurch entstehenden Kästchen wiederum eine vollständige Bibel unterbringen würde, erreichte man diejenige Informationsdichte, die in jeder lebenden Zelle realisiert ist.

mation wird mit Hilfe einer komplizierten Maschinerie an andere Zellen beständig weitergegeben.

Diese Vergleichsrechnungen haben uns in atemberaubender Weise veranschaulicht, mit welch genialem Speicherkonzept hinsichtlich Materialeinsparung und Miniaturisierung wir es hier zu tun haben. Hier ist die höchste bekannte (statistische) Informationsdichte realisiert. Unsere hochintegrierten Speicherkonzepte in modernen Rechenanlagen sind noch weit von dieser Speicherdichte entfernt.

A1.3 Beurteilung von Nachrichtensystemen

Technische Nachrichtensysteme: Nach der im Kapitel A1.1 beschriebenen *(Shannonschen)* Informationsdefinition erhebt sich die berechtigte Frage: Was gewinnt man mit einer Methode, die die Hauptsache eines Phänomens gar nicht berücksichtigt? Die wichtigste und ursprünglichste Anwendung der *Shannonschen* Informationstheorie ist für die Nachrichtenübertragung durch die beiden sogenannten Codierungstheoreme [S7] gegeben. Diese Theoreme besagen u. a., daß trotz der Unsicherheit einer gestörten Nachrichtenverbindung Sicherheit für die Übertragung erreicht werden kann. Anders ausgedrückt: Es gibt eine fehlerkorrigierende Codierung, die bei entsprechender Blocklänge die Nachricht mit beliebig großer Sicherheit schützt.

Weiterhin bildet die aus der *Shannonschen* Informationsdefinition abgeleitete Maßeinheit Bit die Grundlage für die quantitative Angabe von Informationsspeichern. Ebenso können Informationsmengen aus sehr unterschiedlichen Anwendungen und bei verschiedenen Codearten auf der Ebene statistischer Betrachtung direkt miteinander verglichen werden. In dem vorangegangenen Kapitel A1.2 haben wir uns ausführlich mit dieser Problematik befaßt.

Nachrichtenübertragungssysteme im lebenden Organismus: Der Biologe und Kybernetiker *Bernhard Hassenstein* [H2] hat an einem eindrücklichen Beispiel sowohl das geniale Konzept der Informationsübertragung im lebenden Organismus beschrieben als auch die durch die *Shannonsche* Information ermöglichte Beurteilung gegeben:

»Es ist eine kaum glaubliche, ja fast unheimliche Vorstellung, daß die unvergleichliche Vielfalt unseres Erlebens, all dieser Reichtum an Nuancen – von Lichtern, Farben und Formen über den Klang von Stimmen und Geräuschen … –, daß die Meldungen für all dies in unseren Sinneszellen in eine Signalsprache übersetzt werden, die in allen Fällen die gleiche ist, monotoner noch als das Morsealphabet, und daß diese Signalsprache dann die einzige Grundlage ist, diesen ganzen Reichtum in unserem subjektiven Erleben wieder – oder überhaupt erst – entstehen zu lassen. In der gleichen genormten Signalsprache ist auch noch unsere gesamte Aktivität ausgedrückt, von der Körperbeherrschung des Sportlers über die Bewegungen der Hände eines Pianisten bis zur Stimmgebung des Konzertsängers.

Daß alles, was der Mensch erlebt oder tut, auf seinem Wege von der Umwelt bis zum erlebenden Bewußtsein oder auf seinem Wege vom Zentralnervensystem zur ausführenden Muskulatur eine Zustandsform durchläuft, in der es nur in Gestalt der monotonsten überhaupt denkbaren Signalsprache aus genormten Impulsen besteht, darüber hat man sich eigentlich erst zu wundern begonnen, seit es den naturwissenschaftlichen Informationsbegriff gibt. Die durch ihn angeregte neuartige Fragestellung lautet: Welchen funktionellen Sinn hat die Auswahl der zeichenärmsten aller Signalsprachen angesichts einer solchen Fülle zu übertragender Informationen? Mit Hilfe des Informationsbegriffs der Informationstheorie ließ sich diese Frage sozusagen im Handumdrehen beantworten. Die Antwort wurde zuerst von dem englischen Physiologen *W. H. Rushton* gefunden, und bei ihr fällt es dem Biologen wie Schuppen von den Augen: Es gibt ein informationstheoretisches Verfahren, um die Kapazität der Informationsübertragung in einem Nachrichtensystem auf eine solche Weise herabzusetzen, daß damit eine Abnahme der Störungsempfindlichkeit parallel geht. Das ist die Methode der Normierung der Impulseigenschaften. In der Technik wurde ein solches Verfahren in den 30er Jahren erfunden und als *Puls-Code-Modulation* bezeichnet. Das Prinzip wurde erst später informationstheoretisch gedeutet und begründet. Die vom lebenden Nervensystem benutzte Zeichensprache entspricht nun genau diesem nicht mehr weiter zu vervollkommnenden theoretischen Ideal einer störungsunempfindlichen Signalübertragung, es ist in gewisser Hinsicht also die theoretisch überhaupt erreichbare Endstufe der Puls-Code-Modulation. Dabei hat der Verlust an Übertragungskapazität gegenüber dem Gewinn an Sicherheit kein Gewicht. Die Monotonie der Zeichensprache des Nervensystems erklärt sich auf diese Weise also überzeugend als Ausdruck der *höchsten überhaupt erreichbaren* Störungsunempfindlichkeit. Damit aber ist ein erregendes Grundphänomen der Physiologie mit Hilfe eines der neuen informationstheoretischen Begriffe schlechtweg endgültig verstanden.«

Aus dem bisher Gesagten ist deutlich geworden, daß die *Shannonsche* Informationstheorie sehr wichtig ist für die Beurteilung des Übertragungsverfahrens einer Nachricht. Zur Nachricht selbst kann sie nur Aussagen über ihre statistischen Eigenschaften machen. Die Schwäche dieses so definierten Informationsbegriffes liegt darin, daß das eigentliche Wesen der Information praktisch unerfaßt bleibt. Wegen der dadurch schon vorprogrammierten Mißverständnisse kritisierte *Hassenstein* zu Recht: »Es wäre besser gewesen, einen neuen Kunstausdruck zu prägen, als ein aus der Umgangssprache gewohntes Wort zu nehmen und ihm eine gänzlich neue Bedeutung beizulegen.« Indem wir die *Shannonsche* Information einem der fünf Aspekte der Information zuordnen, kommen wir dennoch zu einer wissenschaftlich sauberen Lösung [G5]. Ohne diese Erweiterung blieben wir bei den Eigenschaften des Übertragungskanals stehen. Keine Wissenschaft – außer der Nachrichtentechnik – aber darf sich auf die statistische Ebene der Information beschränken.

Für statistische Untersuchungen an natürlichen Sprachen erlaubt die *Shannonsche* Informationstheorie gewisse vergleichende Aussagen, auf die wir nun näher eingehen wollen.

A1.4 Statistische Sprachanalyse

Mit Hilfe der *Shannonschen* Informationstheorie ist es möglich, für gewisse Eigentümlichkeiten von Sprachen quantitativ errechenbare Kenngrößen anzugeben. Eine solche kennzeichnende Größe ist z. B. der Informationsgehalt, der im Mittel durch einen *Buchstaben*, eine *Silbe* oder ein *Wort* übertragen wird. Wir hatten diesen Zahlenwert gemäß Gleichung (9) auch als Entropie H bezeichnet.

1. Betrachtung von Buchstaben: Nimmt man vereinfachend an, daß alle 26 Buchstaben und der Wortzwischenraum der deutschen Sprache in gleicher Häufigkeit (Gleichwahrscheinlichkeit) auftreten, dann findet man

$$H_o = \text{ld } 27 = \log 27/\log 2 = 4{,}755 \text{ bit/Buchstabe.} \qquad (11)$$

Nun treten die einzelnen Buchstaben jedoch mit einer Häufigkeit auf, die für die jeweilige Sprache kennzeichnend ist [B2,4]. *Tabelle 1* gibt die Wahrscheinlichkeiten p_i für das Auftreten der einzelnen Buchstaben und des Zwischenraums in der deutschen und englischen Sprache sowie den mittleren Informationsgehalt pro Zeichen H an. Wendet man Gleichung (9) unter Berücksichtigung der unterschiedlichen Buchstabenhäufigkeit p_i in der deutschen Sprache an, so findet man als mittleren Informationsgehalt (= *Entropie)* eines Zeichens

$$H_1 = \sum_{i=1}^{30} p_i \cdot \text{ld } (1/p_i) = 4{,}11295 \text{ bit/Buchstabe.} \qquad (12)$$

Der entsprechende Wert für die englische Sprache ergibt sich zu $H_1 = 4{,}04577$ bit/Buchstabe. Nun wissen wir, daß die Wahrscheinlichkeit einzelner Buchstaben im Sprachverband nicht unabhängig von den angrenzenden Buchstaben ist. Auf ein *q* folgt mit Sicherheit ein *u*, auf ein *e* folgt ein *n* häufiger als ein *c* oder ein *z*. Berücksichtigt man weiterhin die Häufigkeiten der Buchstabenpaare *(Bigramme)*, Buchstabentripel *(Trigramme)* gemäß *Tabelle 4* usw., so sinkt wegen der statistischen Bindungen der Buchstaben im Kontext der Informationsgehalt nach *Shannonscher* Definition:

$$H_o > H_1 > H_2 > H_3 > H_4 > \ldots > H_\infty. \qquad (13)$$

Bei 26 Buchstaben sind insgesamt $26^2 = 676$ Bigramme und $26^3 - 26 = 17\,550$ Trigramme möglich, wobei bereits berücksichtigt ist, daß drei aufeinanderfolgende gleiche Buchstaben nicht vorkommen.

Unter Einbezug aller statistischen Bindungen hat *Küpfmüller* [K4] für die deutsche Sprache folgenden Wert ermittelt:

$$H_\infty = 1{,}6 \text{ bit/Buchstabe.} \qquad (14)$$

Der Maximalwert der Entropie H_0 wird von der wirklichen Sprache weit unterschritten. Die Differenz zwischen der maximal möglichen H_{max} und der wirklichen Entropie H wird als Redundanz R (Weitschweifigkeit) bezeichnet. Auf H_{max} bezogen erhält man die *relative Redundanz*

$$r = (H_{max}\text{-}H) / H_{max}\,. \qquad (15)$$

Für die deutsche Schriftsprache ergibt sich $r = (4{,}775 - 1{,}6)/\,4{,}755 = 66\,\%$. Für die englische Sprache gibt *Brillouin* folgende Entropiewerte an [B5]:

$H_1 \;= 4{,}03$ bit/Buchstabe,
$H_2 \;= 3{,}32$ bit/Buchstabe,
$H_3 \;= 3{,}10$ bit/Buchstabe,
$H_\infty = 2{,}14$ bit/Buchstabe.

Die relative Redundanz der englischen Sprache ist mit $r = (4{,}755 - 2{,}14) / 4{,}755 = 55\,\%$ geringer als die der deutschen Sprache. Die Weitschweifigkeit als statistisches Kennzeichen einer Sprache drückt sich in *Bild 32* durch die unterschiedliche Lage der Punkte aus.

Eine Sprache benutzt mehr Wörter als zum Verständnis unbedingt notwendig wäre. Dadurch, daß die Nachricht nicht in der knappsten Form übermittelt wird, ergibt sich eine gewünschte Sicherheit gegenüber Störungen (z. B. Verstümmelung eines geschriebenen Wortes, Verlust beim Telegraphieren, nicht sauber ausgesprochene Wörter).

2. Betrachtung von Silben: Statistische Untersuchungen an Silben der deutschen Sprache haben ergeben [K4], daß man unter Berücksichtigung der Häufigkeit ihres Vorkommens und unter Verwendung von Gleichung (9) die folgende Entropie findet:

$$H_{Silbe} = 8{,}6 \text{ bit/Silbe.} \qquad (16)$$

Die durchschnittliche Buchstabenzahl/Silbe beträgt $B_{Silbe} = 3{,}03$. Somit ergibt sich nach dieser Betrachtung

$$H_3 = 8{,}6/3{,}03 = 2{,}84 \text{ bit/Buchstabe.} \qquad (17)$$

W. Fucks [F9] hat insbesondere die Anzahl der Silben pro Wort untersucht und dabei bemerkenswerte Häufigkeitsverteilungen

Nr.	Bi-gramm	p_i	$p_i \cdot \mathrm{ld}\frac{1}{p_i}$	Tri-gramm	p_j	$p_j \cdot \mathrm{ld}\frac{1}{p_j}$
1	EN	0,0447	0,20042	EIN	0,0122	0,07756
2	ER	0,0340	0,16586	ICH	0,0111	0,07208
3	CH	0,0280	0,14444	NDE	0,0089	0,06063
4	ND	0,0258	0,13613	DIE	0,0087	0,05955
5	EI	0,0226	0,12357	UND	0,0087	0,05955
6	DE	0,0214	0,11869	DER	0,0086	0,05901
7	IN	0,0204	0,11455	CHE	0,0075	0,05294
8	ES	0,0181	0,10476	END	0,0075	0,05294
9	TE	0,0178	0,10345	GEN	0,0071	0,05068
10	IE	0,0176	0,10258	SCH	0,0066	0,04781
11	UN	0,0173	0,10126	CHT	0,0061	0,04488
12	GE	0,0168	0,09904	DEN	0,0057	0,04249
13	ST	0,0124	0,07854	INE	0,0053	0,04007
14	IC	0,0119	0,07608	NGE	0,0052	0,03945
15	HE	0,0117	0,07508	NUN	0,0048	0,03697
16	NE	0,0117	0,07508	UNG	0,0048	0,03697
17	SE	0,0117	0,07508	DAS	0,0047	0,03635
18	NG	0,0107	0,07004	HEN	0,0047	0,03635
19	RE	0,0107	0,07004	IND	0,0046	0,03572
20	AU	0,0104	0,06851	ENW	0,0045	0,03508
21	DI	0,0102	0,06748	ENS	0,0044	0,03444
22	BE	0,0096	0,06435	IES	0,0044	0,03444
23	SS	0,0094	0,06329	STE	0,0044	0,03444
24	NS	0,0093	0,06276	TEN	0,0044	0,03444
25	AN	0,0092	0,06223	ERE	0,0043	0,03380
26	SI	0,0083	0,05738	LIC	0,0042	0,03316
27	UE	0,0082	0,05683	ACH	0,0041	0,03251
28	DA	0,0081	0,05628	NDI	0,0041	0,03251
29	AS	0,0078	0,05462	SSE	0,0039	0,03121
30	N1	0,0070	0,05011	AUS	0,0036	0,02922
.	.	.	.	.	.	.
.	.	.	.	.	.	.
.	.	.	.	.	.	.
		$\sum_{i=1}^{676} p_i = 1$			$\sum_{j=1}^{17550} p_j = 1$	

Tabelle 4: *Wahrscheinlichkeiten p_i für das Auftreten der 30 häufigsten Bigramme bzw. Trigramme in der deutschen Sprache sowie deren Entropien (nach Bauer/Goos aus 10 000 Buchstaben deutschen Klartextes ermittelt). Wegen der N=26 Buchstaben in der deutschen Sprache gibt es N^2 = 676 Bigramme und N^3-N = 17550 Trigramme. Diese Zahlen bilden darum auch die oberen Summationsgrenzen bei der Berechnung der Bigramm-Entropie H_{Bi} bzw. Trigramm-Entropie H_{Tri}:*

$$H_{\mathrm{Bi}} = \sum_{i=1}^{676} p_i \cdot \mathrm{ld}\frac{1}{p_i} \quad ; \quad H_{\mathrm{Tri}} = \sum_{j=1}^{17550} p_j \cdot \mathrm{ld}\frac{1}{p_j}$$

gefunden, die für verschiedene Sprachen kennzeichnende Größen darstellen. *Bild 36* zeigt für einige Sprachen die Durchschnittswerte der Silbenzahl je Wort. Diese Häufigkeitsverteilungen ergaben sich durch Auswertung schöngeistiger Literatur. Von Buch zu Buch findet man zwar kleine Abweichungen, aber der Gesamteindruck bleibt dennoch unverändert. In der englischen Sprache treten 71,5 % Einsilber, 19,4 % Zweisilber, 6,8 % Dreisilber, 1,6 % Viersilber usw. auf. Im Deutschen lauten die entsprechenden Werte 55,6 %, 30,8 %, 9,38 %, 3,35 %, 0,71 %, 0,14 %, 0,02 % und 0,01 %.

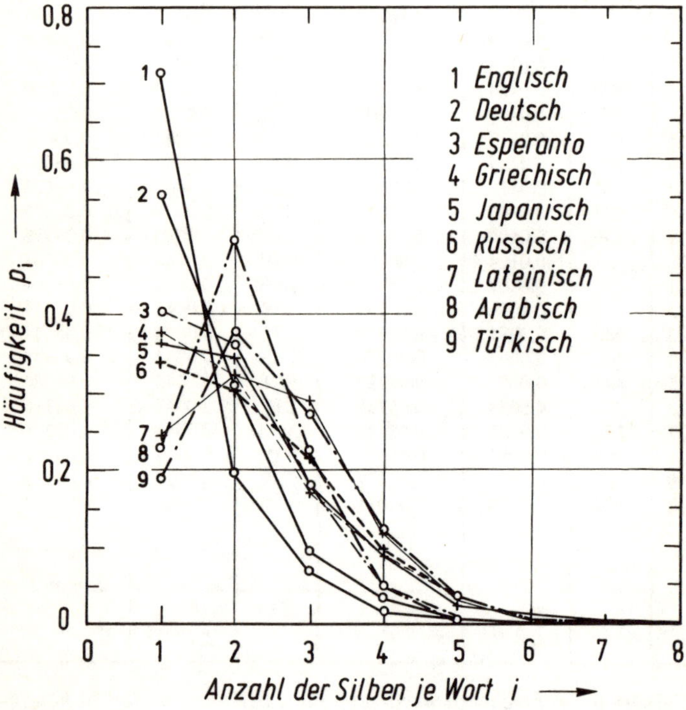

Bild 36: *Häufigkeitsverteilungen p_i für verschiedene Sprachen, aus denen die mittlere Anzahl der Silben pro Wort hervorgeht.*

Untersucht man einen hinreichend langen Text einer Sprache, so stellt sich eine ihr charakteristische Häufigkeit des Auftretens von Silben je Wort ein. Bei manchen Sprachen treten einsilbige Wörter am häufigsten auf (z. B. Englisch, Deutsch, Griechisch), bei anderen hingegen die zweisilbigen (z. B. Lateinisch, Arabisch, Türkisch).
(p_i = relative Häufigkeit des Auftretens von Wörtern mit i Silben;
i = mittlere Anzahl der Silben pro Wort.)

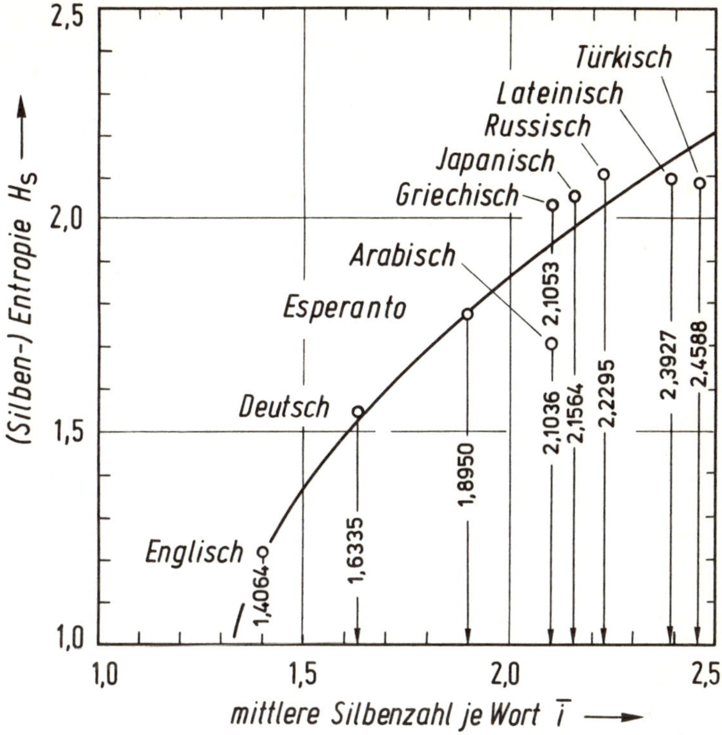

Bild 37: *Statistische Kennwerte verschiedener Sprachen.*

Errechnet man nach der Entropieformel (Gleichung 9) den durchschnittlichen Informationsgehalt pro Silbe für eine bestimmte Sprache, so erhält man einen für diese Sprache charakteristischen Wert H_S. Trägt man diesen in einem Diagramm über der mittleren Anzahl der Silben je Wort i auf, so erhält man ausgeprägte Punkte, die geeignet sind, eine Sprache statistisch zu kennzeichnen und von anderen zu unterscheiden.

Im Englischen, Deutschen und Griechischen werden die Gipfel der Häufigkeitsverteilung bei den Einsilbern angetroffen, im Arabischen, Lateinischen und Türkischen jedoch bei den Zweisilbern *(Bild 36)*. In *Bild 37* ist die Entropie $H_S \equiv H_{Silbe}$ über den Mittelwerten der Silben pro Wort für verschiedene Sprachen aufgetragen. Von den untersuchten Sprachen hat das Englische mit 1,4064 die kleinste Silbenzahl pro Wort. Dann folgen Deutsch (1,634), Esperanto (1,895), Arabisch (2,1036), Griechisch (2,1053) usw. mit steigenden Werten.

Der hier ermittelte Ordinatenwert für die Silbenentropie H_{Silbe} der einzelnen Sprachen wird ebenfalls nach Gleichung (9) berechnet, jedoch ist zu beachten, daß hier für die p_i die Wahrscheinlichkeiten für das Auftreten für Einsilber, Zweisilber usw. verwendet wurden. Der für die deutsche Sprache gefundene Wert von $H_{\text{Silbe}} = 1{,}51$ darf nicht mit dem Wert von Gleichung (16) verglichen werden, da die Berechnungsweise eine andere ist.

3. Betrachtung von Wörtern: Statistische Untersuchungen an Wörtern der deutschen Sprache haben gezeigt, daß die Hälfte des gesamten Textes durch nur 322 Wörter gebildet wird [K4]. Für diesen Anteil der Wörter findet man mit Gleichung (9) den Entropiewert $H_{\text{Wort}} =$ 4,5 bit/Wort. Geht man nur von den 16 häufigsten Wörtern aus, die schon 20% eines Textes ausmachen, errechnet sich H_{Wort} hierfür zu 1,237 bit/Wort. Die Einbeziehung aller Wörter führt zu dem in Gleichung (14) genannten Schätzwert 1,6 bit/Buchstabe. Ein Wort der deutschen Sprache ist im Mittel 5,53 Buchstaben lang. Somit ergibt sich ein mittlerer Informationsgehalt von $5{,}53 \cdot 1{,}6 = 8{,}85$ bit/Wort. Die bisherigen Betrachtungen haben gezeigt, daß gewisse Charakteristika einer Sprache durch Kennwerte beschreibbar sind, die direkt aus der *Shannonschen* Informationstheorie folgen. Diese Kennwerte sind jedoch rein statistischer Art und geben keinerlei Auskunft über die Grammatik einer Sprache oder gar über den textlichen Inhalt. So wie man von einem zeitlich veränderlichen Stromverlauf (z. B. als Regelgröße für ein kompliziertes technologisches Verfahren) den effektiven Strom I_{eff} als statistischen Kennwert ermitteln kann, so gelingt es, im Bereich der Sprachen analoge linguistische Zahlenwerte zu bestimmen. Sowie I_{eff} nichts über das dahinterstehende Konzept der Regelung aussagt, so sind auch in den linguistischen Kennwerten keinerlei semantische Bezüge mehr erkennbar.

A1.5 Statistische Sprachsynthese

Nachdem wir uns im vorigen Abschnitt mit der statistischen Analyse von Sprachen befaßt haben, stellt sich nun die Frage, ob es nicht möglich ist, durch bloße zufällige Kombinationen von Zeichen

a) korrekte Sätze einer vorgegebenen Sprache zu erhalten,
b) Information (im vollen Umfang ihres Wesens) zu erzeugen.

Zur Beantwortung dieser Fragen wollen wir zunächst von *Bild 38* ausgehen. Zufallsfolgen kann man mit Hilfe eines Programms (1) an einer Datenverarbeitungsanlage erzeugen. Bei Gleichverteilung der Buchstaben wird man Buchstabenreihen (Output A) erhalten, die nicht einmal die einfachsten statistischen Kennwerte der deutschen, englischen oder einer anderen Sprache widerspiegeln. Im statistischen Mittel werden also keine Texte entstehen, in denen wir auch nur annähernd die morphologischen Eigenschaften einer speziellen Sprache vorfinden.

Nun kann man einen Schritt weitergehen und ein Programm (2) schreiben, das die Häufigkeiten von Buchstabenkombinationen speziell der deutschen Sprache berücksichtigt. Für den Fall, daß die statistische Bindung aufeinanderfolgender Buchstaben unberücksichtigt bleibt, handelt es sich um eine Annäherung 1. Ordnung. Output B zeigt nach *Küpfmüller* [K4] eine auf diese Weise entstehende Buchstabenfolge, in der wir kein Wort entdecken, das zu unserem Wortschatz gehört. Sorgt man nun weiterhin dafür, daß jedes Zeichen mit einem seiner Nachbarzeichen in einer Wahrscheinlichkeitsbeziehung steht, so kommt man zu den Buchstabenfolgen gemäß Output C, D und E. Stochastische Prozesse, die solche Folgen erzeugen, heißen *Markoff*-Prozesse, und die so entstehende Folge ist eine *Markoff*-Kette.

Für das Programm (2) muß eine umfangreiche Eingabe vorgegeben sein, die gemäß *Tabelle 4* alle möglichen Buchstabengruppierungen (Zweier-, Dreier-, Vierer- usw. gruppen) und ihre Auftrittswahrscheinlichkeit in der deutschen Sprache berücksichtigt. Mit zunehmender Ordnung entstehen synthetische Wörter, bei denen auch solche vorkommen können, die zum definierten Sprachschatz der deutschen Sprache gehören. Die Programmierung der statistischen Bindung verhindert mit zunehmender Ordnung, daß Wortgebilde wie z. B. *»glijkwaardig«, »öryljetek«, »fortuitousness«* entstehen, aber aus der Menge von mehr oder weniger morphologisch typisch deutsch klingenden Buchstabengruppierungen wie WONDINGLIN, ISAR, ANORER, GAN, STEHEN, DISPONIN gehört nur eine Teilmenge zum Wortschatz der deutschen Sprache. Es ist auf diese Weise auch bei Näherungen höherer Ordnung nicht zu verhindern, daß immer wieder Wörter entstehen, die es im Sprachgebrauch gar nicht gibt.

Ein nächster Schritt wäre die Programmierung (3), bei der *nur tatsächlich vorkommende Silben* der deutschen Sprache sowie ihre Häufigkeiten Anwendung finden. Mit Programm (4) schließlich wird verhindert, daß irgendeine Buchstabenkombination gesetzt wird, die nicht Bestandteil der deutschen Sprache ist. Als Eingabe für ein derartiges Programm ist allerdings ein Hintergrundspeicher mit einem vollständigen Wörterbuch erforderlich. Daneben wird in der Programmierung die Worthäufigkeit (1. Ordnung) und in einer weiteren Stufe die Wahrscheinlichkeit des Aufeinanderfolgens je zweier Wörter (2. Ordnung) berücksichtigt. Es ist zu bedenken, daß die genannten Programme sowie die umfangreichen Datensätze schon viele Ideen enthalten, dennoch ist das Ergebnis ebenso dürftig wie eindeutig: Bei den auf diese Weise gewonnenen »Texten« erreicht man zwar ein *morphologisch korrektes, aber semantisch sinnloses Deutsch.*

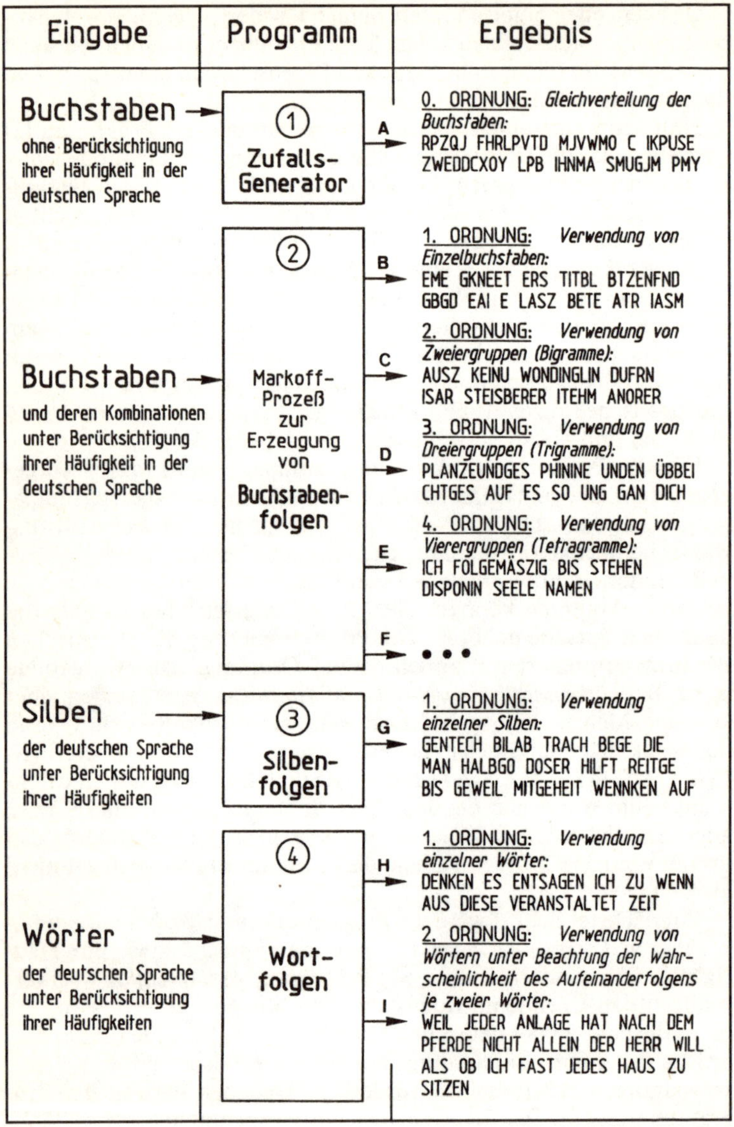
Eingabe
Programm
Ergebnis
Buchstaben
ohne Berücksichtigung ihrer Häufigkeit in der deutschen Sprache
①
Zufalls-Generator
A
0. ORDNUNG: Gleichverteilung der Buchstaben:
RPZQJ FHRLPVTD MJVWMO C IKPUSE ZWEDDCXOY LPB IHNMA SMUGJM PMY
Buchstaben
und deren Kombinationen unter Berücksichtigung ihrer Häufigkeit in der deutschen Sprache
②
Markoff-Prozeß zur Erzeugung von Buchstabenfolgen
B
1. ORDNUNG: Verwendung von Einzelbuchstaben:
EME GKNEET ERS TITBL BTZENFND GBGD EAI E LASZ BETE ATR IASM
C
2. ORDNUNG: Verwendung von Zweiergruppen (Bigramme):
AUSZ KEINU WONDINGLIN DUFRN ISAR STEISBERER ITEHM ANORER
D
3. ORDNUNG: Verwendung von Dreiergruppen (Trigramme):
PLANZEUNDGES PHININE UNDEN ÜBBEI CHTGES AUF ES SO UNG GAN DICH
E
4. ORDNUNG: Verwendung von Vierergruppen (Tetragramme):
ICH FOLGEMÄSZIG BIS STEHEN DISPONIN SEELE NAMEN
F
• • •
Silben
der deutschen Sprache unter Berücksichtigung ihrer Häufigkeiten
③
Silbenfolgen
G
1. ORDNUNG: Verwendung einzelner Silben:
GENTECH BILAB TRACH BEGE DIE MAN HALBGO DOSER HILFT REITGE BIS GEWEIL MITGEHEIT WENNKEN AUF
Wörter
der deutschen Sprache unter Berücksichtigung ihrer Häufigkeiten
④
Wortfolgen
H
1. ORDNUNG: Verwendung einzelner Wörter:
DENKEN ES ENTSAGEN ICH ZU WENN AUS DIESE VERANSTALTET ZEIT
I
2. ORDNUNG: Verwendung von Wörtern unter Beachtung der Wahrscheinlichkeit des Aufeinanderfolgens je zweier Wörter:
WEIL JEDER ANLAGE HAT NACH DEM PFERDE NICHT ALLEIN DER HERR WILL ALS OB ICH FAST JEDES HAUS ZU SITZEN

Ein *Wort* ist nicht nur eine Folge von Buchstaben, sondern es hat eine Namensfunktion, die durch Vereinbarung in der Sprachkonvention auf einen individuellen Gegenstand (z. B. Heinrich der Löwe, Matterhorn, Lüneburg) oder eine Klasse von Gegenständen (Tier, Auto, Kirche) hinweist. Jede Sprache hat für denselben Gegenstand ihre eigene individuelle Vereinbarung wie das deutsche »HAUS«, das spanische »CASA«, das französische »MAISON« oder das finnische »TALON«. Darüber hinaus hat ein einzelnes Wort eine Bedeutung in engerem Sinne.

Ein *Satz* hingegen trifft eine Aussage über einen Sachverhalt, einen Zustand oder einen Vorgang. Dies nennen wir den Sinn oder die Bedeutung des Satzes. Ein Satz besteht aus verschiedenen Einzelwörtern, aber der Sinn des Satzes entsteht nicht in gleicher Weise durch eine Reihenschaltung von Wortbedeutungen, sondern ist mehr als die Summe dieser Bedeutungen. Die Beziehungen zwischen Satzsinn und Wortbedeutungen sind ein semantisches Problem und daher ausschließlich im Rahmen der diffizilen Sprachkonventionen zwischen Sender und Empfänger der Nachricht zu behandeln.

Halten wir fest: Obwohl hinter den durch statistische Prozesse entstandenen Texten aufwendige Programmsysteme und ein vollständiger Vorrat an Buchstabengruppen, Silben bzw. Wörtern sowie deren zuvor ermittelte Häufigkeitsverteilung stehen, fehlen die entscheidenden Kriterien, die eine Buchstabenkette zu einer echten Nachricht werden lassen. Folgende Kriterien müssen erfüllt sein, damit einer Zeichenkette der Status von Information (Nachricht, Botschaft) zukommt:

1. Senderspezifische Bedeutung: Die Zeichenkette muß eine senderspezifische Bedeutung enthalten, d. h., sie muß von einem Sender ausgesandt und für einen Empfänger bestimmt sein. (Wenn durch

Bild 38: *Versuche der »Sprachsynthese« zur Klärung der Frage, ob Information durch Zufall entstehen kann.*

Mit Hilfe von Programmen werden Buchstaben-, Silben- und Wortfolgen (einschließlich der Zwischenräume) statistisch erzeugt. Als Eingabe stehen die Buchstaben, alle Buchstabenkombinationen, Silben und Wörter (komplettes Lexikon) der deutschen Sprache zur Verfügung. Die bekannten Häufigkeiten ihres Auftretens in Texten der deutschen Sprache werden bei der »Sprachsynthese« voll berücksichtigt. Die Zufallsergebnisse A bis I sind trotz des dahinterstehenden erheblichen Programmaufwands keine Information, denn die Zeichenketten enthalten keine Semantik, weil es hier keine Vereinbarungszuordnung von Zeichen und Realität gibt.

den beschriebenen Prozeß der Buchstabenkettung einmal die Folge »ICH LIEBE DICH« herauskommen sollte, so kann ich den Text zwar verstehen, aber er stellt keinerlei Information dar, da er nicht von einem mich liebenden Menschen stammt).

2. Wirklichkeitsorientierte Wahrheit: Die Zeichenkette muß einen Wahrheitsgehalt aufweisen, der sich an der Wirklichkeit orientiert. (Sollte auf statistischem Wege einmal der Satz »PARIS IST DIE HAUPTSTADT VON FRANKREICH« ermittelt werden, so ist er zwar korrekt und wahr, aber er ist ohne praktischen Belang, weil er nicht aus der Erfahrungswirklichkeit stammt).

3. Erkennbare Absicht: Die Zeichenkette muß absichtsbedingt sein, d. h., beim Sender muß dieser Nachricht ein Gedankenkonzept zugrundeliegen.

4. *Empfängerorientierung:* Die Zeichenkette muß empfängerorientiert sein, d. h. an jemanden gerichtet sein. (Bei einem Telegramm oder Brief hat der Sender einen ganz bestimmten Empfänger im Auge; ein Buch wird für einen gewissen Leserkreis konzipiert; die Senderbiene gibt im Schwänzeltanz wichtige Informationen an die im Stock verbliebenen Bienen weiter; die DNS-Information wird an die RNS weitergeleitet und dient dann zur Proteinsynthese.) Die Empfängerorientierung ist auch dann gegeben, wenn es zusätzlich zum vorgesehenen Empfänger auch nicht freiwillige Zuhörer gibt (z. B. ungewolltes Mithören eines Gesprächs im Zugabteil).

Satz A2: Zufällige oder nach gewissen statistischen Prinzipien erstellte Buchstabenreihen stellen noch keine Information dar. Man kann ihren Informationsgehalt zwar nach der *Shannonschen* Theorie ermitteln, aber dem eigentlichen Wesen der Information werden sie nicht gerecht.

Im historischen Streit zwischen *Samuel Wilberforce* (1805-1873) und dem *Darwin*-Anhänger *Thomas H. Huxley* (1825-1895) hatte letzterer während des Treffens in Oxford (1860) behauptet, wenn Affen lange genug willkürlich auf einer Schreibmaschinentastatur herumhämmerten, dann müßte – wenn auch nach sehr langer Zeit – einmal der 23. Psalm herauskommen. Damit, so meinte *Huxley*, sei gezeigt, daß Leben durch Zufall entstehen könne. Mit Hilfe der Informationssätze läßt sich die aufgeworfene Problematik leicht lösen. Nach den genannten Sätzen in Kapitel 4 und gemäß *Satz A2* handelt es sich hier überhaupt nicht um Information. Damit hatte *Huxley* einen Vergleich herangezogen, der dem Wesen der Information und des Lebens überhaupt nicht entspricht. Auch die in Kapitel 5 genannten Eigenschaften von Information zeigen, daß *Huxley* über Zufallsfolgen, aber nicht über Information debattierte. Die Entstehung von Information aus Zufallsprozessen in der Materie ist ausgeschlossen (siehe *Satz 1*).

Die anfangs gestellten Fragen (a) und (b) sind somit schon jetzt eindeutig beantwortbar:

- Korrekte Sätze nach den Konventionen einer vorgegebenen Sprache können mit Hilfe eines statistischen Prozesses nur dann synthetisiert werden, wenn man das entsprechende Know-how in Form von Daten (erlaubte Sprachmorpheme, Silben oder Wörter) und Programmen zuvor hineingesteckt hat. Durch sehr aufwendige Programmierung kann erreicht werden, daß die Sätze sogar den syntaktischen Regeln der Sprache entsprechen. Eine irgendwo einmal auftretende Wortfolge, der man eine Semantik hinterlegen könnte, bliebe dennoch ohne »Nachrichtengehalt«, da ihre Entstehung einem Quasizufallsprozeß entstammt.

- Echte Information mit Nachrichtengehalt – also echte Botschaft – kann durch einen statistischen Prozeß nicht erzeugt werden.

A2 Sprache: das Mittel zur Darstellung, Übertragung und Speicherung von Information

A2.1 Natürliche Sprachen

Die natürliche Sprache ist das umfassendste und differenzierteste Ausdrucksmittel des Menschen. Mit dieser ausgeprägten Gabe, die es erlaubt, alle Regungen des Herzens und des Glaubens ebenso zu artikulieren wie Sachzusammenhänge der Natur, des Lebens und der Technik, ist nur der Mensch ausgestattet. Sprache ist das notwendige Kalkül zur Formulierung von Gedanken aller Art. Sprache ist weiterhin das erforderliche Vehikel zum Transport von Information. Mit diesem besonderen Phänomen der menschlichen Sprache wollen wir uns im folgenden eingehend beschäftigen. Zuvor seien noch einige Definitionen für Sprache genannt, die uns anzeigen, daß – ähnlich wie beim Informationsbegriff – eine kurze Definition kaum möglich ist [L3, 13-17]:

Definition S1: Sprache ist eine ausschließlich dem Menschen eigene, nicht im Instinkt wurzelnde Methode zur Übermittlung von Gedanken, Gefühlen und Wünschen mittels eines Systems von frei geschaffenen Symbolen *(Spair)*.

Definition S2: Eine Sprache ist ein System willkürlicher Lautsymbole, mit deren Hilfe eine soziale Gruppe gemeinsam handelt *(Bloch* und *Trager)*.

Definition S3: Sprache ist die Institution, mit deren Hilfe Menschen miteinander kommunizieren und unter Verwendung gewohnheitsmäßig benutzter, oral-auditiver, willkürlicher Symbole in Interaktion treten *(Hall)*.

Definition S4: Von jetzt ab werde ich unter einer Sprache eine (endliche oder unendliche) Menge von Sätzen verstehen, jeder endlich in seiner Länge und konstruiert aus einer endlichen Menge von Elementen *(Chomsky)*.

A2.1.1 Allgemeines zur Struktur der menschlichen Sprachen

Sprache ist das Vermögen, Information auszudrücken. Neben verschiedenen untergeordneten Ausdrucksformen wie Mimik und Gebärdensprache ist die natürliche gesprochene Sprache die wichtigste und reichhaltigste Möglichkeit, Information zu übermitteln. Menschliche Sprachen können eine unbegrenzte Anzahl von Inhalten wiedergeben. Dies wird erreicht durch ein genial konzipiertes Baukastensystem, denn für alle Sprachen gilt eine Struktur hierarchischer sprachlicher Einheiten. Die kleinste Einheit sind die Laute. Der Gesamtvorrat aller Laute, die der Mensch mit Hilfe seines Sprechapparates prinzipiell erzeugen kann, liegt bei 600. Es ist bemerkenswert, daß in den 5100 verschiedenen Sprachen nur diese relativ kleine Anzahl von Lauten vorkommt. Im Laufe des Spracherlernens produziert das Kind jene Laute öfter, die es in seiner Umgebung hört, und läßt andere dafür weg. Der erste Schritt des Kindes zur Sprache besteht also bemerkenswerterweise darin, die klanglichen Möglichkeiten einzuschränken, bis schließlich die typische Häufigkeitsverteilung in der Muttersprache erreicht wird.

Die Anzahl der verwendeten Laute variiert von Sprache zu Sprache zwischen 15 und 85. Die *Rotokas*-Sprache (Insel Bougainville, Neuguinea) hat mit 11 Buchstaben das kürzeste Alphabet, nämlich sechs Konsonanten und fünf Vokale: a, b, e, g, i, k, o, p, r, t, u. Damit ist nichts über die Zahl der Laute gesagt, die mit diesem Zeichensatz gebildet werden können. Die *Nepali*-Sprache hingegen hat über 60 Buchstaben. Im *Kambodschanischen* gibt es sogar 72 (einschließlich der nicht mehr verwendeten) Buchstaben. Mit 55 Vokalen hat die zentralvietnamesische Sprache *Sedang* die meisten (einschließlich der verschiedenen Tonhöhen für »gleiche« Vokale) und die kaukasische Sprache *Abchasisch* mit zwei die wenigsten. Die meisten Konsonanten gibt es in der kaukasischen Sprache *Ubyx* (80-85), und über die geringste Zahl verfügt *Rotokas* (6). Die als akustische Bausteine dienenden Laute werden sprachwissenschaftlich als *Phoneme* bezeichnet. In unserer Sprache sind die meisten durch Einzelbuchstaben wiedergegeben, manchmal auch durch zwei oder drei (z. B. *ei, eu, sch*). Von wenigen Ausnahmen abgesehen sind die Phoneme sinnlose Laute, d. h., sie tragen keine Bedeutung. Die kürzesten sinntragenden Einheiten sind die *Morpheme*. Sie sind die einfachsten Strukturen auf der untersten Ebene der Sprache, und der *gesamte Text* stellt die komplexeste Struktur auf der obersten Ebene der Sprachhierarchie dar. Das Morphem besteht als kleinste funktionale Einheit der Sprache (z. B. einfache Wörter ohne Endung, Vor- und Nachsilben) aus einem oder mehreren Phonemen. Es ist selbst Teil eines Lexems oder eines *Wortes* oder identisch damit. Als *Lexem* bezeichnet man die Grundeinheit des Wortschatzes einer Sprache in konventioneller Form (z. B. Substantive im Nominativ Singular, Verben im Infinitiv). Die im Text verwendeten Wörter erscheinen im Gegensatz zur lexikalischen Form meist flektiert. Keine Sprache schöpft die Möglichkeiten der Wortbildung auch nur annähernd aus. Die höchste Anzahl an verschiedenen Lautkombinationen wäre dadurch zu erreichen, daß alle Laute oder Phoneme mit allen anderen in jeder beliebigen Reihenfolge kombiniert würden. Lautfolgen wie ktx, nxr, bfg sind zwar möglich, aber im Deutschen nicht vorgesehen. Die Zuordnung zwischen Wörtern und Inhalten, d. h., die einer Lautkombination zugeordneten Bedeutungen sind willkürlich und müssen durch Erfahrung erlernt werden. Anders ist es bei der Kombination von Wörtern zu Sätzen:

Es gilt etwas sehr Bemerkenswertes: Niemand kann die Bedeutung eines Wortes wissen, das er noch nie gehört hat, aber wir können Sätze verstehen, die noch nie zuvor gesagt worden sind, und wir können ebenso eine endlose Zahl neuer Sätze produzieren, deren Bedeutung die Angehörigen unserer Sprachgemeinschaft sofort verstehen würden.

Die Wörter einer Sprache werden aufgrund fester Regeln zu Sätzen verknüpft. Diese Regeln (Grammatik) vermeiden das Wortchaos und verleihen der Sprache die schier unbegrenzten Ausdrucksmöglichkeiten. Obwohl ein Satz eine Reihe von Morphemen ist, ist nicht jede Reihe von Morphemen ein Satz. Die grammatischen Regeln bestimmen, wie Morpheme und Wörter kombiniert werden müssen, um eine gewisse Bedeutung auszudrücken. Die *Syntax* (Lehre vom Satzbau) gibt an, welche Wortkombinationen verständliche Sätze einer Sprache bilden und welche nicht. Sprachäußerungen haben eine bestimmte Bedeutung in der Hinsicht, daß ihnen aufgrund einer Übereinkunft (Konvention) eine Bedeutung von den Sprachbenutzern einer Sprachgemeinschaft zugewiesen wird. Die *Semantik* beschreibt alle möglichen Bedeutungskonzepte (konzeptionelle Strukturen), die durch Sätze ausgedrückt werden können. Sie bezieht sich nicht allein auf allgemeine, konzeptionelle Bedeutungen von Wörtern, Wortgruppen und Sätzen, sondern auch auf die Beziehungen zwischen diesen Bedeutungen und der Wirklichkeit, den sogenannten referenziellen Beziehungen.

Trotz der zahlreichen, sehr unterschiedlichen Sprachen gibt es dennoch eine ganze Reihe von bemerkenswerten Gemeinsamkeiten:

1. Überall, wo es Menschen gibt, gibt es die Gabe der Sprache.
2. Es gibt sprachwissenschaftlich gesehen keine »primitiven« Sprachen. Jede Sprache hat ihre eigene Komplexität und je nach auszudrückender Semantik die ihr eigenen Stärken oder auch Schwächen.
3. Die Beziehungen zwischen den Lauten und der Bedeutung der Sprachelemente sind zwar willkürlich, aber nach den Konventionen der Sprache festgelegt.

4. Der menschliche Sprachapparat ist in der Lage, etwa 600 unterschiedliche Laute zu erzeugen. Die verschiedenen Sprachen verwenden daraus aber nur die ihnen spezifische Auswahl. Die Anzahl der unterscheidbaren Laute liegt je nach Sprache zwischen 15 und 85. Diese werden kombiniert, um bedeutungstragende Elemente oder Wörter zu bilden, mit welchen wiederum eine unbegrenzte Anzahl möglicher Sätze geformt werden kann.
5. Alle Sprachen verfügen über eine nur ihnen eigene Grammatikstruktur, die die Gesetzmäßigkeiten beschreibt, nach denen Wörter und Sätze ähnlicher Art gebildet werden.
6. Jede gesprochene Sprache enthält eine begrenzte Zahl von Lautsegmenten (wie z. B. a, p, r, q), die zu einem definierbaren Satz von Lauten zusammengefaßt werden können. Eine Klasse von Vokalen und Konsonanten ist immer unterscheidbar.
7. Vergleichbare grammatische Kategorien (z. B. Verben, Substantive, Zahlen) findet man in allen Sprachen.
8. Es gibt einige semantische Einheiten, die in allen Sprachen der Welt auftreten, wie z. B. männlich, weiblich, Mensch.
9. Jede Sprache hat die Möglichkeit, über die Vergangenheit zu reden, Aussagen zu negieren, Fragen und Befehle zu formulieren.
10. Der Wortschatz jeder Sprache kann erweitert werden. Durch Vereinbarung wird dem neuen Wort eine Bedeutung zugeordnet. Die Wortbildung geschieht unter Einhaltung der morphologischen Regeln und der erlaubten Lautzeichen.
11. Jedes normale Kind, wo immer es auf der Erde geboren wird, ist unabhängig von der rassischen, geographischen oder sozialen Herkunft in der Lage, jede beliebige Sprache zu erlernen. Daraus folgt: Angeboren sind dem Menschen nur die Fähigkeiten, mit Hilfe der Sprechwerkzeuge jede beliebige Sprache artikulieren zu können und dank der Vernunftbegabung jedes beliebige Sprachsystem so zu erlernen, daß beliebige Sätze dieser Sprache verstanden und selbst konstruiert werden können.
12. Jede Sprache besitzt die grundsätzliche Fähigkeit, jeden beliebigen Gedanken zu formulieren. Die menschlichen Sprachen können – im Gegensatz zu den Kommunikationssystemen der Tiere – eine unbegrenzte Zahl von Bedeutungsinhalten übermitteln.

A2.1.2 Komplexität und Eigenheiten der Sprachen

Von dem deutschen Dichter *Friedrich Gottlieb Klopstock* (1724-1803) stammt der Ausspruch: »Jede Sprache ist gleichsam ein Behältnis der eigensten Begriffe eines Volkes.« Sprache ist etwas Charakterisierendes für ein Volk und wird auch von seinem Lebensraum stark mitgeprägt. Das Zitat »der Wortschatz einer Sprache zeigt an, *was* ein

Volk denkt; die Syntax zeigt an, *wie* es denkt«, wollen wir im folgenden an einer Reihe von Beispielen belegen:

Die *Beduinen* haben mehrere Wortbezeichnungen für das Kamel, die im einzelnen zum Ausdruck bringen, in welcher Beziehung es gerade zu ihrem Leben steht. *Ostafrikanische Jagdvölker* besitzen viele Ausdrücke für die Nuancen von »braun«, aber nur einen einzigen für alle übrigen Farben zusammen. In einzelnen slawischen Sprachen spielt das Hilfsverb »sein« eine geringere Rolle als in den germanischen und romanischen Sprachen. Dies zeigt an, daß das Seinsproblem sich in den Völkern unterschiedlich stellt. In den *Eskimo*-Sprachen gibt es zahlreiche Wörter für Schnee; so wird z. B. unterschieden, ob er fällt, liegt oder in Blöcken gepreßt ist. Eine Sprache auf den Philippinen kennt 92 Namen für die 92 verschiedenen Arten von Reis. Die in Dagestan (frühere Sowjetunion) gesprochene Sprache *Tabassaran* kennt 35 Fälle für Substantive, und in einer *Eskimosprache* gibt es 63 Gegenwartsformen und bis zu 252 Beugungen bei einfachen Substantiven. Die Indianersprache *Chippewa* im nordamerikanischen Minnesota hat mit rund 6000 die meisten Verbformen. *Haida*, eine andere nordamerikanische Indianersprache, hat mit 70 die meisten Vorsilben.

In der *Kulung*-Sprache (Nepal) gibt es drei unterschiedliche Wörter für »kommen«, die anzeigen, ob man von oben (yuo), von unten (tongo) oder von gleicher Höhe (bano) kommt. In einem Bergland ist diese Unterscheidung sinnvoll; für einen Holländer wäre sie nicht nötig. Ebenso gibt es fünferlei Wörter für *»Berg«*, die die Höhe der Erhebung zum Ausdruck bringen. Weiterhin verfügt diese Sprache über ein reichhaltiges Vokabular für Verwandtschaftsbeziehungen, das nicht nur zwischen väterlicher und mütterlicher Linie deutlich unterscheidet, sondern auch Altersrelationen erfaßt. Das Wort *»wir«* wird viel präziser angewandt, da es vier verschiedene Wörter dafür gibt. So wird deutlich unterschieden, ob der Angeredete mit eingeschlossen ist oder nicht, und es wird weiter differenziert, ob es sich um viele oder nur um zwei Personen handelt.

In der *Sunba*-Sprache kommt in den Sätzen ein angehängtes Partikelchen (einzelner Laut) vor, das für sich keine Bedeutung hat und darum von dem in diesem Stamm arbeitenden *Wycliff*-Missionar schwer zu identifizieren war. Es stellte sich heraus, daß dieses *»Tüttelchen«* angibt, wie der Erzähler zu der Information steht: Entweder hat er sie selbst erlebt, oder er gibt weiter, was er nur gehört hat. Dieser Aspekt ist insbesondere für die Bibelübersetzung bedeutend, denn die Schreiber des Wortes waren meistens Augenzeugen dessen, was sie mitteilten.

Etwa ein Drittel aller Sprachen der Welt sind *Tonsprachen,* d. h., unterschiedliche Tonhöhen desselben Wortes kennzeichnen andere Bedeutungen. Beim Niederschreiben solcher Texte ergibt sich das Problem, die Tonhöhe zu erfassen. Ein Notensystem wäre denkbar, aber für den täglichen Gebrauch zu umständlich. Außerdem geht es bei den Tonsprachen nicht um absolut festgelegte Tonhöhen, denn ein kleines Mädchen spricht in einer viel höheren Tonlage als ein alter Mann. Entscheidend sind nur die richtigen Abstände in der Tonhöhe von einer Silbe zur anderen. Die meisten Tonsprachen benutzen zwei bis sechs verschiedene Tonhöhen. Diese werden durch kleine hochgestellte Zahlen nach den entsprechenden Silben dargestellt (siehe Block 7 in *Tabelle 2*) oder aber durch Verwendung von Akzentzeichen, wie wir es vom Französischen her kennen. Tonsprachen gibt es nicht nur in China und Umgebung, sondern ebenso in Afrika und Amerika. Oft sind Ton- und Nichttonsprachen regional dicht beieinander, so daß es einen »Stammbaum der Sprachen« nicht geben kann.

Die Indianersprache *Hopi* erlaubt es, metaphysisches Denken besonders gut auszudrücken. In unseren indogermanischen Sprachen können wir einen vorübergehenden Zustand nicht als abstrakte Idee formulieren. So stellen wir z. B. das Wort *»laufen«* stets in einen ganz spezifischen Zusammenhang mit der Frage: wo, woher, wohin? Um aber den Zustand des Laufens in seinem Wesenskern zu beschreiben, müssen wir uns mit Wortkombinationen wie »Laufen als solchem« oder vom »Laufen schlechthin« behelfen. In *Hopi* ist dafür nur eine kurze Silbe an das Wort »laufen« anzuhängen.

Im Indianerlexikon finden wir folgende wichtige Aussage, die uns davor bewahren kann, diese Sprachen als primitiv abzustempeln [O4]:

> »Die rund 150 Indianersprachen, die noch 1940 gezählt wurden, halten jeden Vergleich mit dem europäischen Sprachgut aus. Ihr sehr großer Wortschatz und ihre außerordentlich komplizierte Grammatik lassen uns ahnen, daß die indianischen ›Uff‹- oder ›Howgh‹-Brummtöne aus manchem Western nicht viel mit der sprachlichen Wirklichkeit der Rothäute gemeinsam haben. Ein melodischer, gefälliger Klang, eine überaus bildhafte Formulierungskunst mit feinen Wendungen und Umschreibungen, ein methodischer Aufbau ... kennzeichnen die Indianersprachen, denen es oft an Wörtern für abstrakte Begriffe wie Wahrheit, Liebe, Seele oder Geist mangelt. Der Begründer der Quäkerkolonie ›Penn-Sylvania‹ (Penn-Waldland), *William Penn*, der in gutem Einvernehmen mit den Delawaren lebte, schrieb über deren Redeweise: ›Ich kenne keine europäische Sprache, die in Klangfärbung und Betonung mehr Worte der Freundlichkeit und Weitherzigkeit besitzt als die ihre.‹«

Eine Besonderheit vieler – aber mitnichten der meisten – Sprachen ist das *grammatische Geschlecht,* woran die Substantive gebunden sind. In den romanischen Sprachen sind die Substantive entweder Maskulina oder Feminina. Im Deutschen, Griechischen und in slawischen Sprachen unterscheidet man noch zusätzlich das Neutrum. Für diese recht willkürliche Einteilung von Dingen und Begriffen in Geschlechtskategorien gibt es keine befriedigende Erklärung. So ist es z. B. unverständlich, warum die deutschen Wörter »Mädchen« und »Weib« Neutra sind. *Mark Twain* (1835-1910) sagte dazu: »Im Deutschen ist eine junge Dame im Unterschied zu einer weißen Rübe geschlechtslos.« Eine noch größere Rolle als in den europäischen Sprachen spielt das Geschlecht im Hebräischen. Nicht nur Substantive, Pronomen und Adjektive werden in Maskulina und Feminina unterschieden, auch Verben verändern ihr Geschlecht. Der einfache Satz »ich liebe dich/euch« kennt sechs Varianten, je nachdem, ob er von einem Mann oder von einer Frau gesprochen wird, an einen Mann, an eine Frau oder eine Gruppe von Männern bzw. Frauen gerichtet ist. Die bekannteste »geschlechtslose« Sprache ist Chinesisch, denn es verzichtet auch bei den Pronomen auf Unterscheidung zwischen männlich, weiblich, sächlich und hat nur ein einziges Wort für *»er«, »sie«* und *»es«*.

Am ausgeprägtesten sind die sprachlichen Spezifika, wenn es um semantische Kategorien geht, wie Redensarten und bildhafte Ausdrucksweisen. Oft sind besondere Strukturen nötig, um graduelle Differenzierungen zu erfassen. In der *Igbira*-Sprache (Nigeria) wird z. B. der Satz »Er hat gesagt, daß er morgen kommen werde« eher als Ungewißheit gedeutet denn als eine Zusage. Die Wycliff-Bibelübersetzer waren mit diesem Problem konfrontiert, als sie die Verheißungen der Bibel in diese Sprache umzusetzen hatten [H3]. Die Aussage von Markus 14,49 »aber die Schrift muß erfüllt werden« läßt in dieser Form das Geschehen völlig offen. Um einer Aussage Gewißheit zu verleihen, bedienen sich die *Igbira* der doppelten Verneinung. So wurde der obige Satz korrekt übersetzt mit: »Es kann gar nicht angehen, daß sich Gottes Buch nicht bewahrheitet.«

Der Wycliff-Missionar *Peter Dommel* berichtet von dem *Kaureh*-Stamm (Irian Jaya), daß es in deren Sprache nur drei verschiedene Zahlwörter gibt, nämlich eins, zwei und viele. Um *»drei«* auszudrükken, muß man *»eins und zwei«* sagen, entsprechend gilt für *»vier«* die Wendung *»zwei und zwei«*. Erst in den letzten Jahren werden für »große« Zahlen vermehrt indonesische Lehnwörter eingeführt.

An den verschiedenen Beispielen haben wir erkannt, daß keine zwei Sprachen sich völlig decken in Bezug auf die Bedeutung der Wörter und schon gar nicht, wenn es um grammatische und semantische Strukturen geht. Jede Sprache hat den ihr eigenen Reichtum, ihre besondere Komplexität, aber auch ihre Schwächen.

A2.1.3 Ursprung der Sprachen

Über den Ursprung der menschlichen Sprachen gibt es eine schier unübersehbare Zahl von Spekulationen und Theorien [C1]. Nach der Naturlaut- oder Nachahmungstheorie sollen die Menschen die Geräusche der Tiere nachgeahmt haben. Die menschliche Sprache verfügt zwar über viele Imitationswörter, doch sind Nachahmungen von Tierrufen für eine Systematik ungeeignet, zumal Tierimitationen von Volk zu Volk ganz willkürlich variieren. Der deutsche Hahn schreit z. B. *»kikeriki«*, der englische *»cockadoodledoo«* und der russische *»kukuriki«*. Ein Eskimo kann den Walruf täuschend ähnlich nachahmen, dennoch fällt es ihm keineswegs ein, den Wal nach diesem Ruf zu benennen. Andere Theorien gehen davon aus, daß die menschlichen Sprachen sich von emotionalen Ausrufen herleiten oder die ersten Worte zur Untermalung bestimmter Gesten dienten. Auch die evolutionistische Vorstellung einer Aufwärtsentwicklung von Grunz- und Schnauflauten über primitive Sprachen (der Naturvölker) zu den Kultursprachen ist durch die vergleichende Sprachwissenschaft gründlich widerlegt worden. Selbst die abgeschieden lebenden Stämme der kalifornischen Indianer waren im Besitz einer äußerst komplizierten und subtilen Sprache. Es war praktisch unmöglich, diese Sprache grammatisch aufzuschlüsseln und in adäquater Weise zu übersetzen. Die wohl komplexeste Indianersprache überhaupt ist *Comanche* [C1]. Einzelne Laute werden gewispert, andere nur mit Hilfe der Larynx geformt. Im Ersten Weltkrieg benutzten die Amerikaner diese Sprache als Geheimcode [U1]. An beiden Enden der Telefonverbindung waren zwei Comanche-Indianer im Einsatz, die die in Englisch vorgelegte Militärbotschaft in ihrer Sprache über die Leitung sandten. Die Bedeutung der Botschaft war trotz angezapfter Leitung nicht herauszubekommen, da die Grammatik von den europäischen Sprachen zu weit entfernt ist und das Erlernen dieser Sprache mehrerer Jahre intensiven Studiums bedarf.

Im Zweiten Weltkrieg wurden ebenfalls diese »Code Talkers« aus verschiedenen Indianerstämmen (z. B. Comanche, Chippewa, Hopi, Navajo) eingesetzt. Im Marine-Corps der Amerikaner waren 375 Navajos beteiligt [U1]. Die ersten vier Verse des Johannes-Evangeliums in dieser Sprache sollen einen Eindruck von dieser komplizierten Sprache vermitteln:

> 1 Hodeeyáadi Saad jílį́, Saad éí Diyin God bil hojíló̜, índa Saad
> éí Diyin God jílį. 2 T' áá éí hodeeyáadi Diyin God bil hojíló̜; 3
> éí t'áá'altsoní ájiilaa, índa dahólonígíí t'áálá'í ndi t'áá hádingo
> t'áadoo la'ályaa da. 4 liná hwii' hóló̜, áko éí iinánígíí nihokáá'-
> dine'é bá bee adindíín.

Wir stellen fest: Alle Sprachen sind einmalig, und alle Sprachen sind perfekt. Sie enthalten morphologische, grammatische und semantische Komplexitäten und Strukturen, wobei niemand darauf gekommen wäre, es gerade so zu machen. Den Stammesangehörigen der zahlreichen Naturvölker ist nicht bewußt, welch diffizile Kategorien sie verwenden. Auch die Struktur ihrer Grammatik kennen sie nicht; so kann das Sprachkonzept auch nicht von ihnen bzw. ihren Vorfahren entworfen worden sein.

Johann Peter Süßmilch stellte fest (1756), daß der Mensch die Sprache nicht erfinden konnte ohne den Besitz des Denkvermögens und daß das Denken wiederum abhängig ist von der vorherigen Existenz der Sprache. Die einzige Lösung dieses Paradoxons ist, daß Gott dem Menschen die Sprache gegeben hat.

Fromkin und *Rodman* kamen zu dem sprachwissenschaftlichen Ergebnis [F8]: »Zur Zeit gibt es weder einen Beweis für noch gegen die Theorie der göttlichen Herkunft der Sprache, ebenso wie niemand einen wissenschaftlichen Beweis für oder gegen die Existenz Gottes ablegen kann.«

In der Tat: Gott kann man nicht beweisen, dennoch hat er sich in der Schöpfung so offenbart, daß wir durch Schlußfolgerung auf seine Existenz sowie seine Größe und Weisheit (Intelligenz) schließen können (Ps 19; Röm 1,19-20). Ebenso ist es mit der Herkunft der Sprachen. Eine evolutive Entwicklung ist eindeutig auszuschließen, so daß aufgrund der komplexen Wirklichkeit und des dahinterstehenden genialen Konzeptes in allen Sprachen ein Ideengeber zu fordern ist. Wir akzeptieren daher den biblischen Bericht, wonach Gott dem Menschen diese besondere Fähigkeit schöpfungsgemäß verliehen hat. Die Gabe der Sprache bezieht sich auf folgende Details:

- Erschaffung des zur Artikulation notwendigen speziellen Sprechapparates,
- Fähigkeit der Wortschöpfung (1 Mo 2,19),
- Fähigkeit der Spracherlernung,
- Kreativer Umgang mit dem Phänomen Sprache.

Ursprünglich gab es nur eine Sprache (1 Mo 11,1). Im Gericht von Babel (1 Mo 11,7) kam es zur Aufspaltung in viele Sprachen. Geblieben ist jedoch die Fähigkeit, alle Gedanken in Worten auszudrücken. Anhand der zahlreichen Besonderheiten der Sprachen haben wir uns von der Komplexität und den besonderen Stärken wie Schwächen eine Vorstellung verschafft.

Gegenwärtig werden auf der Erde etwa 5100 Sprachen gesprochen. Viele Sprachen sind ausgestorben; 3000 allein in den letzten tausend Jahren. Nur 100 Sprachen werden von mehr als je einer Million Menschen gesprochen, und für zwei Drittel der Erdbevölkerung reicht eine Handvoll: Chinesisch, Hindustani, Englisch, Russisch und Spanisch.

A2.1.4 Sprache in Schriftform

Die Erfindung der Schrift können wir zu den größten Geistesleistungen des Menschen rechnen. Der menschliche Gedächtnisspeicher ist kurzlebig, und die Speicherkapazität des Gehirns ist begrenzt. Information in Schriftform überwindet das Problem sowohl über Entfernungen als auch über Jahre und Jahrhunderte. Erst die Schrift verhilft einem Volk zu Literatur, Geschichtsschreibung und Technologie. Völker und Stämme ohne Schriftform sind darum über eine gewisse Kulturstufe nicht hinausgekommen (z. B. Indianer, Naturvölker). Erst die Schriftsprache bietet die Möglichkeit der Informationsspeicherung, so daß getätigte Erfindungen und gewonnene Erkenntnisse (z. B. Medizin, Technik) nicht verlorengehen, sondern noch weiterentwickelt werden. Schrift können wir folgendermaßen definieren:

Definition D6: Schrift ist ein menschliches Kommunikationssystem, das durch Übereinkunft festgelegt wurde und Sprache als Zeichenfolge wiedergibt. Die Zeichen müssen dazu geeignet sein, ausgesandt und empfangen zu werden, sie müssen wechselseitig verstanden werden, und sie müssen gesprochene Wörter wiedergeben. Schrift gibt gesprochene Sprache in Zeichen wieder.

Wirkliche Schrift beginnt erst da, wo Bilder durch ihre Form und die Reihenfolge ihrer Anordnung die Fähigkeit erwerben, für die gesprochenen Wörter einer bestimmten Sprache einzutreten. Das gesprochene Wort gewann durch die Schrift die Dimension der Dauer. Überlieferte Geschichte beginnt mit der Geburt der Schrift; in den meisten Gesellschaften gilt das auch von der Wissenschaft. Die Schrift wurde von verschiedenen Völkern erfunden (3500 v. Chr. Bilderschrift der Sumerer, 3000 v. Chr. Hieroglyphenschrift der Ägypter, 2500 v. Chr. Keilschrift im Vorderen Orient, 1500 v. Chr. Ideogramme der Chinesen). Das letzte und entscheidende Stadium aber war erst mit der *Erfindung des Alphabets* erreicht. Es besteht aus einer einmalig festgesetzten Anzahl von Schriftzeichen, von denen jedes – mindestens im Idealfall – für einen einzelnen gesprochenen Laut steht. Alle Zeichen können in beliebiger Kombination verwendet werden, um die verschiedenen Wörter einer Sprache schriftlich wiederzugeben. Das Alphabet mit seiner rationellen Beschränkung auf wenige Zeichen, seiner Flexibilität und direkten Relation in den Lauten der gesprochenen Sprache, machte die Schrift um vieles leichter erlern- und anwendbar. Etwa 2500 v. Chr. entstand auf dem Boden der heutigen Staaten Israel, Libanon und Syrien erstmals dieses erstaunliche Schriftsystem. Folgende (nur wenige!) Alphabete sind heute in Gebrauch: Hebräisch, Lateinisch, Griechisch, Kyrillisch, Georgisch, Arabisch, Persisch, Indisch.

Es gibt drei Arten von Schreibsystemen:

1.	Wortschrift:	Jedes Symbol oder Zeichen repräsentiert ein Wort oder ein Morphem (z. B. Chinesisch)
2.	Silbenschrift:	Jedes Symbol repräsentiert eine Silbe (z. B. Japanisch)
3.	Alphabetschrift:	Jedes Symbol repräsentiert i. a. ein Phonem (z. B. Deutsch, Spanisch).

Entfällt die Bindung, eine bestimmte Lautzahl darstellen zu müssen, so ist eine weitere Reduktion der Zeichenzahl möglich. Beim genetischen Code, dem Binärcode oder dem Morsealphabet ist wegen der Sicherheit der Übertragung die Zahl der Zeichen soweit wie möglich reduziert.

A2.2 Spezialsprachen im Tierreich

Sprachen können wir als ein System definieren, das Laute (oder Gesten) und Bedeutung in Beziehung setzt. In diesem Sinne kommunizieren auch Vögel, Bienen, Krabben, Wölfe, Delphine und zahlreiche andere Tiere miteinander. Die Sprache der Menschen ist jedoch in wesentlichen Merkmalen grundverschieden von den Kommunikationssystemen der Tiere:

1. Kreativität: Nur die menschliche Sprache verfügt über den kreativen Aspekt. Ein Sprecher kann beliebig viele diskrete Spracheinheiten aneinanderreihen und dabei gutformulierte neue Sätze bilden. Er ist in der Lage, Sätze zu erzeugen, die er nie zuvor gesprochen hat, und er versteht Sätze, die er nie zuvor gehört hat. Er vermag jeden beliebigen Sachverhalt auszudrücken. Die Kommunikationssysteme der Tiere sind fest und begrenzt. Sämtliche Tierexperimente, die ein kompliziertes Sprachsystem belegen sollten, sind eine Geschichte von Fehlschritten.

2. Freie Vereinbarung: Das Vokabular aller menschlichen Sprachen, in welchem Teil der Welt auch immer, setzt sich ganz überwiegend aus willkürlichen Lautgebilden zusammen, die zudem, was sie bezeichnen, in einer auf purer Übereinkunft beruhenden Beziehung stehen. Die Zeichen der »Tiersprachen« hingegen sind schöpfungsmäßig festgelegt, also nicht willkürlich mit anderer Bedeutung belegbar.

3. Gedankenfülle: Während die Anzahl der ausdrückbaren Gedanken in der menschlichen Sprache unbegrenzt ist, ist sie im Tierreich eingefroren. Der Schwänzeltanz der Bienen ist vom Prinzip her ein so effektives Kommunikationssystem, daß zahllose verschiedene Botschaften damit zu übermitteln wären. Das System ist jedoch auf einige wenige Gedanken eingefroren und damit inflexibel.

4. Sendungsgrund: Tiere haben feste stimulationsgebundene Botschaften, die nur bei definierten Situationen ausgesandt werden (z. B. Angst, Warnung, Futtersuche). Der Mensch hingegen ist frei von einem solchen eingrenzenden Gefüge.

Trotz der grundsätzlichen Qualitätsunterschiede zwischen den menschlichen Sprachen und den Kommunikationssystemen der Tiere ist die übertragene Botschaft dennoch unter dem Begriff »Information« zu subsummieren. Auch die genannten fünf Informationsaspekte finden wir hier wieder, wie nun am Beispiel des Schwänzeltanzes gezeigt wird:

Schwänzeltanz der Bienen: Als ein einfaches, aber doch sehr einleuchtendes Beispiel zur Darlegung der einzelnen Informationsaspekte in der Biologie sei hier der Schwänzeltanz der Bienen genannt, den *Karl v. Frisch* [F7] eingehend untersucht und beschrieben hat. *Bild 39* zeigt das generelle Grundschema von Sender und Empfänger mit den nunmehr bekannten Informationsaspekten Syntax, Semantik, Pragmatik und Apobetik. Die Biene (Sender), die bei ihrem Ausflug einen neuen ergiebigen Futterplatz entdeckt hat, teilt den im Stock zurückgebliebenen Bienen (Empfänger) diese lebensnotwendige Information mit (Mitteilungsabsicht). Als Signal benutzt die Senderbiene bestimmte Körperbewegungen. Bei diesem Informationsübertragungssystem haben wir es zwar mit einzelnen Individuen zu tun, dennoch stammt die Codevereinbarung weder von der Senderbiene noch von den Empfängerbienen. Hier haben wir es mit einem typischen Beispiel gemäß *Bild 24* zu tun.

Die Syntax des Signals ist durch verschiedene Merkmale des Schwänzeltanzes definiert: Bewegungsfolge, Anzahl der Schwänzelläufe je Zeiteinheit sowie Richtung des geradlinigen Schwänzellaufs. Die Empfängerbienen verstehen die Bedeutung (Semantik) der im einzelnen codierten Information:

Entfernung zur Futterquelle: Bei einem Abstand von 100 m folgen die Wendungen rasch aufeinander, die Tänze sind hastig. Je größer die Entfernung, desto gemessener werden sie, desto länger und nachdrücklicher aber wird der geradlinige Schwänzelverlauf. Zwischen der Anzahl der Schwänzelläufe pro Minute und der Futterplatzentfernung in Kilometern besteht ein geradezu mathematisch beschreibbarer Zusammenhang.

Richtung zur Futterquelle: Weiterhin enthält der Schwänzeltanz eine Nachricht über die Lage des Futterplatzes, die durch die Rich-

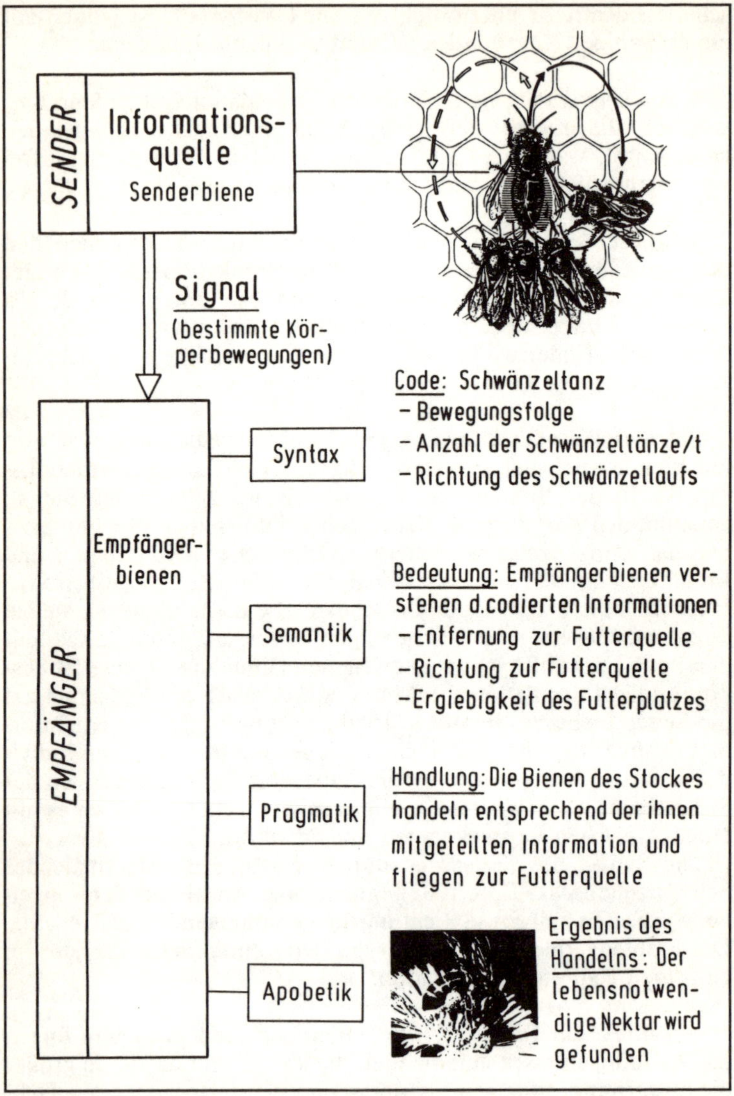

Bild 39: *Der Schwänzeltanz der Bienen.*

Der Schwänzeltanz der Bienen ist ein Informationsübertragungsvorgang, bei dem darum alle Aspekte der Information genau spezifiziert werden können.

tung des geradlinigen Laufs codiert ist. Die Richtungsweisung geschieht auf zweierlei Weise, je nachdem, ob der Tanz auf der vertikalen Wabenfläche im Bienenstock oder auf einer horizontalen Fläche wie z. B. auf dem Anflugbrettchen vor dem Stock stattfindet. Zur Richtungsdefinition wird die Sonne als Kompaß benutzt.

Art der Blumensorte: Bei den Nektarsammlern geschieht die Verständigung über die Blumensorte durch den am Körper haftenden und den in der Honigblase eingetragenen Blütenduft. Neben dem Nektar wird als zweites unentbehrliches Nahrungsmittel Blütenstaub gesammelt. Die Pollensammler tragen keinen duftenden Nektar nach Hause; sie bringen zur Codierung im Blütenstand einen Bestandteil der beflogenen Blumen mit.

Gebärdensprache des Wolfes: Ein Wolf ist befähigt, durch verschiedene Stellungen der Augen, Lippen und des Schwanzes graduell feine Ausdrucksweisen zu codieren. Durch verschiedene Stellungen des Schwanzes kann er elf Gefühlszustände ausdrücken [F8] wie z. B. Selbstvertrauen, Drohung, Unsicherheit, Depression, Verteidigungshaltung, Unterwerfung. Dieses sieht nach einem komplexen System aus, das in der Lage wäre, Tausende von Zuständen zu codieren. Das Entscheidende, was eine Sprache ausmacht, nämlich Einzelelemente kreativ zu einem Satz zusammenzusetzen, kann der Wolf jedoch nicht.

»Sprechende Vögel«: Papageien und Wellensittiche haben die Fähigkeit, Wörter und sogar Sätze der menschlichen Sprache naturgetreu nachzusprechen. Sie imitieren lediglich, was sie hören. Wenn ein Papagei plappert »Polly möchte ein Glas Wasser«, so hat das nichts mit einem tatsächlichen Wunsch zu tun. Auch wenn der Vogel »guten Tag« artikuliert, ist das keine Begrüßung für jemanden, der zu Besuch kommt. Hinter den »Ausdrücken« der Vögel verbirgt sich keine Bedeutung. Sie sprechen weder Deutsch noch ihre eigene Sprache, wenn sie derlei Laute von sich geben. Die Imitationen stellen damit im Unterschied zu den zuvor genannten Beispielen kein Kommunikationssystem dar.

A2.3 Gibt es »Künstliche Intelligenz«?

Der Begriff *»Künstliche Intelligenz«* – kurz KI genannt – taucht in den Schlagzeilen vieler Fachzeitschriften, aber auch in populären Beiträgen zunehmend häufiger auf [N1, S6, W1, W7]. Dieses falsch verwendete Schlagwort suggeriert die Annahme, daß es künftig keinen Unterschied mehr zwischen der Intelligenz des Menschen und der eines Computers geben wird. Die ersten Rechner nannte man vielversprechend Elektronengehirne. Erfreulicherweise gehört dieser Begriff nun der Vergangenheit an, denn das menschliche Gehirn hat mit einem Computer kaum Gemeinsamkeiten [G10]. Ebenso hat das aus dem Amerikanischen kritiklos übernommene und zudem noch falsch übersetzte Schlagwort *»Artifical Intelligence«* mehr zur Verwirrung als zur Klärung dessen beigetragen, um was es hierbei in der Sache geht bzw. gehen sollte:

- Es geht (hoffentlich!) nicht darum, Systeme zu schaffen, mit denen sich eine bei Menschen auftretende oder bereits vorhandene Intelligenz-Insuffizienz[26] (in Analogie zur Nieren-Insuffizienz, der durch eine künstliche Niere abgeholfen werden kann) künstlich beheben läßt.
- Das englische »intelligence« steht nicht für Intelligenz, sondern auch schlichtweg für das Sammeln, Mitteilen und Auswerten von Nachrichten. Ein »Intelligence Bureau« ist ja auch kein »intelligentes Büro«, sondern ein Nachrichtendienst.

Für KI gibt es keine feststehende Definition, dennoch läßt sich die anvisierte Aufgabenstellung wie folgt umreißen: Es handelt sich weder um die Hardware einer neuen Computergeneration noch um neuartige Rechnerarchitekturen, sondern um eine Softwaretechnologie, d. h. um Programmiersysteme für folgende Problemkreise:

1. Expertensysteme: Es geht dabei um dialogfähige Auskunftsysteme für kleine, sehr spezielle Fachgebiete, bei denen ein in Form von programmierten Wenn-Dann-Regeln speicherbares Erfahrungswissen eingesetzt wird. In der medizinischen Diagnose, bei der Erkundung von Bodenschätzen sowie der Steuerberatung sind wegen der Verzweigbarkeit des betreffenden Wissensstoffes bis zu einem gewissen Grad Programme einsetzbar. In seinem Kern besteht ein Expertensystem aus der Wissensbasis, die die Einzelfakten und die Regeln in Form einer Datenbank enthält und dem Interferenzmechanismus, der den Regelinterpreter und die Strategie beinhaltet. Die Möglichkeiten solcher Systeme reichen natürlich nur so weit, wie sich Wissen formalisieren läßt (Regelwissen), denn Programme können weder semantische Bezüge erkennen noch verknüpfen.

2. Robotik: Roboter stellen die Weiterentwicklung teilautomatisierter Werkzeugmaschinen dar und spielen in der Fertigungstechnik eine zunehmende Rolle. Sie können über Sensoren (Druck, Wärme, Licht) Daten aus der Umwelt aufnehmen und diese über Programme auswerten. Über Manipulatoren werden die programmgesteuerten Bewegungen ausgeführt. Wie weitreichend solche Systeme konzi-

[26] lat. *insufficientia* = Unzulänglichkeit, mangelnde Leistungsfähigkeit, Versagen.

piert sein können, zeigt der orgelspielende Roboter in *Bild 5* (Kap. 1). Es ist wichtig, auch hier festzuhalten, daß Roboter nicht mehr leisten, als ihnen durch Voraussicht und Gründlichkeit des Programmierers an modellhaftem Wissen aufgeprägt wurde.

Bild 40: *»Guten Morgen! Ich bin der neue Chefarzt. Bitte geben Sie doch schnell ein, wie es Ihnen heute geht!«*
(Zeichnung: *Carsten Gitt)*

Bild 41: *Ohne Worte.*
(Zeichnung: *Carsten Gitt)*

3. Bildverarbeitung: Zu diesem Bereich gehört die Konstruktion oder Rekonstruktion von Bildern aus Daten. Besonders geeignete Anwendungsgebiete sind die Tomographie (griech. *tome* = Schnitt, *graphein* = schreiben; Röntgenschichtverfahren) und die Aufbereitung von Satellitenbildern. Die Aufgabe besteht im wesentlichen darin, nach vorgegebenen Algorithmen bildhafte Objekte an ihrem Kontrast zu erkennen, sie evtl. dort herauszulösen, zu verändern und an anderer Stelle wieder einzufügen. Bei der Bildverarbeitung werden Verfahren zum Erkennen, Beschreiben und Vergleichen von Mustern eingesetzt.

4. Sprachverarbeitung: Zu den hier gestellten Aufgaben gehören:

– das gesprochene Wort möglichst sprecherunabhängig in eine Zeichencodierung umzusetzen (»Sprach-Schreibmaschine«),
– Sprachübersetzung,
– Dialogfähigkeit in natürlicher Sprache.

Auf diesem Gebiet werden die Grenzen von KI besonders offenkundig, denn Software, die wirklich Bedeutung erfassen und verarbeiten kann, wie es für Aufgaben mit sprachlichem Urteilsvermögen (z. B. Übersetzen, Zusammenfassen von Texten, Beantworten von Fragen) notwendig ist, ist prinzipiell nicht möglich. Das Verstehen von Sprache und der kreative Umgang damit ist eine der wesentlichen kognitiven Fähigkeiten des Menschen und bleibt seiner Intelligenz vorbehalten.

Der computermäßige Umgang mit der natürlichen Sprache war schon seit den fünfziger Jahren eine Herausforderung. Man begann mit dem Versuch, Übersetzungen zu automatisieren. Dabei wurde ein Lexikon und zu jedem Wort das Äquivalent in der Fremdsprache abgespeichert. Das Programm suchte nun die zugeordneten Begriffe mittels einfacher Regeln von Wortstellung und Satzbau anzugleichen. Alle diese Versuche landeten jedoch in der Sackgasse. Oft zitiert worden ist der Satz »Der Geist ist willig, aber das Fleisch ist schwach«, der ins Russische übertragen und dann wieder zurück ergab: »Der Wodka ist stark, aber das Steak ist vergammelt.« Der Informatiker *Joseph Weizenbaum (Massachusetts Institute of Technology,* Boston) beschritt mit dem Programm ELIZA einen Weg, der linguistische Analysen umging und sich statt dessen eines raffiniert erdachten, aber festen Antwortschemas bediente. Dieses System täuscht aber nur ein Sprachverständnis vor, das in Wirklichkeit gar nicht da ist. Das Programm sucht in den Aussagen des Eingabetextes nach Worten oder Wortmustern und wählt davon, ausgehend von einem Vorrat fest gespeicherter Sätze oder Satzmuster, passende Antworten aus. Wird z. B. ein Satz mit dem Wort *»Mutter«* eingegeben, so sucht das System einen Standardsatz, in dem dieses Wort wieder auftritt: »Erzählen Sie mehr von Ihrer Mutter.« Das Programm ignoriert die meisten der eingegebenen Worte, dennoch ist eine sehr umfangreiche Bibliothek als Hintergrund erforderlich, um mit der großen Zahl möglicher Aussagen seines menschlichen Dialogpartners wenigstens scheinbar zurechtzukommen.

Halten wir fest: Der wirkliche Umgang eines Computers mit natürlicher Sprache ist ein ungelöstes Problem und wird es auch immer bleiben. Das Verständnis semantischer Kategorien (z. B. Metaphern, Idiome, Humor, Übertreibungen), ungenannter Absichten und Überzeugungen des Erzählers, Gefühle und Motivationen, ist nicht in Rechnern modellierbar. Was ein Mensch kann (gesunder Menschenverstand, Intelligenz, Kreativität), entzieht sich der maschinellen Simulation, weil der intelligente Umgang mit Sprache Wahrnehmung, Denken und Handeln gleichermaßen einschließt. Auch die besten Programme mit Sprachverarbeitung wissen im wahrsten Sinne des Wortes nicht, wovon sie reden.

Computerprogramme, die menschliches Sprachverständnis wirklich imitieren und korrekte Übersetzungen ausführen sollen, scheitern an folgenden Fakten:

- Bedeutungsverständnis: Ein Programm ist nicht in der Lage, Bedeutungszusammenhänge zu »verstehen« und sie miteinander zu verknüpfen.
- Grammatische Analysen: Zur Übersetzung von Texten ist zuerst eine grammatische Analyse erforderlich. Ein Programm, das einen Text zerlegt, ohne dessen Bedeutung zu berücksichtigen, kann zahlreiche Sätze nicht richtig analysieren.
- Sprache ist kontextabhängig: Die Bedeutung eines Satzes ergibt sich nicht aus der Summe der Einzelwortbedeutungen. Außerdem ist die Bedeutung eines einzelnen Wortes abhängig von dem Zusammenhang, in dem es steht.
- Sprache verwendet Hintergrundwissen: Jeder Satz ist in einen spezifischen Rahmen eingebettet und oft nur unter diesem Hintergrundwissen zu verstehen.
- Poetische Wendungen und Metaphern machen den Reichtum einer Sprache aus und tauchen auch in der alltäglichen Sprache häufiger auf, als uns bewußt ist. Es gibt zahlreiche Sätze, deren Sinn sich nicht aus der Bedeutung der Einzelwörter erschließen läßt.
- Sprachliche Mehrdeutigkeiten: Dieses Phänomen in allen Sprachen bezieht sich nicht nur auf die Wortebene (lexikalische Mehrdeutigkeit wie bei Schloß: a) Türverschluß, b) Bauwerk), sondern hat auf allen höheren Ebenen der Information (strukturelle, semantische, pragmatische und apobetische Mehrdeutigkeiten) eine noch tiefgreifendere personenabhängige Komponente, die nicht mehr maschinell erfaßbar ist.

Zwischen der fälschlicherweise sogenannten *»Künstlichen Intelligenz«* und der menschlichen Intelligenz bestehen nicht nur graduelle, sondern grundlegende Unterschiede:

– Wir müssen unterscheiden zwischen Daten und Wissen, zwischen den algorithmisch bedingten Verzweigungen eines Programms und einer willentlichen Entscheidung, zwischen vergleichendem Aussortieren und Assoziieren, zwischen dem Ermitteln von Werten und dem Verstehen von Bedeutung, zwischen dem formalen Ablauf in einem Entscheidungsbaum und dem individuellen Auswählen, zwischen einer Folge von Operationen in einem Computer und einem kreativen Gedankengang, zwischen der Akkumulation von Daten und einem Lernprozeß. Ein Computer kann nur das erste; hier liegen seine Stärken, seine Einsatzgebiete, aber auch seine Grenzen.
– KI sollte man redlicherweise als Datenverarbeitung auf höherem Niveau bezeichnen, keineswegs aber als Beginn des selbsttätig denkenden Computers. Wir würden einem großen Irrtum anheimfallen, glaubten wir, man könne ein System so konzipieren, daß es sich als etwas anderes denn als Rechensystem ausgeben kann. Der schachspielende Computer denkt nicht selbsttätig, sondern ist weder besser noch schlechter als die durch menschliche Intelligenz programmierte Strategie.
– Eine Maschine kann nicht eigenständig denken, sondern nur eingegebene Information algorithmisch verarbeiten, die zuvor von Menschen gedacht wurde. Neue kreative Gedankengänge kann die Maschine nicht hervorbringen.

Eine ausführliche Darstellung des KI-Problems ist in [G8] gegeben. Die von »KI-Programmierern« entwickelten Systeme werden in Zukunft in mancherlei Bereichen an Bedeutung gewinnen. Nur sollten wir aufgrund der Kenntnis des Informationsbegriffes stets eingedenk sein: Keine auch noch so gut programmierte Maschine wird selbst in der Lage sein, kreative Information (siehe Kapitel 8) hervorzubringen, denn hierzu ist grundsätzlich ein geistiger Prozeß notwendig. Wir können somit definieren [G8, 41]:

Definition D7: Das entscheidende Merkmal kreativer Information ist ihre Neuartigkeit, d. h. »zu denken, was niemand gedacht hat«. Dieser Aspekt ist verbal beschreibbar durch die Begriffe: erfinderisch, schöpferisch, originell, unkonventionell, innovativ, fortschrittlich, ideenreich. Jegliche kreative Information stellt eine geistige Leistung dar und ist somit an einen personhaften, mit freiem Willen ausgestatteten Ideengeber gebunden, der mit kognitiven Fähigkeiten ausgerüstet ist.

A3 Energie

A3.1 Energie, eine fundamentale Größe

Der Begriff der »Energie« (griech. *energeia* = Wirksamkeit) spielt in der gesamten Physik, aber auch in den übrigen Naturwissenschaften und in der Technik, eine so zentrale Rolle, daß er – wie die Information – als ein Fundamentalbegriff anzusehen ist. Anders als Information ist Energie eine Größe, die zur materiellen Welt gehört (unterste Hierarchiestufe gemäß *Bild 14* in Kap. 4). Energie tritt in zahlreichen Erscheinungsformen auf, von denen viele ineinander umgewandelt werden können. Eine große Zahl physikalischer Prozesse besteht im Grunde genommen in nichts anderem als der Umwandlung von Energie aus einer Form in die andere. Im folgenden sind die wichtigsten Energieformen aufgeführt:

- mechanische Arbeit (Energie),
- potentielle und kinetische Energie (Rotationsenergie, Translationsenergie),
- Feldenergie des Gravitationsfeldes, des elektrischen, magnetischen und elektromagnetischen Feldes,
- Wärmeenergie,
- elektrische Energie,
- Bindungsenergie der Nukleonen im Atomkern,
- chemische Energie,
- Strahlungsenergie von Teilchen (Elektronen, Protonen, Neutronen),
- Masse-Energie-Äquivalent.

Alle Vorgänge in der Physik laufen unter Einhaltung zweier grundlegender Prinzipien ab, die in der Thermodynamik als »Erster Hauptsatz« und »Zweiter Hauptsatz« bezeichnet werden.

Erster Hauptsatz: Dieses wichtige Naturgesetz – auch »Energiesatz« oder als »Gesetz von der Erhaltung der Energie« bezeichnet, wurde 1842 von dem deutschen Arzt *Robert Mayer* (1814 - 1879) formuliert und besagt, daß in dieser beobachtbaren Welt Energie weder geschaffen noch zerstört werden kann. Dieser Satz ist kein Axiom, sondern ein Erfahrungssatz wie alle Naturgesetze (siehe Satz N1 in Kap. 2.3). Bei jedem chemischen oder physikalischen Prozeß bleibt damit die Gesamtenergie des Systems und seiner Umgebung und damit auch die Gesamtenergie des Universums konstant. Energie kann also weder vernichtet noch neu hinzugewonnen, sondern nur in andere Formen umgewandelt werden. Aus dem Energiesatz folgen einige wichtige Ergebnisse:

- Es sind nur solche Vorgänge in der Natur möglich, bei denen sich die Gesamtbilanz aller beteiligten Energien nicht verändert. Der Physiker *W. Gerlach* (1889-1979) formulierte dieses Prinzip wie folgt [R1]: »Das Gesetz von der Erhaltung der Energie spielt in der Naturwissenschaft und Technik die Rolle der obersten Polizeibehörde: es entscheidet, ob ein Gedankengang erlaubt oder von vornherein verboten ist.«
- Die Unmöglichkeit eines Perpetuum mobile 1. Art: Es kann keine Maschine gebaut werden, die – einmal in Bewegung gesetzt – endlos Arbeit leistet, ohne daß neue Energie zugeführt werden muß.
- Es gibt eine quantitative Übereinstimmung zwischen verschiedenen Energiearten. Derartige Energieäquivalenzen sind experimentell gesichert.

Zweiter Hauptsatz: Während der Erste Hauptsatz nur das Umsetzungsverhältnis zwischen Wärmeenergie und mechanischer Energie bestimmt, ohne Rücksicht darauf, ob die Umsetzung auch wirklich stattfindet, bestimmt der Zweite Hauptsatz die Richtung, in der der Vorgang abläuft. Die Prozesse gehen von selbst nur in **einer** Richtung vor sich; d. h. sie sind irreversibel (nicht umkehrbar). So wissen wir aus Erfahrung, daß es in einem isolierten Behälter zwischen einem kalten und einem heißen Kupferblock zu einem Temperaturausgleich kommt, wobei der heiße Block dem kälteren solange seine Energie abgibt, bis eine einheitliche mittlere Temperatur erreicht ist. Legt man in den isolierten Behälter zwei Blöcke mit gleicher Temperatur, so geschieht nichts. Es würde nicht dem Ersten Hauptsatz widersprechen, wenn ein Block sich auf Kosten des anderen erwärmt, nur müßten Energieverlust und Energiegewinn ausgeglichen sein.

Der Zweite Hauptsatz liefert uns ein Kriterium, nach dem die Richtung eines gegebenen energetischen Prozesses vorausgesagt werden kann. Zur mathematischen Formulierung dieses Gesetzes wird eine zwar unanschauliche, aber dennoch sehr bedeutungsvolle Größe – die **Entropie** S - benötigt. Die Entropie ist eine mengenartige Größe, die beim Austausch von Wärmeenergie immer verändert wird. Wenn der Zweite Hauptsatz in der kürzesten Form mit $dS \geq 0$ (für geschlossene Systeme) ausgedrückt werden kann, dann lassen sich folgende Sätze daraus ableiten:

- Entropie kann niemals vernichtet, wohl aber erzeugt werden.
- Es ist unmöglich, eine periodisch arbeitende Maschine zu bauen, die weiter nichts bewirkt, als daß sie Arbeit leistet und dabei ein einziges Wärmereservoir abkühlt. Das bedeutet z. B.: Man kann

den Wärmeinhalt des Ozeans nicht für einen Schiffsantrieb ausnutzen.

– Wärme kann nicht von selbst von einem Körper niederer Temperatur auf einen Körper höherer Temperatur übergehen (*R. Clausius,* 1850).
– Unmöglichkeit des *Perpetuum mobile 2. Art:* Es ist unmöglich, daß in der Natur ein Vorgang von selbst abläuft, bei dem weiter nichts geschieht, als daß die Entropie abnimmt.

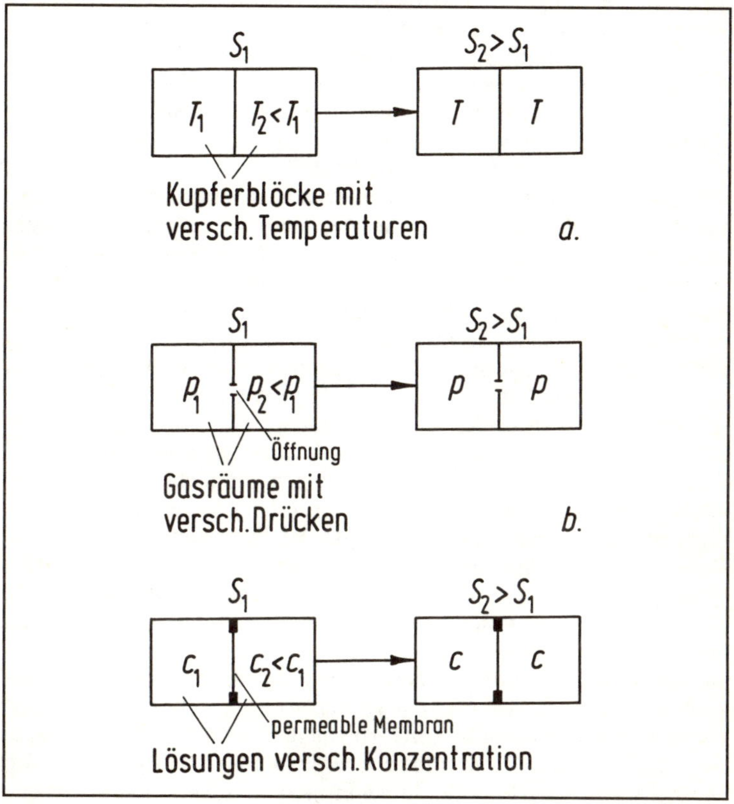

Bild 42: *Drei Vorgänge in* ***abgeschlossenen Systemen:*** *Zwei Kupferblöcke mit unterschiedlichen Temperaturen stellen sich im Laufe der Zeit auf eine einheitliche Temperatur ein. Bei den zwei Kammern mit anfänglich unterschiedlichen Drücken gibt es über die Öffnung einen baldigen Druckausgleich. Zwei Salzlösungen mit unterschiedlicher Konzentration tauschen über eine durchlässige Membran ihre Salzgehalte aus. Allen Vorgängen ist gemeinsam, daß die späteren Zustände gegenüber der Anfangssituation durch eine höhere Entropie gekennzeichnet sind* ($S_2 > S_1$).

Von *J. Meixner* stammt die eingängige Formulierung [M2]: »In der riesigen Fabrik der Naturprozesse nimmt die Entropieproduktion die Stelle des Direktors ein, denn sie schreibt die Art und den Ablauf des ganzen Geschäftsganges vor. Das Energieprinzip spielt nur die Rolle des Buchhalters, indem es Soll und Haben ins Gleichgewicht bringt.«

Arbeitsfähigkeit: Ein wichtiger Begriff ist die Arbeitsfähigkeit eines Systems. Arbeit kann vollständig in Wärme verwandelt werden, während der umgekehrte Weg, die vollständige Verwandlung von Wärme in Arbeit prinzipiell unmöglich ist. Die Asymmetrie der Energieumwandlung ist eine Kernaussage des Zweiten Hauptsatzes. Zusätzlich drückt dieser Satz auch aus, daß geschlossene Systeme einem Zustand zustreben, der durch ein Minimum an arbeitsfähiger Energie und einem Maximum an Entropie gekennzeichnet ist. Die Entropieänderung kann somit als Maß für die Irreversibilität eines Prozesses aufgefaßt werden. Je besser bei einem Prozeß das Ansteigen der Entropie verhindert werden kann, um so verwendungsfähiger ist die Energie als Arbeit. Potentielle und kinetische Energie, aber auch elektrische Energie lassen sich (fast) reversibel (d. h. umkehrbar und damit vollständig!) beliebig ineinander und damit auch in Arbeit wandeln. Wärmeenergie kann jedoch prinzipiell nicht vollständig, sondern nur teilweise in mechanische oder andere Energieformen umgewandelt werden. Es ist unmöglich, hier einen größeren Bruchteil umzusetzen als es der Wirkungsgrad $\eta = (T_2 - T_1) / T_2$ (siehe auch Kap. 2.5) der idealen *Carnotmaschine (*reversibler *Carnotscher* Kreisprozeß) angibt. Dieser thermodynamisch mögliche Energieanteil »Arbeit zu leisten« wird zur deutlicheren Unterscheidung mit einer eigenen Benennung – **Exergie** belegt. Der Tatbestand, daß bei einer Wärmekraftmaschine ein höherer Nutzeffekt η_C grundsätzlich nicht erreicht werden kann, läßt sich direkt aus dem Zweiten Hauptsatz herleiten. Wie wir noch sehen werden, haben Organismen einen höheren Wirkungsgrad (= geleistete mechanische Arbeit bezogen auf die eingesetzte Energie) als der maximale thermische Wirkungsgrad, wie er aus dem Zweiten Hauptsatz folgt. Dies spricht nicht gegen dieses Naturgesetz, sondern für den Schöpfer, der in Umgehung der Wärmekraftmaschine ein Konzept realisiert hat, bei dem im Muskel chemische Energie direkt in mechanische gewandelt wird.

Halten wir fest: Alle Vorgänge, die zwar nach dem Energiesatz zulässig, aber mit einer Abnahme der Entropie verbunden wären, werden durch den Entropiesatz ausgeschlossen. Die Entropie erweist sich damit als einer der wichtigsten und merkwürdigsten Begriffe der ganzen Physik.

Entropie und Unordnung? In zahlreichen Abhandlungen werden immer wieder Beispiele genannt, wie mit zunehmender Entropie die

Unordnung des betrachteten Systems anwächst, d. h. die Ordnung abnimmt. Auch auf biologische Systeme ist dieser Gedankengang leider ausgedehnt worden. Gegen eine solche Vereinfachung der wirklichen Sachlage ist folgendes zu sagen:

- Biologische Prozesse laufen nicht in abgeschlossenen, sondern in offenen Systemen ab. Hierin läßt der Zweite Hauptsatz auch eine Entropieabnahme zu, wenn sie nur durch entsprechende Entropieabgabe an die Umgebung mindestens kompensiert wird. Nur eine Entropievernichtung ist ausgeschlossen.
- Ein allgemeingültiger Zusammenhang zwischen Entropie und Unordnung kann auch deswegen nicht bestehen, da es für Ordnung keine formelmäßige Beschreibung in den Naturwissenschaften gibt, während die Entropie eine physikalisch eindeutig formulierbare Größe ist. Eine Klassifizierung des Ordnungsbegriffs hat der Verfasser erstmals in [G5] vorgenommen. *Bild 43* faßt die verschiedenen Arten von Ordnung zusammen.
- Die ausgesuchten Beispiele, bei denen Entropie und Unordnung korreliert erscheinen, sind durchweg Systeme, deren Teilchen keine Wechselwirkung aufweisen. Solche Systeme sind aber für biologische Strukturen ohne Bedeutung, denn in diesen spielen sich auf engstem Raum tausende chemischer Reaktionen ab.
- Biologische Ordnung ist begründet in der jeder Zelle mitgegebenen Information, über deren Qualität und Quantität wir uns bereits eine eindrückliche Vorstellung verschafft haben (Kap. 6 und A1.2.3).

Die Wattenmeerstruktur, die sich an den Küsten bei Ebbe einstellt, repräsentiert eine gewisse Ordnung, die sich durch energetische Prozesse herausbildet (*Bild 44*). Dieser Ordnung liegt kein Code und damit auch keine Absicht zugrunde; sie ist also nicht speicherbar.

A3.2 Energiegewinnung: Strategie zum Maximum

Bei der Energiegewinnung wie auch beim Energieverbrauch geht es immer um die Umwandlung einer Energieform in eine andere. Bei der Energiegewinnung kommt es darauf an, die Energie der zur Verfügung stehenden Quelle so gut wie möglich auszunutzen. Für das angewandte Verfahren wird dabei ein maximaler Wirkungsgrad angestrebt, kurz: es handelt sich dabei um eine *Strategie zum Maximum.* An technischen und biologischen Systemen soll dieses Prinzip in den folgenden Unterkapiteln erörtert werden. Beim Energieverbrauch hingegen wird die dazu umgekehrte Strategie – eine Strategie zum

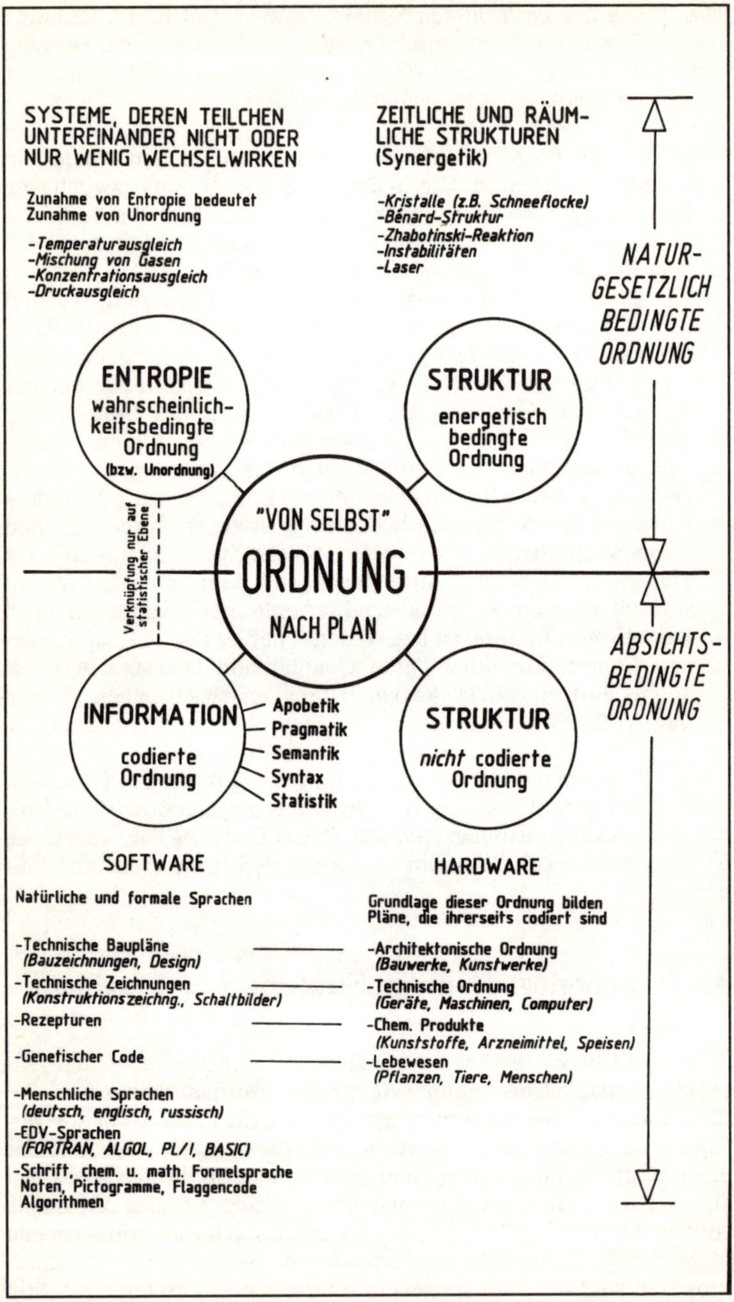
SYSTEME, DEREN TEILCHEN UNTEREINANDER NICHT ODER NUR WENIG WECHSELWIRKEN
Zunahme von Entropie bedeutet Zunahme von Unordnung
-Temperaturausgleich
-Mischung von Gasen
-Konzentrationsausgleich
-Druckausgleich
ZEITLICHE UND RÄUMLICHE STRUKTUREN (Synergetik)
-Kristalle (z.B. Schneeflocke)
-Bénard-Struktur
-Zhabotinski-Reaktion
-Instabilitäten
-Laser
NATURGESETZLICH BEDINGTE ORDNUNG
ENTROPIE wahrscheinlichkeitsbedingte Ordnung (bzw. Unordnung)
STRUKTUR energetisch bedingte Ordnung
"VON SELBST"
ORDNUNG
NACH PLAN
Verknüpfung nur auf statistischer Ebene
ABSICHTSBEDINGTE ORDNUNG
INFORMATION codierte Ordnung
Apobetik
Pragmatik
Semantik
Syntax
Statistik
STRUKTUR nicht codierte Ordnung
SOFTWARE
Natürliche und formale Sprachen
-Technische Baupläne (Bauzeichnungen, Design)
-Technische Zeichnungen (Konstruktionszeichng., Schaltbilder)
-Rezepturen
-Genetischer Code
-Menschliche Sprachen (deutsch, englisch, russisch)
-EDV-Sprachen (FORTRAN, ALGOL, PL/I, BASIC)
-Schrift, chem. u. math. Formelsprache Noten, Pictogramme, Flaggencode Algorithmen
HARDWARE
Grundlage dieser Ordnung bilden Pläne, die ihrerseits codiert sind
-Architektonische Ordnung (Bauwerke, Kunstwerke)
-Technische Ordnung (Geräte, Maschinen, Computer)
-Chem. Produkte (Kunststoffe, Arzneimittel, Speisen)
-Lebewesen (Pflanzen, Tiere, Menschen)

Minimum – verfolgt: Mit dem zur Verfügung stehenden Brennstoff muß so sparsam wie möglich umgegangen werden. Die erforderliche Arbeit ist dabei mit einem Minimum des eingesetzten Energieträgers zu verrichten. Auf welch geniale Weise und mit welch hervorragendem Erfolg dieses bei biologischen Systemen erreicht wird, zeigt das Kapitel A3.3.

A3.2.1 Energiegewinnung bei technischen Systemen

Die Erfindungskraft des Menschen hat zahlreiche Energiegewinnungskonzepte hervorgebracht. In den meisten Fällen geschieht der Umwandlungsprozeß von der Primärenergiequelle bis zum Verbraucher über mehrere Energieformen hinweg. Die chemische Energie eines Brennstoffs wird in thermische, diese in mechanische und diese wieder in elektrische Energie umgewandelt (Kraftwerk). Im Motor wird die chemische Energie des Treibstoffs über Wärme mit Hilfe der dadurch bewirkten Gasausdehnung in mechanische Arbeit umgesetzt. Die Glühlampe setzt elektrische Energie in thermische und diese in Lichtenergie um. Alle diese Umwandlungen sind mit Verlusten verbunden. Das Verhältnis der eingesetzten zur wiedergewonnenen Energie ist der Wirkungsgrad. Selbst moderne Dampfkraftwerke erreichen nur einen Wirkungsgrad von 40%, d.h., 60% der in der Kohle enthaltenen Energie sind für dic Energiegewinnung verloren.

In Deutschland wurden im Jahre 1993 [F2, 1007] insgesamt 536,6 TWh an Energie erzeugt. Davon entfallen etwa 5% auf Wasserenergie, 29,6% auf Kernenergie und der Rest auf Wärmekraftwerke (Stein- und Braunkohle 55,4%, Rest: Erdgas, Heizöl, sonstige Brennstoffe). Außer der nur begrenzt zur Verfügung stehenden Wasserenergie wird die gesamte technisch gewonnene Energie auf dem Umweg über die Wärme und damit über schlechte Wirkungsgrade erzeugt.

Im Bereich der Technik werden große Anstrengungen unternommen, um zu einer Energie-Direktumwandlung ohne Zwischenform

Bild 43: *Die vier Arten von Ordnung. Die ein System kennzeichnende Größe »Ordnung« ist nicht mathematisch, sondern nur verbal beschreibbar. Wir können naturgesetzlich bedingte und absichtsbedingte Ordnung unterscheiden. Strukturen, die sich in physikalischen Systemen bilden können, werden nur so lange aufrecht erhalten wie ihre erzeugenden Gradienten (z.B. Temperaturunterschied) wirksam sind. Diese Ordnungen sind nicht speicherbar und liefern darum auch keinen Hinweis auf eine mögliche Evolution. Im unteren Teil des Bildes sind Ordnungssysteme genannt, denen durchweg ein Plan zugrundeliegt. Entweder handelt es sich um Information oder um Strukturen, die aufgrund von Information entstanden sind.*

Bild 44: *Rippelmarken eines Wattenmeeres als Beispiel für eine energetisch bedingte Struktur und nicht auf Codierung beruhende Ordnung.*

zu kommen. Zu diesen Bemühungen gehören die Brennstoffelemente, die magnetohydrodynamischen Generatoren sowie die fotoelektrischen Elemente. Letztere haben einen geringen Wirkungsgrad (ca. 10 %), und die anderen sind technisch noch nicht reif.

Sonnenkraftwerke (Dampferzeugung über Hohlspiegel, dann Turbinen für Stromerzeugung) benötigen selbst im sonnigen Süden Europas eine Spiegel-Plantage von 26 000 m^2 (= 2,5 Fußballfelder), um 1 GWh/Jahr (= 1 Million Kilowattstunden pro Jahr) zu erzeugen [X1]. Damit können etwa 350 Haushalte versorgt werden. Wollte man die gleiche Leistung wie ein 1300-Megawatt-Kernkraftwerk erbringen, so müßte ein riesiges Gelände von 68 Quadratkilometern mit Spiegeln bedeckt werden, und das wäre etwa die Fläche einer Großstadt mit 150 000 Einwohnern.

Solarzellenfelder wandeln über Solarzellen Sonnenenergie direkt in Strom. Der Wirkungsgrad liegt aber nur bei 10 Prozent. Um ein Kilowatt Leistung zu erreichen, sind Investitionen zwischen 20 000 und 30 000 DM erforderlich, also 30 bis 50mal soviel wie bei einem Kohle- oder Kernkraftwerk. Die Herstellung einer Solarzelle erfordert außerdem einen so hohen Energieaufwand, daß sie einige Jahre arbeiten müßte, um diesen mindestens auszugleichen; ihre Lebensdauer beträgt aber nur 2 bis 3 Jahre.

Windkraftwerke haben ebenfalls nur eine geringe Ausbeute bei hohem Platzbedarf. 800 bis 900 Windkraftwerke mit einer Höhe von 150 Metern wären nötig, um dic Leistung eines 1300-Megawatt-Kernkraftwerks zu erreichen. Dazu wäre Platz auf einer Länge von 80 Kilometern erforderlich, wenn bei 400 Meter Abstand vier Ketten von Windkraftwerken angeordnet würden.

A3.2.2 Energiegewinnung bei biologischen Systemen (Photosynthese)

Der einzige Vorgang in der Natur, bei dem Sonnenenergie in größerem Umfang gespeichert wird, ist die Photosynthese. Sie ist der grundlegende Prozeß der Energiegewinnung, der das Wachstum und die Vermehrung von Pflanzen ermöglicht, solange Kohlendioxid (CO_2), Wasser (H_2O) und geringe Mengen bestimmter Mineralien vorhanden sind. Die von der grünen Pflanze produzierten organischen Stoffe sind die primäre Nahrungs- und Energiequelle für alle nicht zur Photosynthese befähigten *heterotrophen*[27] Organismen. Mit

[27] **Heterotrophe Zellen** sind Zellen, die zum Aufbau ihrer makromolekularen chemischen Verbindungen sowie der dazu erforderlichen Energie komplexe Nährstoffe (z. B. Glucose, Aminosäuren) benötigen. Im Gegensatz dazu stehen phototrophe Zellen, die photosynthetisch aktiv sind, d. h., sie sind in der Lage, Lichtenergie in speicherbare chemische Energie umzusetzen.

Recht kann gesagt werden, daß die Photosynthese sowohl die entscheidende Quelle aller Lebensprozesse als auch der Energiegewinnung auf der Erde darstellt. Alle fossilen Brenn- und Rohstoffe (Stein- und Braunkohle, Erdöl, Erdgas) entstammen der Biomasse früherer Zeiten und damit auch der Photosynthese.

Aus einfachen energiearmen Stoffen werden komplexe, energiereiche Stoffe aufgebaut. Bei Oxidations/Reduktions-Prozessen oxidiert normalerweise ein starkes Oxidationsmittel ein starkes Reduktionsmittel. Die Photosynthese hingegen ist insofern ein besonderer Vorgang, als hierbei ein schwaches Oxidationsmittel (CO_2) ein schwaches Reduktionsmittel (H_2O) oxidiert und dabei ein starkes Oxidationsmittel (O_2) und ein starkes Reduktionsmittel (Kohlenhydrat) entstehen. Um das zu ermöglichen, ist die Zufuhr äußerer Energie notwendig. Diese Energie wird dem Sonnenlicht entnommen. Zur Funktion eines solchen Prozesses wird eine Substanz benötigt, die in der Lage ist, Lichtquanten zu absorbieren, die absorbierte Energie auf andere Moleküle zu übertragen, selbst wieder in den Ausgangszustand zurückzukehren und erneut Lichtquanten zu absorbieren. Diese komplexe Leistung vollbringt das *Chlorophyll.* Es gibt fünf verschiedene Typen von Chlorophyll (a, b, c, d und f), die sich in ihrer chemischen Struktur jedoch nur geringfügig unterscheiden. Die Typen a und b sind die wichtigsten, da sie bei höheren Pflanzen und Grünalgen vorkommen. Die Bilanzgleichung der Photosynthese-Reaktion lautet:

$$6\ CO_2 + 6\ H_2O + \text{Lichtenergie} \longrightarrow C_6H_{12}O_6 + 6\ O_2 \qquad (1)$$

Unter Verbrauch von Sonnenlicht wird aus CO_2 und H_2O Glucose synthetisiert. Nur in einem Teilprozeß wird Lichtenergie eingefangen und in chemische Energie umgewandelt. Die hierbei ablaufenden ersten Reaktionen heißen deshalb *Lichtreaktionen.* Alle übrigen Abläufe, bei denen unter Verbrauch chemischer Energie Glucose synthetisiert wird, können auch bei Abwesenheit von Licht ablaufen und heißen deshalb *Dunkelreaktionen.*

Die Fähigkeit, Licht zu absorbieren, variiert sehr stark von Substanz zu Substanz. Bei Wasser ist dieser Absorptionseffekt sehr gering, und darum erscheint es farblos. Die charakteristische Farbe eines Stoffes kommt dadurch zustande, daß in einem bestimmten Wellenlängenbereich die Absorption sehr stark ist. Trägt man den Absorptionsgrad in Abhängigkeit von der Wellenlänge in ein Diagramm ein, so erhält man das Absorptionsspektrum. Das Pigment Chlorophyll a absorbiert aus dem gesamten Spektrum des »weißen« Sonnenlichtes nur die blaue (400-450 nm) und rote (640-660 nm) Strahlung. Als Folge davon erscheint uns das von einer Chlorophyll-Lösung ausgesandte Licht grün. Als Aktionsspektrum bezeichnet man den Verlauf des Wirkungsgrades eines Prozesses in Abhängigkeit von der Wellenlänge. Es ist nun bemerkenswert, daß das Absorptionsspektrum des Chlorophylls und das Aktionsspektrum der Photosynthese gut übereinstimmen. Das zeigt uns an, daß diesem lebensnotwendigen Vorgang eine fein aufeinander abgestimmte Konzeption zugrundeliegt. Nach der Berechnung des Wirkungsgrades dieser genialen Erfindung werden wir in die gleiche Richtung gewiesen.

Wirkungsgrad der Photosynthese: Gemäß Gleichung (1) wird aus 6 mol[29] CO_2 gerade 1 mol Glucose gebildet, wozu 2872,1 kJ notwendig sind. Bezogen auf ein mol CO_2 sind das 478,7 kJ. Da jede Energieumwandlung mit Energieverlusten verbunden ist, ist der reale Bedarf an Lichtenergie größer. Obwohl die Lichtquanten des Rotlichtes eine geringere Energie besitzen (etwa 2 eV/Lichtquant) als die des Blaulichtes (ca. 3 eV/Lichtquant), leisten beide Arten wegen unterschiedlicher Wirkungsgrade etwa denselben Betrag photochemischer Arbeit. Wie experimentell ermittelt werden konnte, sind 8 bis 10 Lichtquanten je Molekül CO_2 erforderlich. Der Energieinhalt von 1 mol Rotlichtquanten ($= 6{,}022 \cdot 10^{23}$ Lichtquanten[30] beträgt 171,7 kJ. 9 mol Rotlichtquanten (Mittelwert aus 8 bis 10) haben einen Energiegehalt von $9 \cdot 171{,}7 = 1545{,}3$ kJ. Der Wirkungsgrad η errechnet sich als Quotient aus theoretischem Energiebedarf für die Assimilation von 1 mol CO_2 (478,7 kJ) und realem Energieinhalt des benötigten Rotlichtes (1545,3 kJ):

$$\eta_{rot} = 478{,}7/1545{,}3 \cdot 100\,\% = 31\,\%$$

[29] **Ein Mol (1 mol)** ist diejenige Menge eines Stoffes in Gramm, die das Molekulargewicht (auch relative Molekülmasse genannt) angibt. Das Molekulargewicht ist eine unbenannte Verhältniszahl, die sich durch Addition der Atomgewichte der am Aufbau des Moleküls beteiligten Atome ergibt. Beispiel: Molekulargewicht von $CO_2 = 12 + 2 \cdot 16 = 44$; somit 1 mol $CO_2 = 44$ g. Bemerkenswerterweise ist die Anzahl der Moleküle in einem Mol für jeden beliebigen Stoff gleich, nämlich $(6{,}022\,1367 \pm 0{,}000\,0036) \cdot 10^{23}$ (*Avogadrosche Zahl* N_A oder in der deutschen Fachliteratur häufig noch als *Loschmidtsche Zahl L* bezeichnet). N_A ist eine grundlegende physikalische Naturkonstante.

[30] **Energieäquivalent von Lichtquanten:** Entsprechend dem *Stark-Einstein-Gesetz* (Quantenäquivalentgesetz) kann in der photochemischen Primärreaktion ein absorbiertes Photon mit der Energie $h \cdot \nu$ (*h Plancksches* Wirkungsquantum, ν Frequenz des Lichtes) nur ein Molekül anregen. Da ein Mol eines jeden Stoffes aus $6{,}022 \cdot 10^{23}$ Molekülen besteht, benötigt dieses zur Anregung oder Umsetzung den Energiebetrag $E = 6{,}022 \cdot 10^{23} \cdot h \cdot \nu$. Diese Energie wird als photochemisches Äquivalent (= »1 Einstein« oder »1 mol Quanten«) bezeichnet. Das Energieäquivalent von Lichtquanten (Photonen) ist nicht konstant, sondern von der Wellenlänge $\lambda = c/\nu$ abhängig und wird zweckmäßigerweise in molaren Einheiten angegeben. Die Zahl der Photonen in einem »Mol« Licht ist somit identisch mit der *Avogadroschen* Zahl N_A.

Blaulichtquanten haben einen Energieinhalt von 272,1 kJ/mol, und bei entsprechender Rechnung findet man $\eta_{blau} = 20\,\%$. Vergleichen wir unsere technischen Energiegewinnungssysteme damit, so bleiben wir trotz intensiven Forschungsaufwandes weit dahinter zurück, wie wir im vorangegangenen Unterkapitel feststellen konnten.

Quantität der Photosynthese: Die Leistung der Pflanzen ist nicht nur qualitativ, sondern auch quantitativ höchst eindrucksvoll. Nach Angaben von *S. Scherer* [S4] baut eine einzige Buche (115 Jahre alt, 200 000 Blätter, 1200 m^2 Blattoberfläche, 180 g Chlorophyll) an einem Sonnentag 12 kg Kohlenhydrate auf und assimiliert dabei 9400 Liter CO_2 aus 36 000 m^3 Luft. Durch die Produktion von 9400 Litern O_2 werden somit 45 000 Liter Luft regeneriert. Weltweit werden durch die Photosynthese $2 \cdot 10^{11}$ Tonnen Biomasse pro Jahr erzeugt [F6]. Das entspricht einem Heizwert von rund 10^{14} Wattjahren ($= 3{,}15 \cdot 10^{21}$ Ws). Der direkte menschliche Nahrungskonsum liegt im Jahr bei 0,4 TWa ($= 1{,}26 \cdot 10^{19}$ Ws), der tierische bei 0,6 TWa. Das macht zusammen gerade ein Prozent der weltweiten Biomasseproduktion aus.

Atmung: Bei der Atmung geschieht ein zur Photosynthese umgekehrter Prozeß, wobei Energie freigesetzt wird. Auf der Erde gibt es ein ökologisches Gleichgewicht zwischen diesen beiden Vorgängen, so daß ohne Störung durch menschliche Eingriffe (z. B. Industrie) die Luftzusammensetzung konstant bleibt. Weiterhin ist bemerkenswert, daß die Maschinerien für Photosynthese und Atmung erstaunliche Ähnlichkeiten aufweisen. Die beteiligten Stoffe gehören denselben chemischen Klassen an. So ist das Chlorophyllmolekül, ähnlich wie der für die Atmung wichtige Blutfarbstoff, chemisch aus vier Pyrrolringen aufgebaut, die um ein Zentralatom angeordnet sind: Magnesium bei Chlorophyll und Eisen beim Blutfarbstoff. Beide Prozesse geschehen an fluiden Strukturen, den Lipidmembranen. Der Schluß liegt auf der Hand: Beiden Prozessen liegt ein gemeinsames geniales Konzept zugrunde, das sehr sorgfältig aufeinander abgestimmt wurde. Eine evolutive Entstehung muß schon deswegen verworfen werden, weil so ähnliche Vorgänge, die zudem eine solch staunenswerte Vollkommenheit aufweisen, nicht an so unterschiedlichen Stellen »zufällig« entstanden sein können.

Folgerung: Der Photosyntheseforschung ist es bis heute noch nicht gelungen, die unvorstellbare Komplexität der dahinterstehenden molekularen Mechanismen aufzuklären. Für den Atmungsvorgang gilt dasselbe. Die Kenntnis der Bilanzgleichungen und einzelner enzymgesteuerter Zwischenschritte darf nicht darüber hinwegtäuschen, daß die Unwissenheit hier unvergleichlich höher ist als das Erforschte. Der Bioenergetiker *A. L. Lehninger* [L1] rechnet diese vielen ungeklärten Fragen »zu den faszinierendsten biologischen Problemen«. Die direkte technische Umsetzung von Sonnenlicht in chemischen Treibstoff ist eine Wunschvorstellung aller Solarenergie-Ingenieure. **Den Prozeß der Photosynthese hat kein noch so findiger Ingenieur nachbauen können**, aber in jedem Blatt der Pflanze ist der Vorgang auf geniale Weise realisiert. Jede phototrophe Zelle hat die erforderliche Information dazu, um eine so optimale Energieumsetzung vornehmen zu können.

A3.3 Energieverbrauch in biologischen Systemen: Strategie zum Minimum

Jede Zelle braucht ständig Energie, um die lebensnotwendigen Arbeitsabläufe (z. B. Synthese neuer Moleküle, Produktion einer Tochterzelle) zu ermöglichen. In vielzelligen Organismen kommen noch weitere gezielte Reaktionen hinzu (z. B. Fortbewegung, Aufrechterhaltung der Körpertemperatur). Jede Zelle, gleichgültig ob tierischer, pflanzlicher oder mikrobischer Art, setzt Energie nach den gleichen grundlegenden Prinzipien und Mechanismen um. Im Gegensatz zur Technik vermeidet der lebende Organismus den mit schlechten Wirkungsgraden verbundenen Umweg über die Wärme. Die Vorgänge in der Zelle laufen isotherm, d. h. bei gleichbleibender Temperatur ab.

Energiekonzept: Es gilt besonders herauszustellen, daß die als Energieträger dienenden Nährstoffmoleküle beim Oxidationsvorgang ihre Energie nicht als Wärme abgeben. Das molekulare Konzept der biologischen Oxidation sieht aus energiewirtschaftlichen Gründen vor, daß auf katalytischem Wege über ganze Enzymverbände eine aus vielen Einzelreaktionen zusammengesetzte und exakt aufeinander abgestimmte Reaktionsfolge stattfindet, die über ebenso viele Zwischenprodukte führt. Eine Hauptrolle spielt die mit besonderen chemisch-energetischen Eigenschaften ausgerüstete Substanz Adenosintriphosphat (ATP), die zur Gruppe der Nukleotide gehört (bestehend aus Adenin, C_5-Zucker, D-Ribose und Phosphatgruppen). Während des energieliefernden Vorgangs der Oxidation der Nährstoffe wird aus Adenosindiphosphat (ADP) Adenosintriphosphat (ATP) gebildet, das energiereicher ist. Diese so im ATP-Molekül aufgenommene chemische Energie kann in der weiteren Folge zu chemischer (z. B. Biosynthese), mechanischer (z. B. Muskelarbeit) oder osmotischer Arbeit (Transportarbeit) genutzt werden. Dabei geht eine Phosphatgruppe des ATP verloren, und es entsteht wieder ADP. In diesem Energietransportsystem ist somit ATP die geladene und ADP die entladene Form. Die zahlreichen, sehr komplexen chemischen Einzelschritte in diesem ATP/ADP-Energiekreislauf werden durch ein bestimmtes Enzymrepertoire katalysiert. Neben diesem generellen biologischen Energiefluß gibt es ausgeklügelte Sondermechanismen der Energietransformation.

Die Elektrofische (z. B. Zitterrochen, Zitterwels, Zitteraal) können Spannungsstöße von mehreren hundert Volt abgeben, die aus chemischer Energie stammen. Die Lichtblitze lumineszierender Tiere entstehen durch Umwandlung chemischer Energie in Lichtenergie. Der Bombardierkäfer wandelt die chemische Energie des Wasserstoffperoxids in Druck/Volumenenergie um.

Bei den von Menschen konstruierten Maschinen zur Energiegewinnung kommen im wesentlichen Vorgänge in Betracht, bei denen über den Umweg der Wärme die transportfähige Elektroenergie erzeugt wird. Die Wärme Q kann nur Arbeit A leisten, wenn eine Temperaturdifferenz $T_2 - T_1$ besteht. Die (nur theoretisch!) maximal mögliche Arbeit, die von einer Wärmemaschine geleistet werden kann, ergibt sich nach der Formel (*Carnot*-Prozeß):

$$A = Q \cdot (T_2 - T_1) / T_2$$

T_2 kann z. B. die Eintrittstemperatur des Dampfes in eine Dampfturbine und T_1 die Austrittstemperatur sein. Daraus ist zu ersehen, daß man sehr große Temperaturdifferenzen benötigt, um zu einigermaßen brauchbaren Wirkungsgraden zu kommen. In der lebenden Zelle müssen die energieliefernden Prozesse grundsätzlich anders sein, da alle Vorgänge nur bei Zelltemperatur, d. h. bei isothermen Bedingungen, ablaufen können. Dieses dort realisierte raffinierte Energiekonzept arbeitet unter Vermeidung hitzebeständiger Stoffe und kommt dennoch zu außergewöhnlich hohen Wirkungsgraden.

Die Zellen: Die lebenden Zellen können gut mit einer Fabrik verglichen werden, die aus mehreren Abteilungen besteht, wobei jede wiederum über eine gewisse Anzahl von Maschinen verfügt.

Nach einem bis ins letzte Detail durchdachten Plan ist die Arbeit aller Abteilungen und Maschinen bestens aufeinander abgestimmt, so daß in einer Folge zahlreicher Einzelprozesse die Endprodukte hergestellt werden. Zu Recht können wir sagen, daß es sich hier um die kleinste vollautomatisierte Fertigungsstraße der Welt handelt, bei der ein eigenes Rechenzentrum und eigene Kraftwerke (Mitochondrien) selbstverständlich sind. Die kleinsten Zellen mit einem Radius von 100 nm finden wir bei den Prokaryonten, und Zellen mit dem größten Volumen sind die Vogeleier. Die größte Zelle mit einem Radius von 0,1 m = 10^8 nm ist das Straußenei. Die Mittelwerte der Radien von Zellen vielzelliger Organismen liegen zwischen 2000 nm und 20 000 nm (= 2 - 20 µm). Große Lebewesen bestehen aus außerordentlich vielen Zellen (beim Menschen etwa 10^{14}), Kleinstlebewesen

(z. B. Bakterien) nur aus einer einzigen Zelle. Nach der strukturellen Organisation unterscheidet man zwei große Zellklassen: prokaryotische (griech. *karyon* = Kern) und eukaryotische (griech. *eu* = gut) Zellen. Zu den *Eukaryonten* gehören viele einzellige Organismen wie Hefen, Protozoen, einzellige Algen sowie fast alle mehrzelligen Organismen. Sie enthalten alle Zellkern, Mitochondrien und endoplasmatisches Reticulum. Die *Prokaryonten* umfassen die Bakterien und Blaualgen. Sie sind verglichen mit den Eukaryonten erheblich kleiner (nur 1/5000 des Volumens), weniger differenziert und spezialisiert, und ihnen fehlen mancherlei Strukturen (z. B. Zellkern, Mitochondrien).

Zusammenfassung: Nach diesen Ausführungen können wir die wesentlichen, gegenüber der Technik grundsätzlich zu unterscheidenden Merkmale der Energiegewinnung in Organismen wie folgt zusammenfassen:

1. Isothermer Energieumsatz: Die energetischen Prozesse laufen bei konstanter Temperatur (isotherm) und bei konstantem Druck und Volumen ab und umgehen auf diese Weise den in der Technik üblichen Umweg über die Wärme mit den dadurch verbundenen schlechten Wirkungsgraden.

2. Höchstmögliche Miniaturisierung: Das Hauptziel der Technik, die Miniaturisierung der Geräte, ist in der Zelle in technisch unnachahmlicher Weise realisiert: Die energieliefernden und -verbrauchenden Prozesse sind im Organismus auf molekularer Ebene verkoppelt. Zu Recht können wir von »molekularen Maschinen« sprechen, und damit ist das Äußerstmögliche an Kleinheit erreicht.

3. Optimaler Betrieb: Jede der etwa zehn Billionen (10^{13}) Muskelzellen des menschlichen Körpers besitzt ihr eigenes dezentralisiertes »Kraftwerk«. Nach Bedarf können diese in Betrieb gesetzt werden und gehen somit äußerst wirtschaftlich mit dem Energieträger um.

4. Indirekter Energieumsatz: Die Energien werden nicht direkt verwendet. Zwischen dem energieliefernden Vorgang und der energieverbrauchenden Reaktion ist das ATP-System als energieübertragendes Bindeglied geschaltet. Die energiereiche Substanz ATP dient als Energieüberträger, nicht als Energiespeicher. Die energiebedürftigen, ATP-betriebenen Prozesse können sehr unterschiedlicher Art sein: Sie leisten bei der Kontraktion von Muskeln *mechanische* Arbeit, in den elektrischen Organen mancher Tiere *elektrische* Arbeit, bei der Aufnahme und dem Transport von Substanzen *osmotische* Arbeit oder in vielen Fällen *chemische* Arbeit. Alle diese Vorgänge sind in eine umfangreiche Stoffwechselkette eingebunden, die durch ein äußerst komplexes, häufig noch gar nicht verstandenes Enzymkonzept realisiert werden.

5. Hoher Wirkungsgrad: Der Atmungsvorgang (von der Glucose bis zu CO_2 und H_2O) ist im Gegensatz zur Vergärung (von der Glucose bis zur Milchsäure) ein äußerst wirksamer Prozeß, bei dem die gesamte im Glucosemolekül steckende Energie freigesetzt wird. Betrachtet man die Energetik des Elektronentransports, so kommt man auf einen Wirkungsgrad von 91%, also einen in der menschlichen Technik utopisch hoch erscheinenden Wert. Dieses faszinierende Ergebnis wird erreicht durch ein genial strukturiertes System, bei dem das »Prinzip des gemeinsamen Zwischenproduktes bei der Energieübertragung« ständig eingehalten wird. ATP ist das Bindeglied zwischen energieliefernden und -verbrauchenden Reaktionen, d. h., es gibt eine einheitliche und leicht konvertierbare Energiewährung in der Zelle. Von energiefreisetzenden Prozessen wird dieses »Geld« eingehandelt, und an energiebedürftige Prozesse wird es ausgegeben. Da die Energietransporte somit über das ATP-System geschleust werden, verfügt die Zelle außerdem über einen hervorragenden Mechanismus zur Kontrolle des Energieflusses.

Im biologischen Energieversorgungssystem begegnet uns somit ein genial ausgetüfteltes Konzept, von dem jeder Energietechniker nur fasziniert sein kann. Niemand kann diese so miniaturisierte und hochgradig wirtschaftlich arbeitende Maschine nachbauen.

A3.4 Energiesparen in biologischen Systemen

Der Tübinger Physiker *Alfred Gierer* stellte zum Verhältnis von Physik und Biologie fest [G1]: »Die Physik ist die allgemeinste Naturwissenschaft, anwendbar auf alle Ereignisse in Raum und Zeit, während die Biologie die komplexeste und zugleich die am meisten auf uns selbst bezogene Naturwissenschaft ist.« In diesem Zusammenhang ergeben sich einige wichtige Fragen: Gibt es im Bereich der Lebewesen Abläufe, bei denen die Gesetzmäßigkeiten von Physik und Chemie nicht gelten? Ist ein Lebewesen nicht prinzipiell verschieden von einer Maschine? Gibt es eine physikalische Begründung der Biologie? Bei der Antwort müssen wir zwei Punkte sehr sorgfältig unterscheiden:

1. Ablauf: Alle biologischen Vorgänge laufen aufs strengste innerhalb der Naturgesetze von Physik und Chemie ab (siehe *Sätze* **N2, N3** und **N4** in Kap. 2.3). Diese bilden aber nur den äußeren Rahmen des Geschehens und wirken im allgemeinen eingrenzend. Eine weitere

Einschränkung stellen die Randbedingungen (Umwelt) dar. Weiterhin ist bei allen biologischen Funktionen die jedem Lebewesen mitgegebene Betriebsinformation (Definition siehe Kapitel 11) grundlegend. Alle – meist sehr komplexen – Prozesse sind durchweg programmgesteuert.

2. Herkunft: Ebenso wie jede Maschine, vom Korkenzieher bis zum Computer, nicht allein im Rahmen von Naturgesetzen und Umweltbedingungen erklärbar ist, so bedarf auch jedes biologische System eines Ideengebers, eines Erfinders, eines Konstrukteurs. Jeder Schöpfer technischer Gebilde muß die physikalischen Gesetze kennen und kann dann unter Einhaltung dieser sowohl eingrenzenden als auch ausnutzungsfähigen Bedingungen zu geeigneten Konstruktionen kommen. Seine Genialität kommt am besten an jenen Maschinen zum Ausdruck, bei denen er unter Einsatz aller konstruktiven und architektonischen Ideen die Naturgesetze so geschickt ausgenutzt hat, daß optimale Lösungen erkennbar sind. Ebenso ist es mit dem Schöpfer der biologischen Systeme. Wieviel mehr werden sein Ideenreichtum und seine unauslotbare Weisheit sich in den belebten Systemen widerspiegeln!

Physikalische Gesetzmäßigkeiten bilden zwar die Rahmenbedingungen biologischer Abläufe in den Lebewesen, aber sie reichen keineswegs aus, um die Komplexität, den Struktur- und Funktionsreichtum der Gebilde zu erklären. Wer sogar Herkunftsfragen und seelische Vorgänge auf rein materieller Ebene diskutiert, betreibt eine mechanistische Reduktion, die der Wirklichkeit des Lebens völlig unangemessen ist.

Der ungeahnte Erfinderreichtum, bei dem Naturgesetze oft bis an die Grenze des physikalisch Möglichen geschickt ausgenutzt werden, soll im folgenden an Beispielen des Energiesparens näher erörtert werden.

A3.4.1 »Blattgrün« bei Tieren

Wir haben die Photosynthese als eine geniale Erfindung kennengelernt, bei der Sonnenenergie umgesetzt wird, um Energiespender herzustellen. Es sind drei Tierarten bekannt [D4], bei denen dieser informationsgesteuerte Vorgang »eingebaut« ist, nämlich die Schlundsandschnecke *(Tridachia crispata)*, der an den Küsten der Normandie und Bretagne lebende, drei Millimeter große Strudelwurm *(Convoluta roscoffensis)* und das mikroskopisch kleine Grüne Pantoffeltierchen *(Paramecium bursaria)*.

Die in den Gewässern um Jamaika lebende Schlundsandschnecke ernährt sich normalerweise von Seetang. Sie kann aber auch dann noch weiterleben, wenn sie dieses Futter nicht mehr vorfindet. Das verzehrte Blattgrün vorangegangener Mahlzeiten wird nicht vollständig verdaut, sondern in Form unbeschädigter Chloroplasten in blattähnlichen Zotten auf dem Rücken gespeichert. Die pflanzlichen Organellen bleiben dabei voll funktionsfähig. Bei Sonneneinstrahlung produzieren diese wie beim Photosyntheseprozeß Zucker, der dem Körper der Schnecke als Energielieferant dient. Man kann hier zu Recht sagen:

- Das Tier leiht sich die chemische Fabrik einschließlich der Informationssteuerung von der Pflanze und macht sich dadurch sozusagen selbst zur Pflanze.
- Diese Schnecke frißt Nahrung, die dann ihrerseits ständig für neue Nahrung sorgt. Mit Hilfe dieses staunenswerten Prinzips kann sie sechs Wochen ohne Nahrungsaufnahme leben, wenn nur die Sonne scheint.

Die Versorgungsprobleme der Menschheit wären gelöst, wenn wir wüßten, wie diese Tiere das machen. Der Prozeß der Photosynthese ist jedoch ein so genialer informationsgesteuerter Vorgang, der noch weitgehend unverstanden ist und den wir keineswegs chemotechnisch nachbauen können. Es gelingt uns noch nicht einmal, die Chloroplasten, die Organellen des Blattgrüns, außerhalb der Blattzellen funktionsfähig zu erhalten, so wie es die o. g. Tiere vermögen.

A3.4.2 »Lampen« leuchtender Tiere

Unter dem Energiegesichtspunkt gibt es ein äußerst bemerkenswertes Phänomen bei zahlreichen Meerestieren und niederen Landtieren (z.B. Glühwürmchen): Die Biolumineszenz (lat. *lumen* = Licht). Diese Tiere sind in der Lage, Licht in verschiedenen Farben (rot, gelb, grün, blau oder violett) und Signalformen abzustrahlen. Vergleicht man unsere technische Lichterzeugung mit der Biolumineszenz, so erweist sich erstere im Hinblick auf den Wirkungsgrad des Energieeinsatzes als äußerst stümperhaft. Eine normale Glühlampe setzt nur 3 bis 4 Prozent der aufgewandten Energie in Licht um, und eine Leuchtstoffröhre bringt es auch nur auf 10 Prozent Wirkungsgrad. So sind unsere Lampen eher als Öfen anzusprechen denn als Lichtstrahler. Beim Schöpferpatent Biolumineszenz geschieht die Erzeugung kalten Lichtes, die bisher kein Mensch nachahmen konnte. Bei diesem Prozeß werden bestimmte Leuchtstoffe (Luciferine) unter der katalytischen Wirkung des Enzyms Luciferase oxidiert. Chemisch sind drei grundsätzlich verschiedene Luciferine zu unterscheiden, nämlich die der Bakterien, der Leuchtkäfer und der Cypridina. Der amerikanische Biochemiker Prof. *W. D. McElroy* konnte die quantitative Leistungsfähigkeit dieser Art der Lichtproduktion bestimmen. Dabei ergab sich, daß jedes in Form von ATP[31] dem Leuchtorgan zugeführte Energiequant in Licht umgewandelt wurde. Die Anzahl der oxidierten Luciferin-Moleküle ist gleich der der ausgesandten Lichtquanten. Das Leuchtkäferlicht ist tatsächlich völlig »kaltes« Licht, d. h. es gibt keinen Energieverlust durch Wärmeerzeugung. Durch diese vollständige Energieumsetzung in Licht haben wir es hier mit Lampen zu tun, die mit einem 100prozentigen Wirkungsgrad arbeiten. Der Schöpfer hat mancherlei Bakterien, Kleinorganismen, Insekten und insbesondere Tiefseefische mit dieser Leuchtmethode ausgerüstet. Die uns bekanntesten Leuchtorganismen sind wohl die Leuchtkäfer oder Glühwürmchen *(Lampyris und Phausis)*. Die meisten der subtropischen und tropischen Lampyriden-Arten unterscheiden sich von unseren mitteleuropäischen dadurch, daß sie willkürlich blinken und blitzen können. Experimente mit dem Schwarzen Leuchtkäfer *(Photinus pyralis)* ergaben [B7], daß die fliegenden Männchen alle 5,7 Sekunden mit einer Blitzdauer von 0,06 Sekunden blitzen, worauf die im Gras sitzenden Weibchen im gleichen Rhythmus mit genau 2,1 Sekunden Abstand antworten. Die Blinksignale dienen offensichtlich der gegenseitigen Verständigung der Partner. Es gibt auch Insekten mit verschiedenfarbigen Laternen wie z. B. den brasilianischen Railroad-Worm *(Phrixothrix)*. Diese Käferlarve aus der Familie der *Schneckenräuber (Driliden)* trägt normalerweise zwei orangerote Lichter am Vorderende. Bei Gefahr schaltet sie zusätzlich rechts und links eine Reihe von elf grünlich leuchtenden Laternen ein. Die Assoziation zu einem im Dunkeln daherkommenden kleinen Eisenbahnzug gab der Larve den treffenden Namen Eisenbahnwurm.

Während unserer Israelreise 1985 konnten wir im Unterwasserobservatorium in Eilath einen im Roten Meer lebenden *Laternenfisch (Photoblepharon palpebratus steinitzi)* beobachten, der sein »Laternenlicht« nicht im eigenen Organ erzeugt, sondern es von lumineszierenden Bakterien erhält, die in Symbiose mit ihm leben. Die Bakterien sind so klein, daß das Licht eines einzelnen Individuums nicht zu sehen ist, aber als Kolonie werden sie deutlich sichtbar. Sie sitzen ausschließlich auf dem oval geformten Lichtorgan, das sich unterhalb der Augen befindet. Über ein dicht verzweigtes Netzwerk von Blutkapillaren werden die Bakterien ernährt und mit Sauerstoff versorgt. Das Licht wird ständig emittiert wie bei anderen lumineszierenden Bakterien, aber der Fisch kann das Licht nach Belieben ein- und ausschalten. Er kann nämlich eine schwarze Hautfalte wie ein Augenlid über das Lichtorgan ziehen und ist damit in der Lage, verschiedene Blinksignale zu senden. Mit diesen Signalen lockt er jene Meeresbewohner an, die ihm zur Nahrung dienen.

[31] ATP (= Adenosintriphosphat) ist das energiespeichernde und -transportierende Makromolekül in der lebenden Zelle (siehe Kapitel A3.3).

Die Lichtstrahlung bei Bakterien ist von der anderer lumineszierender Organismen grundverschieden. Während die ersteren beständig mit gleichbleibender Intensität strahlen, unabhängig von Tag und Nacht und von irgendwelchen Stimulationen, leuchten andere Meeresorganismen nur, wenn sie gestört werden oder sonst stimuliert werden (z. B. durch die Spur eines Schiffes, durch gebrochene Wellen am Ufer oder den Durchzug eines Makrelenschwarmes durch eine Masse lumineszierender Organismen).

Besonders ausgeprägt ist die Biolumineszenz bei den Tieren der Tiefsee. Es gibt da leuchtende Fische, Krebse, Pfeilwürmer und Quallen. Manche Fischarten tragen einzelne Lampen an ihrer Seite, während andere mit ganzen Reihen davon ausgestattet sind. Die Leuchtorgane können auch in geschnörkelten, geschwungenen oder gar unregelmäßigen Mustern verteilt sein. Bei dem *Fünfstreifigen Sternbildfisch (Bathysidus pentagrammus)* laufen an jeder Körperseite fünf äußerst schön gestaltete Lichtstreifen, von denen jeder aus einer Reihe großer blaßgelber Lichter besteht. Jedes dieser Lichter ist wiederum zackensternartig von kleinen, aber lebhaft purpur glühenden »Edelsteinen« umgeben. Die *Leuchtende Garnele (Sergestes prehensilis)* ist mit über 150 Lichtpunkten ausgestattet, die alle blitzartig an- und wieder abgeschaltet werden können. Wie bei den Lauflichtreklamen unserer nächtlichen Großstädte huschen innerhalb von ein bis zwei Sekunden gelbgrüne Lichtmuster in schneller Folge vom Kopf bis zum Schwanz. Während manche Fischarten Leuchtbakterien in den Dienst der Lichterzeugung nehmen, verfügen andere über eigene hochspezialisierte Organe, in deren Zellen der Leuchtstoff selbst produziert wird. Zur Steigerung der Lichteffekte gibt es Fische mit raffiniert gebauten Scheinwerfern, Sammellinsen und anderen optischen Zusatzeinrichtungen, mit denen das Licht z. B. in eine bestimmte Richtung gelenkt werden kann. Die Scheinwerfer sind so konstruiert, daß hinter dem leuchtenden Gewebe in mosaikartiger Anordnung tausende kleinster Kristalle eingebettet sind, die eine spiegelblanke Oberfläche bilden und so das Licht reflektieren. Sogar Farbfilter (Pigmenthäute) sind im Einsatz, damit an einem einzelnen Tier alle möglichen Farbtöne auftreten können.

Des Schöpfers Erfinderreichtum ist hier grenzenlos, und wir kommen aus dem Staunen nicht mehr heraus.

A3.4.3 Die Lunge, eine optimale Konstruktion

Bei der Konstruktion hochwertiger technischer Anlagen wie auch bei biologischen Systemen kommt es darauf an, den Energieverbrauch so niedrig wie möglich zu halten. Ein zusätzlicher Energieaufwand ist durch irreversible Vorgänge bedingt, dem darum besondere Aufmerksamkeit gilt. Bei Strömungsvorgängen ist die Reibung der entscheidende irreversible Faktor. Durch großzügige Auslegung der Strömungsquerschnitte und drastische Verkleinerung der Übertragungsflächen werden die Reibungsverluste gesenkt. Dieser Forderung stehen jedoch zu beachtende Grenzen entgegen: die reichliche Dimensionierung führt in der Technik zu heftig ansteigenden Investitionskosten und im lebenden Organismus zu stark ansteigendem Grundumsatz an Energie. Der Gesamtenergiebedarf eines Organs oder Muskels setzt sich zusammen aus dem Grundumsatz, der erforderlich ist, um das betreffende Gewebe in Funktion zu halten, und der Umsatzsteigerung, die sich aus erhöhter Aktivität ergibt.

Am Beispiel der menschlichen Lunge konnte *E. R. Weibel* [W2] in Fortführung der Arbeiten des Nobelpreisträgers *W. R. Hess* zeigen, wie raffiniert diese Optimierungsaufgabe gelöst ist. Die Konstruktion ist so ausgeführt, daß bei kleinstem Einsatz lebenden Gewebes (minimaler Materialeinsatz, minimaler Grundumsatz) sich nur kleinste Umsatzsteigerungen zur Überwindung von Druckabfällen ergeben. Die Luftröhre spaltet sich bekanntlich in die beiden Bronchien, und diese verzweigen sich wieder paarweise in dünne Rohre gleichen Durchmessers und diese je wieder in zwei folgende noch dünnere Leitungen, bis bei der 23. Generation schließlich die feinsten Verästelungen erreicht sind. Das mittlere Verhältnis d_2/d_1 zweier aufeinander folgender Rohrdurchmesser (d_2 auf d_1) beträgt Messungen zufolge recht genau 0,8. Führt man eine strömungstechnische Optimierungsrechnung durch, wobei der Druckabfall für ein vorgegebenes Gesamtvolumen der Rohrleitung mit Inhalt bei laminarer Strömung minimal sein soll, so findet man $d_2/d_1 = \sqrt[3]{1/2} = 0{,}79370$, was dem o. g. Meßwert entspricht. Dieses $\sqrt[3]{1/2}$ -Gesetz ist bei den Verzweigungen der Blutgefäße in der Lunge noch genauer erfüllt. Je mehr wir uns die Details der biologischen Systeme ansehen, um so stärker werden wir zur Erkenntnis geführt, daß ihr Urheber ein genialer Konstrukteur ist.

A3.4.4 Der Flug der Zugvögel

Der Vogelflug ist eine der faszinierendsten Fortbewegungsarten, die wir in der Schöpfung beobachten. Eine Fülle technisch unnachahmbarer Lösungen finden wir hier vor [D2, R3, S2]. Vogelflügel sind aus der Sicht der Strömungsmechanik hochspezialisierte und optimierte Gebilde. Die Wölbung der Flügel ist dabei von besonderer Bedeutung, denn nur mit gewölbten Flügeln läßt sich fliegen. Während Flugzeuge auf den Fahrtwind angewiesen sind und darum eine ziemlich hohe Mindestgeschwindigkeit benötigen, um in der Luft zu bleiben, können Vögel beim Langsamflug ihren eigenen Schlagwind nutzen. Vogelflügel sind Propeller und Tragfläche zugleich. Der Antrieb geschieht mit technisch unerreicht hohem Wirkungsgrad.

Aus den zahlreichen ausgeführten Problemlösungen wollen wir hier zwei herausgreifen: die *präzise Energiekalkulation* und die *exakte Navigation.*

A3.4.4.1 Der Flug der Zugvögel: eine präzise Energiekalkulation

Jeder Vorgang in Physik, Technik oder Biologie verläuft streng nach dem Energiesatz, d. h., jeder Arbeitsvorgang benötigt zu seiner Durchführung eine bestimmte Energiezufuhr. Das Energieproblem des Zugvogels besteht darin, genügend Treibstoff in Form von Fett mit sich zu führen, um die Reiseroute zu bewältigen. Wegen der geforderten guten Flugeigenschaften muß die gesamte Konstruktion des Vogels auf Leichtbauweise ausgerichtet sein, d. h., unnötiges Gewicht ist absolut zu vermeiden. So ist auch ein äußerst optimaler Umgang mit dem Treibstoff erforderlich. Wie hat es der Schöpfer realisiert, daß der »Brennstoff« ohne Nachtanken so lange ausreicht? Die erste Maßnahme ist die Wahl der wirtschaftlichsten Reisegeschwindigkeit. Fliegt der Vogel zu langsam, verbraucht er zuviel Treibstoff für den Antrieb. Fliegt er zu schnell, vergeudet er zuviel Energie zum Überwinden der Luftreibung. Es gibt somit ein ausgeprägtes Minimum für den Treibstoffverbrauch. Würde der Vogel diese spezielle Geschwindigkeit kennen, so könnte er äußerst energiesparsam fliegen. Je nach der aerodynamischen Konstruktion des Rumpfes und der Flügel ist diese optimale Geschwindigkeit für jeden Vogel verschieden (z. B. Aztekenmöwe 45 km/h; Wellensittich 41,6 km/h). Es ist bekannt, daß die Vögel sich exakt an diese energiesparende Geschwindigkeit halten. Woher kennen sie diese? Für die Ornithologen ist dies eines der vielen ungelösten Rätsel.

Am Beispiel des ostsibirischen **Goldregenpfeifers** *(Pluvialis dominica fulva;* engl. *Golden Plover)* wollen wir uns das Energieproblem näher ansehen. Dieser Vogel fliegt zur Überwinterung von Alaska nach Hawaii. Im Nonstop-Flug muß er dabei den offenen Ozean überfliegen, ohne auch nur einmal rasten zu können, denn es gibt unterwegs keine Insel, und außerdem ist er Nichtschwimmer. Während dieses über 4000 km langen Fluges (je nach Startpunkt) führt er in ununterbrochener Folge die unvorstellbare Anzahl von 250 000 Flügelschlägen aus. Der Flug dauert 88 Stunden. Der Vogel hat ein durchschnittliches Startgewicht von $G_o = 200$ g, wovon 70 g in Fettpolstern angelegt sind, die als Treibstoff dienen. Es ist bekannt, daß der Goldregenpfeifer 0,6% ($p = 0,006$/h) des jeweiligen Körpergewichts in Bewegungsenergie und Wärme umsetzt. Für die erste Flugstunde benötigt er also

$$x_1 = G_o \cdot p = 200 \cdot 0,006 = 1,2 \text{ g Fett.} \qquad (1)$$

Zu Beginn der zweiten Flugstunde wiegt er nur noch G_o-$x_1 = 200 - 1{,}2 = 198{,}8$ g, so daß er in den folgenden Stunden schon etwas weniger Fett verbraucht:

$$x_2 = (G_o\text{-}x_1) \cdot p = G_1 \cdot p = 198{,}8 \cdot 0{,}006 = 1{,}193\text{g} \qquad (2)$$
$$x_3 = (G_o\text{-}x_1\text{-}x_2) \cdot p = G_2 \cdot p = 197{,}6 \cdot 0{,}006 = 1{,}186 \text{ g} \qquad (3)$$

Für die 88. Flugstunde ist der Treibstoffverbrauch wegen des stark abgenommenen Gewichts auf den Wert

$$x_{88} = (G_o\text{-}x_1\text{-}x_2\text{-}x_3\text{-} \ldots \text{-}x_{87}) \cdot p = G_{87} \cdot p \qquad (4)$$

abgesunken. Wir wollen nun errechnen, wieviel der Vogel nach der Reise wiegt:

Das Körpergewicht nach den jeweiligen Flugstunden ergibt sich durch den Abzug des Fettverbrauchs:

1. Flugstunde: $G_1 = G_o\text{-}x_1 = G_o\text{-}G_o \cdot p = G_o(1\text{-}p)$ (5)
2. Flugstunde: $G_2 = G_1\text{-}x_2 = G_1\text{-}G_1 \cdot p = G_1(1\text{-}p) = G_o(1\text{-}p)^2$ (6)
3. Flugstunde: $G_3 = G_2\text{-}x_3 = G_2\text{-}G_2 \cdot p = G_2(1\text{-}p) = G_o(1\text{-}p)^3$ (7)

...

z. Flugstunde: $G_z = G_{z-1}\text{-}x_z = G_{z-1}\text{-}G_{z-1} \cdot p = G_{z-1}(1\text{-}p) = G_o(1\text{-}p)^z$ (8)

...

88. Flugstunde: $G_{88} = G_{87}\text{-}x_{88} = G_{87}\text{-}G_{87} \cdot p = G_{87}(1\text{-}p) = G_o(1\text{-}p)^{88}$ (9)

Nach dieser *einfachen Rechenweise*[32] bilden die einzelnen Gewichte $G_0, G_1, G_2, G_3, \ldots, G_{88}$ eine geometrische Reihe mit dem Multiplika-

[32] **Andere Rechenweise:** Aus Gründen leichterer Verständlichkeit haben wir die obige Rechnung in Schrittweiten von 1 Stunde ausgeführt. Geht man jedoch von der Differentialgleichung $dG/dt = -G(t) \cdot p$ und $G(t=0) = G_o$ aus, so erhält man eine kontinuierliche Lösung: $G(t) = G_o \cdot \exp(-p \cdot t)$ mit $p = 0{,}006$/h. Die o. g. Rechnung in Stundenschritten stimmt bis auf unwesentliche Stellen nach dem Komma mit dieser exakten Lösung überein.

tionsfaktor $q = 1 - p < 1$. Setzt man die entsprechenden Zahlen in Gleichung (9) ein, so ergibt sich das Gewicht des Vogels nach der 88. Flugstunde:

$$G_{88} = 200 \cdot (1\text{-}0,006)^{88} = 117,8 \text{ g} \qquad (10)$$

Den gesamten Treibstoffverbrauch finden wir als Differenz zum Startgewicht:

$$G_o - G_{88} = 200 - 117,8 = 82,2 \text{ g.} \qquad (11)$$

Dieser Wert ist deutlich höher als die mitgeführten 70 g! Das Grenzgewicht von 130 g (siehe *Bild 45*) darf der Vogel aber nicht unterschreiten. Trotz seines Fluges mit der optimalen Geschwindigkeit für minimalen Treibstoffverbrauch erreicht der Vogel wegen zu geringer Treibstoffmenge das Ziel Hawaii nicht. Fragt man nach der Stundenzahl z, für die der Treibstoff gerade noch ausreicht, so findet man wegen

$$G_z = G_o \cdot (1\text{-}p)^z = (200\text{-}70) = 130 \text{ g,}$$

daß nach $z = 72$ Stunden die 70 g Fett vollständig verbraucht sind. Was ist die Folge? Es kommt nach 81 % der Flugzeit – also gut 800 km vor dem Ziel – zu einem tödlichen Absturz des Vogels ins Meer. Haben wir uns hier verrechnet, oder hat der Schöpfer den Vogel nicht richtig konstruiert und ausgestattet? Beides trifft nicht zu. Des Schöpfers Werk setzt uns in Erstaunen. Er handelt nach dem Grundsatz **»Energieeinsatz – optimal durch Information«**, d. h., er gab dem Vogel eine wichtige Information mit: »Fliege nicht im *Einzelflug* (Kurve G_E), sondern in *Keilformation* (Kurve G_K)*! Im Keilflug sparst du 23 % Energie ein, und du wirst sicher dein Winterquartier erreichen.«*[33] *Bild 45* zeigt auch die Kurve G_K der Gewichtsabnahme im Falle des Keilfluges. Nach 88 Stunden bleibt im Normalfall noch ein Fettrest von 6,8 g. Auch dieser Resttreibstoff ist nicht überflüssig im »Tank«, sondern vom Schöpfer für den Fall einkalkuliert, daß bei Gegenwind sich ein zusätzlicher Energiebedarf ergibt. Der äußerst geringe spezifische Treibstoffverbrauch von $p = 0,6$ % des Gewichts pro Stunde versetzt noch mehr in Erstaunen, wenn man bedenkt, daß die entsprechenden Werte für die von Menschen entwickelten technischen Fluggeräte

[33] **Keilflug bei anderen Vögeln:** Bei Brandgänsen beträgt diese Energieersparnis 18 % und bei Kranichen sogar bis zu 70 %, wenn der Vogelverband mit dreiviertel seiner Höchstgeschwindigkeit fliegt und aus mindestens zwei Dutzend Tieren besteht. Gelegentlich kommt es vor, daß etwa ein Kranich in einem Verband von Wildgänsen mitfliegt, daß sich eine Ente in eine Formation von Kranichen einreiht. Die Ornithologen sprechen dann von »Schwarzfahrern«.

um ein Mehrfaches darüber liegen (Hubschrauber $p = 4$ bis 5 %; Düsenflugzeuge $p = 12$ %).

Wenn jemand diese präzisen Vorgänge nicht als des Schöpfers Werk ansieht, dem bleiben wichtige Fragen unbeantwortet:

- Woher kennt der Vogel den notwendigen Energiebedarf?
- Wie kommt es, daß er vor der Reise gerade die richtige Fettmenge ansetzt?
- Woher kennt der Vogel die Entfernung und den spezifischen Brennstoffverbrauch?
- Woher kennt der Vogel die Flugroute?
- Wie navigiert der Vogel, um das Ziel exakt zu erreichen?

Neben dem o. g. *(ostsibirischen) Goldregenpfeifer* gibt es noch den *nordamerikanischen Goldregenpfeifer (Nominatrasse).* Auch dieser zieht in gewaltiger Nonstop-Flugleistung von den Küsten Labradors quer über den Atlantischen Ozean bis nach Nordbrasilien. Während die westliche Rasse für Hin- und Rückflug denselben Weg nimmt, wählt der nordamerikanische Goldregenpfeifer unterschiedliche Routen für Herbst und Frühjahr. Der Rückflug von den Pampas Südamerikas geht über Mittelamerika und die USA nach Kanada. Weitere unvorstellbare Flugleistungen vollbringt

- die *Japanische Bekassine (Capella hardtwickii)*: 5000 km Flug von Japan nach Tasmanien,
- der *ostsibirische Stachelschwanzsegler (Chaetura caudacuta)*: Flug von Sibirien nach Tasmanien,
- die amerikanischen Strandläuferarten (z. B. *Calidris melanotos* = Graubruststrandläufer): *16 000 km Flug von Alaska bis Feuerland.*

A3.4.4.2 Der Flug der Zugvögel: eine navigatorische Meisterleistung

Der bekannte dänische Ornithologe *Finn Salomonsen* schreibt über die Orientierung während des Vogelzuges [S2]: »Die Fähigkeit des Vogels, während des Zuges den Weg zu finden, darf als das rätselhafteste Mysterium gelten. Wenige andere Fragen haben zu allen Zeiten zu so vielen Theorien und Spekulationen Anlaß gegeben wie diese.« In der Tat ist die navigatorische Leistung, die ohne komplizierte Armaturen, ohne Kompaß und Karte und bei sich ständig ändernden Bedingungen von Sonnenstand, Windrichtung, Wolkendecke, Tag/Nacht-Rhythmus geschieht, ein Wunder ohnegleichen. Bei einem transozeanischen Zug von Landvögeln, wie wir es bei dem

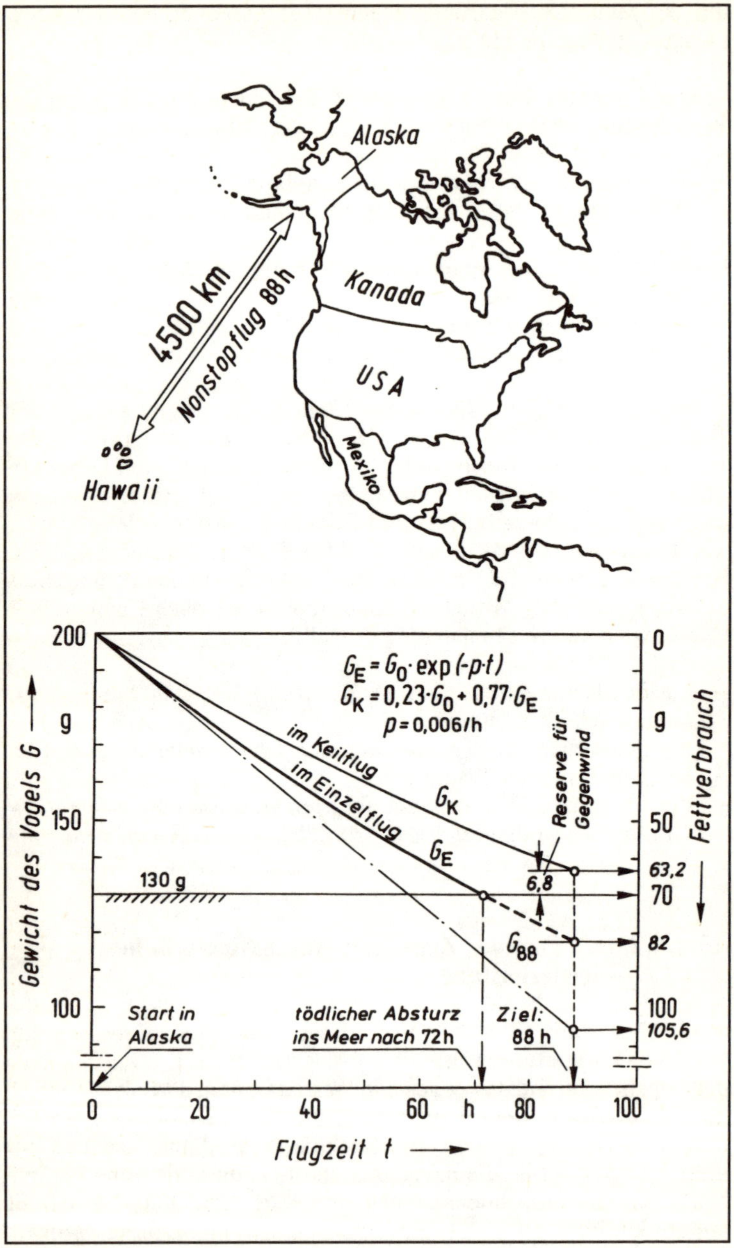

Alaska
Kanada
USA
Mexiko
Hawaii
4500 km
Nonstopflug 88h
$G_E = G_0 \cdot \exp(-p \cdot t)$
$G_K = 0{,}23 \cdot G_0 + 0{,}77 \cdot G_E$
$p = 0{,}006/h$
im Keilflug
im Einzelflug
G_K
G_E
G_{88}
Reserve für Gegenwind
6,8
130 g
Start in Alaska
tödlicher Absturz ins Meer nach 72 h
Ziel: 88 h
Gewicht des Vogels G
g
200
150
100
Fettverbrauch
g
0
50
63,2
70
82
100
105,6
0
20
40
60
h
80
100
Flugzeit t

Goldregenpfeifer kennenlernten, würde schon eine minimale Abweichung vom Kurs bedeuten, daß die Vögel auf offenem Meer rettungslos zugrundegehen müßten. Die exakte Einhaltung der Zugrichtung ist nicht eine Sache des Probierens. Der weitaus größte Teil der Zugvögel würde ohne navigatorische Maßnahme das Ziel nie erreichen, und solch einen massiven Verlust könnte keine Art überdauern. Jede irgendwie ins Spiel gebrachte evolutionäre Vorstellung ist hier völlig zu verwerfen. Auch die Vorstellung, daß Jungvögel den erstmaligen Weg unter der kundigen Leitung der Eltern kennenlernen, spielt nur eine untergeordnete Rolle, da ja viele Vogelarten im Einzelflug reisen. So wird angenommen, daß die Zugvögel über einen angeborenen Richtungssinn verfügen, der es ihnen ermöglicht, sich nach den Himmelsrichtungen zu orientieren und somit eine bestimmte Richtung fest einzuhalten. *Salomonsen* begründet diesen Richtungssinn an zwei in Westgrönland lebenden Kleinvögeln, die beide im Herbst nach Süden ziehen. Der *Steinmätzer* und die *Schneeammer* stammen aus derselben Landschaft und starten häufig auch gleichzeitig nach Süden. Im Süden Grönlands angekommen, trennen sich dann aber die Wege: Während die Schneeammer ihren Zug in südlicher Richtung fortsetzt, um in Amerika zu überwintern, dreht der Steinmätzer nach Südost ab, um quer über den Atlantik nach Westeuropa und Nordafrika zu fliegen. Beide Vögel haben einen spezifischen Richtungssinn, der sie in unterschiedliche Richtungen ziehen läßt.

In Verfrachtungsversuchen mit verschiedenen Zugvogelarten wurden detaillierte Erkenntnisse über die Präzision der navigatorischen Leistungen ermittelt. Bemerkenswert war der Versuch an zwei *Seeschwalbenarten (Sterna fuscata* und *Anous stolidus)* mit ihren Brutplätzen auf den Tortugas-Inseln in der Bucht von Mexiko. Die Vögel wurden per Schiff in verschiedene Richtungen transportiert und auf offener See freigelassen. Obwohl sie in Abständen von 832 bis 1368 km vom Nistplatz in für sie völlig unbekannten Meeresgebieten ausgesetzt wurden, kehrten die meisten Seeschwalben in wenigen Tagen mit großer Zielsicherheit zu ihren Eiern und Jungen auf die Tortugas-Inseln zurück. Die wohl weiteste bisher durchgeführte Verfrachtung geschah mit einem *Schwarzschnabelsturmtaucher (Puffinus puffinus),*

Bild 45 *Der Flug des ostsibirischen Goldregenpfeifers.*

Für den bis zu 4500 km langen Nonstop-Flug von Alaska zu den Hawaii-Inseln stehen dem Zugvogel 70 g Fett als Treibstoff zur Verfügung. Würde er diese Reise im Einzelflug (Kurve G_E) ausführen, so hätte er nach 72 Stunden das gesamte Fettpolster verbraucht und würde 800 km vor dem Ziel ins Meer stürzen. Demgegenüber spart er beim Flug in Keilformation (Kurve G_K) 23 Prozent Energie ein und erreicht sicher sein Ziel.

den man von seiner Brutinsel Skokholm (Wales) nach Boston (USA) brachte. In 12 Tagen, 12 Stunden und 31 Minuten landete er sicher am Nest, nachdem er einen 5000 km langen Nonstop-Flug quer über den Atlantik hinter sich hatte. Besonders viele Verfrachtungsexperimente hat man mit *Brieftauben* ausgeführt. Ihre Navigationsleistungen sind am meisten untersucht und beschrieben worden. *Salomonsen* schreibt über diese atemberaubenden Navigationswunder [S2]:

> »Selbst wo Vögel den Hinweg im Flugzeug in Narkose erduldeten oder wo ihr Transportkäfig ständig rotierte, so daß sich die Richtung unablässig änderte, waren sie im gleichen hohen Maße wie nicht derart präparierte Kontrollvögel in der Lage, nach der Auflassung wieder heimzufinden. Es kann daher kein Zweifel daran sein, daß die Vögel im Besitz eines besonderen Sinnes für die geographische Position, also eines echten navigatorischen Sinnes sind. Über die eigentliche Natur dieses Sinnes wissen wir nichts, noch weniger kennt man die Lage des betreffenden Organs.«

Die Vögel verfügen über ungeahnte Fähigkeiten: Über weite Strecken hinweg können sie sich heimwärts orientieren, auch wenn man ihnen auf dem Verfrachtungsweg alle Orientierungsmöglichkeiten entzieht. Sie sind in der erstaunlichen Lage, am jeweiligen Ort, an dem sie sich gerade befinden, ihrer Umgebung solche Daten zu entnehmen, aus denen sie ihre Position relativ zum Heimatort erschließen können. Nach der bis heute noch unverstandenen Art und Weise, wie der Vogel zur Standortermittlung kommt, beginnt das eigentliche Problem, nämlich die Flugnavigation. Ein einfacher Richtungssinn reicht dazu nicht aus.

Beim Zug der Vögel über weite ozeanische Bereiche, wo ständig Wind herrscht, ist mit einer merklichen Abdrift zu rechnen. Solche Abdriften müssen, um Energieverluste durch Umwege zu vermeiden, wie bei einem regelungstechnischen Folgesystem ständig nachgeführt werden. Der Schöpfer hat den Vögeln einen hochpräzisen *»Autopiloten«* eingebaut, der offenbar ständig eine geographische Ortsbestimmung vornimmt und diese Meßdaten mit dem individuell einprogrammierten Zielort vergleicht, so daß ein zeitoptimaler, energiesparender und zielorientierter Flug gewährleistet wird. Wo dieses lebensnotwendige System lokalisiert ist, und wie diese Betriebsinformation codiert ist, weiß bis heute niemand als der Schöpfer allein, der es konzipierte. Für unsere Unwissenheit haben wir eine spezielle Bezeichnung erfunden, nämlich »Instinkt«.

(Ausgehend von den hier dargelegten Fakten über den Goldregenpfeifer tritt dieser in dem Buch »Wenn Tiere reden könnten« (CLV-Verlag, Bielefeld) als Erzähler auf, um dem Leser als gedachten Dialogpartner auf zahlreiche Schöpfungswunder aufmerksam zu machen).

Literaturverzeichnis

[B1] BAM: Informationsversorgung – neue Möglichkeiten in der Bundesanstalt für Materialforschung
BAM-Information 6/81

[B2] Bauer, F. L. Goos, G.: Informatik – Eine einführende Übersicht
Springer-Verlag, Berlin, Heidelberg, New York 1971, 213 S.

[B3] Blechschmidt, E.: Die pränatalen Organsysteme des Menschen
Hippokrates Verlag Stuttgart, 1973, 184 S.

[B4] Born, M.: Symbol und Wirklichkeit I
Physikalische Blätter 21 (1965), S. 53-63

[B5] Brillouin, L.: Science and Information Theory
Academic Press Inc., Publishers, New York 2nd Edition 1963, 351 S.

[B6] Broda, E.: Erfindungen der lebenden Zelle – Zwölf epochale bisher nicht nachgeahmte Prinzipien –.
Naturwiss. Rundschau 31 (1978), S. 356-363

[B7] Buck, J. B.: Synchronous flashing of fire flies experimentally produced
Science 81 (1935), S. 339-340

[C1] Carr, D. E.: Geheimnisvolle Signale
Die Rätsel der vergessenen Sinne –
Fischer Taschenbuch Verlag, 1972, 208 S.

[C2] Chaitin, G. J.: Randomness and mathematical proof
Scientific American 232 (1975), p. 47-52

[D1] Dake, F. J.: Dake's Annotated Reference Bible
Dake Bible Sales, Inc., PO Box 173, Lawrenceville, Georgia 30245, 1961

[D2] Dawkins, R.: Der blinde Uhrmacher – Ein Plädoyer für den Darwinismus –
Kindler-Verlag, München, 1987, 384 S.

[D3] Dose, K.: Die Ursprünge des Lebens (Tagungsbericht über den ISSOL-Kongreß in Mainz vom 10. bis 15. Juli 1983)
Nachr. Chem. Techn. Lab. 31 (1983), Nr. 12, S. 968-969

[D4] Dröscher, V. B.: Überlebensformel
dtv-Taschenbuch, 2. Auflage 1982, 329 S.

[E1] Eigen, M.: Selforganisation of Matter and the Evolution of Biological Macromolecules
Naturwissenschaften 58 (1971), S. 465-523

[E2] Eigen, M.: Stufen zum Leben – Die frühe Evolution im Visier der Molekularbiologie – Piper-Verlag, München, Zürich, 1987, 311 S.

[E3] Elektrizitätswirtschaft: Die Elektrizitätswirtschaft in der Bundesrepublik Deutschland im Jahre 1984, Elektrizitätswirtschaft 84 (1985), H. 19, S. 1-45

[F1] Feynman, R. P.: Vom Wesen physikalischer Gesetze Piper-Verlag, München, Zürich 2. Auflage 1993, 216 S.

[F2] Fischer Der Fischer Weltalmanach 1994 – Zahlen, Daten, Fakten – Fischer Taschenbuch Verlag, Frankfurt/M., Nov. 1993, 1215 S.

[F3] Flechtner, H.-J.: Grundbegriffe der Kybernetik Wissenschaftliche Verlagsgesellschaft mbH, 4. Auflage 1969, 423 S.

[F4] Folberth, O. G.: Hürden und Grenzen bei der Miniaturisierung digitaler Elektronik Elektronische Rechenanlagen 25 (1983) H. 6, S. 45-55

[F5] Forrest, S.: Genetic Algorithms: Principles of Natural Selection Applied to Computation Science, Vol. 261, 13. August 1993, S. 872-878

[F6] Fricke, J.: Biomasse Physik in unserer Zeit 15 (1984), H. 4, S. 121-122

[F7] v. Frisch, K.: Aus dem Leben der Bienen Springer-Verlag Berlin, Heidelberg, New York, 9. Auflage 1977, 194 S.

[F8] Fromkin, V., Rodman, R.: An Introduction to Language Saunders College Publishing, Holt, Rinehard and Winston, New York, Chicago et al. Third Edition 1983, 385 S.

[F9] Fucks, W.: Die mathematischen Gesetze der Bildung von Sprachelementen aus ihren Bestandteilen Nachrichtentechn. Fachberichte NTF, Band 3, »Informationstheorie« (1956), S. 7-21

[G1] Gierer, A.: Die Physik und das Verständnis des Lebendigen Universitas 36 (1981), S. 1283-1293

[G2] Gilbert, W.: DNA-Sequenzierung und Gen-Struktur (Nobel-Vortrag) Angewandte Chemie 93 (1981), S. 1037-1046

[G3] Gipper, H.: Sprache als In-formation (Geistige Prägung) in: O. G. Folberth, C. Hackl (Hrsg.): Der Informationsbegriff in Technik und Wissenschaft R. Oldenbourg Verlag, München, Wien, 1986 S. 257-298

[G4] Gitt, W.: Information und Entropie als Bindeglieder diverser Wissenschaftszweige
PTB-Mitt. 91 (1981), S. 1-17

[G5] Gitt, W.: Ordnung und Information in Technik und Natur in: W. Gitt (Hrsg.), Am Anfang war die Information, Resch-Verlag, Gräfelfing/ München, 1982, 211 S.

[G6] Gitt, W.: Am Anfang war die Information - Forschungsergebnisse aus Naturwissenschaft und Technik – Resch-Verlag, Gräfelfing/ München, 1982, 211 S.

[G7] Gitt, W.: Ein neuer Ansatz zur Bewertung von Information – Beitrag zur semantischen Informationstheorie – in: H. Kreikebaum et al. (Hrsg.), Festschrift Ellinger, Verlag Duncker & Humblot, Berlin, 1985, S. 210-250

[G8] Gitt, W.: »Künstliche Intelligenz« – Möglichkeiten und Grenzen –
PTB-Bericht TWD-34, 1989, 43 S.

[G9] Gitt, W.: Information – die dritte Grundgröße neben Materie und Energie
Siemens-Zeitschr. (1989), H. 4, S. 2-8

[G10] Gitt, W.: In 6 Tagen vom Chaos zum Menschen – Logos oder Chaos – Aussagen und Einwände zur Evolutionslehre sowie eine tragfähige Alternative.
3. Auflage 1993, Hänssler-Verlag, Neuhausen-Stuttgart, 224 S.

[G11] Gitt, W.: Das biblische Zeugnis der Schöpfung
5. Auflage 1993, Hänssler-Verlag, Neuhausen-Stuttgart, 190 S.

[G12] Gitt, W.: So steht's geschrieben – Zur Wahrhaftigkeit der Bibel –
3. Auflage 1993, Hänssler-Verlag, Neuhausen-Stuttgart, 200 S.

[G13] Gitt, W.: Fragen, die immer wieder gestellt werden
Christliche Literatur-Verbreitung, Bielefeld
12. Auflage 1994, 158 S.

[G14] Gitt, W.: Schuf Gott durch Evolution?
Hänssler-Verlag, Neuhausen-Stuttgart und Christliche Literatur-Verbreitung, Bielefeld, 3. Auflage 1993, 159 S.

[G15] Guinness: Das neue Guinness Buch der Rekorde 1994
Ullstein Verlag Berlin, 1993, 368 S.

[H1] Halstead, B.: Popper: good philosophy, bad science? New Scientist, 17. July 1980, S. 215-217

[H2] Hassenstein, B.: Was ist »Information«? Naturwissenschaft und Medizin 3 (1966), S. 38-52

[H3] Holzhausen, A.: Übersetzern in die Werkstatt geschaut – Aus der Praxis der Bibelübersetzung in aller Welt Wycliff-Bibelübersetzer, 1980, 32 S.

[H4] Hoyle, F: The Big Bang in Astronomy New Scientist 19 (1981), S. 521-527

[J1] Jockey, H. P.: Self Organisation, Origin of Life Scenarios and Information Theory J. theor. Biology 91 (1981), S. 13-31

[J2] Jones, E. S.: Das frohmachende Ja – Das Vermächtnis des bekannten Missionars und Evangelisten Christliches Verlagshaus GmbH, Stuttgart, 1975, 95 S.

[J3] Junker, R. Scherer, S.: Entstehung und Geschichte der Lebewesen Weyel-Verlag, Gießen, 3. Auflage, 1992, 275 S.

[K1] Kaplan, R. W.: Der Ursprung des Lebens dtv Georg Thieme Verlag, Stuttgart, 1. Auflage 1972, 318 S.

[K2] Kuhn, H.: Selbstorganisation molekularer Systeme und die Evolution des genetischen Apparats Angewandte Chemie 84 (1972), S. 838-861

[K3] Küppers, B.-O.: Der Ursprung biologischer Information – Zur Naturphilosophie der Lebensentstehung Piper-Verlag, München, Zürich, 1986, 319 S.

[K4] Küpfmüller, K.: Die Entropie der deutschen Sprache Fernmeldetechn. Zeitschrift 7 (I954), S. 265-272

[L1] Lehninger, A. L.: Bioenergetik Georg Thieme Verlag, Stuttgart, 1974, 261 S.

[L2] Lwoff, A.: Virus, Zelle, Organismus Angewandte Chemie 78 (1966), S. 689-724

[L3] Lyons, J.: Die Sprache C. H. Beck-Verlag, München, 4. Auflage 1992, 318 S.

[M1] Matthies, H.: Satellitenfernsehen ist Fingerzeig Gottes Christen in der Wirtschaft (1986). H. 1, S. 7-9

[M2] Meixner, J.: Die Thermodynamik irreversibler Prozesse Physikalische Blätter 16 (1960), S. 506-511

[M3] Meschkowski, H.: Mathematiker-Lexikon Bibliographisches Institut, Mannheim, Wien, Zürich, B. I.-Wissenschaftsverlag, 1980, 342 S. 3. überarbeitete und ergänzte Auflage

[M4] Minibibel: Die kleinste Bibel der Welt auf einem Dia
Zu beziehen: Ernst Paulus Verlag, Haltweg 23, 67434 Neustadt/Weinstraße

[M5] Mohr, H.: Der Begriff der Erklärung in Physik und Biologie
Naturwissenschaften 65 (1978), S. 1-6

[N1] Nees, G.: Künstliche Intelligenz und Expertensysteme
Automatisierungstechnische Praxis 27 (1985), S. 25-32

[O1] Ohta, T.: A Model of Evolution for Accumulating Genetic Information
J. theor. Biol. (1987) 124, p. 199-211

[O2] Osawa, S. et al.: Recent Evidence for Evolution of the Genetic Code
Microbiological Reviews, March 1992, S. 229-264

[O3] Osche, G.: Die Vergleichende Biologie und die Beherrschung der Mannigfaltigkeit
Biologie in unserer Zeit 5 (1975), S. 139-146

[O4] Oth, R.: Das große Indianer-Lexikon – Alles über Kultur und Geschichte eines großen Volkes – Arena-Verlag, Würzburg, 1979, 220 S.

[P1] Peierls, R. E.: Wo stehen wir in der Kenntnis der Naturgesetze?
Physikal. Blätter (19) 1963, S. 533-539

[P2] Peil, J.: Einige Bemerkungen zu Problemen der Anwendung des Informationsbegriffs in der Biologie
Teil I: Der Informationsbegriff und seine Rolle im Verhältnis zwischen Biologie, Physik und Kybernetik, S. 117-128
Teil II: Notwendigkeit und Ansätze zur Erweiterung des Informationsbegriffs, S. 199-213
Biometrische Zeitschrift Bd. 15 (1973)

[P3] Planck, M.: Vorträge und Erinnerungen
S. Hirzel-Verlag, Stuttgart, 1949

[R1] Rentschler, W.: Die Erhaltungsgesetze der Physik
Physikalische Blätter 22 (1966), S. 193-200

[R2] Rokhsar, D. S. et al.: Self-Organisation in Prebiological Systems: Simulations of a Model for the Origin of Genetic Information
J. of Molecular Evolution (1986) 23, S. 119-126

[R3] Rüppell, G.: Vogelflug
Rowohlt Taschenbuch Verlag GmbH, 1980, 209 S.

[S1] Sachsse, H.: Die Stellung des Menschen im Kosmos in der Sicht der Naturwissenschaft.
Herrenalber Texte HT 33, »Mensch und Kosmos«, 1981, S. 93-103

[S2] Salomonsen, F.: Vogelzug
Aus der Serie: Moderne Biologie
BLV München, Basel, Wien, 1969, 210 S.

[S3] Schäfer, E.: Das menschliche Gedächtnis als Informationsspeicher
Elektronische Rundschau 14 (1960), S. 79-84

[S4] Scherer, S.: Photosynthese – Bedeutung und Entstehung – ein kritischer Überblick.
WORT UND WISSEN-Fachberichte, Bd. 1, Hänssler-Verlag, Neuhausen-Stuttgart, 1983, 74 S.

[S5] Schneider, H.: Der Urknall
Zeitschrift factum (1981), Nr. 3, S. 26-33

[S6] Schuchmann, H. R.: »Artifical Intelligence« als Informationstechnologie – »Künstliche Intelligenz« auf dem Weg von der Wissenschaft zur industriellen Anwendung
data report 19 (1984), H. 3, S. 4-11

[S7] Shannon, C. E.: Weaver, W.: The Mathematical Theory of Communication
Urbana (USA), University Press 1949

[S8] Sösemann, F.: Information, physikalische Entropie und Objektivität
Wiss. Zeitschrift der Techn. Hochschule Karl-Marx-Stadt 17 (1975), S. 117-122

[S9] Spurgeon, C. H.: Das Buch der Bilder und Gleichnisse
– 2000 der besten Illustrationen –
J. G. Oncken-Verlag, Kassel, 1900, 731 S.

[S10] Spurgeon, C. H.: Es steht geschrieben
– Die Bibel im Kampf des Glaubens –
Oncken-Verlag, Wuppertal und Kassel, 1980, 94 S.

[S11] Steinbuch, K.: Falsch programmiert
Deutscher Bücherbund, Stuttgart, Hamburg, 1968, 251 S.

[S12] Strombach, W.: Philosophie und Informatik
Forschungsbericht Nr. 122 der Abteilung Informatik, Universität Dortmund, 31 S.

[U1] Underhill, R.: Here come the Navaho! – A history of the Largest Indian Tribe in the United States –
Treasure Chest Publications, Inc. 1842 W. Grant Road, PO Box 5250, Tucson, Arizona, 1953, 285 S.

[V1] Vollmert, B.: Das Molekül und das Leben – Vom makromolekularen Ursprung des Lebens und der Arten: Was Darwin nicht wissen konnte und Darwinisten nicht wissen wollen – Rowohlt-Verlag, 1985, 256 S.

[W1] Waltz, D. L.: Künstliche Intelligenz
Spektrum der Wissenschaft (1982) H. 12, S. 68-87

[W2] Weibel, E. R.: Morphometry of the Human Lung
Springer Verlag, Berlin, 1973

[W3] v. Weizsäcker, E.: Offene Systeme I – Beiträge zur Zeitstruktur von Information, Entropie und Evolution –
Ernst Klett Verlag, Stuttgart, 1974, 370 S.

[W4] Wieland, W.: Möglichkeiten und Grenzen der Wissenschaftstheorie. Angewandte Chemie 93 (1981), S. 627-634

[W5] Wiener, N.: Kybernetik – Regelung und Nachrichtenübertragung in Lebewesen und Maschinen
Rowohlt Verlag, 1968, 252 S.

[W6] Wills, P. R.: Scrapie, Ribosomal Proteins and Biological Information
J. theor. Biol. (1986) 122, S. 157-178

[W7] Winograd, T.: Software für Sprachverarbeitung
Spektrum der Wissenschaft (1984), H. 11, S. 88-102

[W8] Wuketits, F. M.: Biologie und Kausalität
Verlag Paul Parey, Berlin und Hamburg, 1981, 165 S.

[X1] Energie aus Sonne und Wind: Raum nicht in der kleinsten Hütte
Zeitschrift »tag+nacht« der Stadtwerke Braunschweig, IV 1983, S. 3

Namensverzeichnis

Adams, J. C. 42
Åkerblad 60
Attenborough, D. 152

Bauer, F. L. 223
Bell, J. 74
Berenice 60
Berger, K. 117
Bezzel, H. 168
Bloch, B. 232
Boltzmann, L. 198
Bonhoeffer, D. 174
Born, M. 28, 115
Bresch, C. 152
Brillouin, L. 222

Carrel, A. 166
Chaitin, G. J. 145
Champollion, F. 60
Chomsky, N. A. 232
Clausius, R. 35, 198, 253
Cleopatra 60
Cocteau, J. 54
Crick, F. C. 113

Dommel, P. 238
Dose, K. 123

Eigen, M. 28, 95, 114, 152
Einstein, A. 115

Feitscher, W. 133
Feynman, R. P. 22, 34, 37
Flechtner, H.-J. 55
Folberth, O. G. 214
v. Frisch, K. 83, 243
Fromkin, V. 240
Fucks, W. 222

Galle, J. G. 42
Galilei, G. 115
de Gaulle, Ch. 165
Gerlach, W. 252
Gierer, A. 266
Gipper, H. 77
Gitt, C. 247
v. Goethe, J. W. 88, 188
Goos, G. 223

Haken, H. 145
Hall, R. A. 232
Hassenstein, B. 219, 220
Hausmann, M. 166
Hebel, I. P. 164
Heisenberg, W. 46
Hess, W. R. 271
Hewish, A. 74
Hilbert, D. 31
Hörni, J. 213
Holzhausen, A. 204
Horapollon 60
Hoyle, F. 120, 121
Huxley, T. H. 230

Jeans, J. H. 37
Jockey, H. P. 116
Junker, R. 113

Kaplan, R. W. 114
Kato, I. 21
Kemner, H. 163, 189
Kilby, J. St. C. 213
Klopstock, F. G. 235
Kopernikus, N. 27, 115
Kornberg, A. 75
Küpfmüller, K. 219, 211, 222, 227
Küppers, B.-O. 96, 119, 152
Kuhn, H. 30

Lamarck, J.-B. de 94, 114
Lavoisier, A. L. 27
Le Chatelier, H. 24
Lehninger, A. L. 262
Leverrier, U. 42
Luther, M. 166, 179, 187
Lwoff, A. 122

Matthies, H. 156
Mayer, J. R. 35, 251
McCullach, W. S. 211
McElroy, W. D. 268
Meixner, J. 254
Miller, G. A. 122, 145, 146
Müller 211

v. Neumann, J. 211
Newton, I. 115, 140
Nietzsche, F. 166
Nilsson, H. 121

Osche, G. 55

Pascal, B. 27, 85
Pasteur, L. 95, 123
Peierls, R. E. 32
Peil, U. 54
Penn, W. 237
Planck, M. 29, 115
Popper, K. 116
Ptolomäus, C., 60

Rodman, R. 240
Rushton, W. H. 220

Sachsse, H. 25
Salomonsen, F. 275, 276
Scherer, S. 113, 262
Schneider, H. 121
Shakespeare, W. 117
Shannon, E. C. 52, 133, 192, 193, 196, 198, 201, 202
Simpson, G. G. 92
Spair 232
Spurgeon, C. H. 157, 160, 162, 168, 181
Steinbuch, K. 53
Strombach, W. 54, 87
Süßmilch, J. P. 240

Trager, G. L. 232
Twain, M. 238

Vollmert, B. 122

Watson, J. D. 113
Weaver, W. 53
Weibel, E. R. 271
Weizenbaum, J. 248
v. Weizsäcker, E. 54
Wieland, W. 29
Wiener, N. 54
Wilberforce, S. 230
Wuketits, F. 115, 116, 152

Young, T. 60

Zuse, K. 205

Erklärung der verwendeten Abkürzungen für die biblischen Bücher

Bücher des Alten Testaments (AT)

1 Mo	1. Mose (Genesis)	Pred	Prediger
2 Mo	2. Mose (Exodus)	Hoh	Hohelied
3 Mo	3. Mose (Leviticus)	Jes	Jesaja
4 Mo	4. Mose (Numeri)	Jer	Jeremia
5 Mo	5. Mose (Deuteronomium)	Klgl	Klagelieder
Jos	Josua	Hes	Hesekiel
Ri	Richter	Dan	Daniel
Rt	Ruth	Hos	Hosea
1 Sam	1. Samuel	Jl	Joel
2 Sam	2. Samuel	Am	Amos
1 Kön	1. Könige	Ob	Obadja
2 Kön	2. Könige	Jn	Jona
1 Chr	1. Chronik	Mi	Micha
2 Chr	2. Chronik	Nah	Nahum
Es	Esra	Hab	Habakuk
Neh	Nehemia	Zep	Zephanja
Esth	Esther	Hag	Haggai
Hi	Hiob	Sach	Sacharja
Ps	Psalmen	Mal	Maleachi
Spr	Sprüche		

Bücher des Neuen Testaments (NT)

Mt	Matthäus	1 Tim	1. Timotheus
Mk	Markus	2 Tim	2. Timotheus
Lk	Lukas	Tit	Titus
Joh	Johannes	Phlm	Philemon
Apg	Apostelgeschichte	1 Petr	1. Petrus
Röm	Römer	2 Petr	2. Petrus
1 Kor	1. Korinther	1 Joh	1. Johannes
2 Kor	2. Korinther	2 Joh	2. Johannes
Gal	Galater	3 Joh	3. Johannes
Eph	Epheser	Hebr	Hebräer
Phil	Philipper	Jak	Jakobus
Kol	Kolosser	Jud	Judas
1 Thess	1. Thessalonicher	Offb	Offenbarung
2 Thess	2. Thessalonicher		

hänssler

Werner Gitt

In sechs Tagen vom Chaos zum Menschen

3. Auflage des Titels »Logos oder Chaos?«

Tb., 224 S.,
Nr. 56.917,
ISBN 3-7751-1936-1

Das vorliegende Buch setzt sich kritisch mit der Evolutionslehre auseinander. Eine Reihe von Aussagen hierzu wird ins Blickfeld gerückt, wobei die Vertreter dieser Anschauung reichlich zu Wort kommen. In einer Kombination von Argumenten sowohl aus wissenschaftlicher als auch biblischer Sicht werden zahlreiche Einwände gegen diese verbreitete Lehre erhoben. Einige der behandelten Fragestellungen sind:

- Zusammenhänge zwischen Naturwissenschaft und Glaube
- Grundfragen der Schöpfung
- Varianten der Evolution
- Was uns die Bionik lehrt
- Das menschliche Gehirn – ein Computer
- Was sagt der genetische Code aus?
- Mathematische Einwände gegen die Evolution
- Woher kommt das Leben?
- Gibt es Leben im All?

Bitte fragen Sie in Ihrer Buchhandlung nach diesem Buch! Oder schreiben Sie an den Hänssler-Verlag, Postfach 1220, D-73762 Neuhausen-Stuttgart.

hänssler

Werner Gitt

So steht's geschrieben

Zur Wahrhaftigkeit der Bibel

Pb., 200 S.,
Nr. 58.037,
ISBN 3-7751-1703-2

Am Ausgang des 20. Jahrhunderts finden viele Menschen nicht mehr den rechten Zugang zur Bibel. So ist es notwendig, einen Einstieg zu finden, um den Wert der Bibel neu zu entdecken und ihre unvergleichliche Botschaft nicht zu verpassen. Das vorliegende Buch hat sich dieser Aufgabe verschrieben und geht auf grundlegende Fragen zur Bibel ein:

- Ist ihr Wahrheitsanspruch heute noch begründet?
- Wer ist ihr Urheber?
- Was sind ihre Hauptanliegen?
- Sind ihre Aussagen weltbildverhaftet und nur für die damalige Zeit gültig?
- In welchem Zusammenhang stehen biblische und naturwissenschaftliche Aussagen?

Werner Gitt

Fragen, die immer wieder gestellt werden

Tb., 160 S.,
Nr. 255.127,
ISBN 3-89397-127-0

Wer sich mit dem christlichen Glauben zu beschäftigen beginnt, stößt auf zahlreiche Einzelfragen, die sich bei nahezu jedem Suchenden mit auffälliger Häufung wiederholen.
So war es naheliegend, die Antworten in möglichst knapper, aber hinreichender Form einmal zusammenzutragen. Allen in diesem Buch behandelten Fragen ist gemeinsam, daß sie wirklich erfragt wurden. So gibt das vorliegende Buch keinen von »Insidern« erwarteten Fragen-Querschnitt durch die Bibel wider, sondern versucht, jene Probleme ernst zu nehmen,die Zweifler, Fragende und Suchende bewegen. Es handelt sich somit nicht um eine Sammlung spitzfindiger theologischer Fragestellungen oder einer theologischen am »grünen Tisch« erstellten Liste, sondern um Grundfragen suchender Leute, die sich aus der Praxis der Vortragstätigkeiten des Verfassers ergeben hatten. Gelegentlich wurden auch originelle Einzelfragen aufgegriffen.

hänssler

Werner Gitt / Karl-Heinz Vanheiden

Wenn Tiere reden könnten

Tb., 128 S.,
Nr. 391.528,
ISBN 3-7751-1728-5

In diesem originellen Buch treten Tiere mit dem Leser als Dialogpartner auf. Sie erzählen in einem gedachten Gespräch von den Werken des Schöpfers, der sie wunderbar gestaltete und zweckorientiert ausrüstete. Durch diese Methode haben die Autoren den Stoff erzählend, lebendig, unterhaltsam – und dennoch wissenschaftlich gesichert – dargestellt. Alles wird zum Hinweis auf den großen Schöpfer: auf seinen Ideenreichtum, seine Schöpferfreude, seine Liebe zur Schönheit der Formen und Farben, seine Fürsorge – ja letztlich auf seine Liebe zu den Menschen und seinen Rettungswillen durch Jesus Christus.

Werner Gitt

Schuf Gott durch Evolution?

Tb., 160 S.,
Nr. 391.391,
ISBN 3-7751-1391-6

Namhafte Wissenschaftler kehren sich heute zunehmend von der synthetischen Evolutionstheorie ab und wenden sich einer theistischen Lehre von der Evolution zu, da zu keiner Zeit in der Natur ein Prozeß nachgewiesen werden konnte, bei dem Information in der Materie von selbst entstanden ist. Die theistische Evolutionslehre jedoch besagt, daß Gott den Evolutionsvorgang angestoßen und ihn in einem Millionen Jahre währenden Prozeß gelenkt hat. – Eine kritische Auseinandersetzung mit den Prämissen und Konsequenzen der theistischen Evolutionslehre.